KB200645

쉽게 풀어 쓴
요한의 복음 이야기 2

쉽게 풀어 쓴
요한의 복음 이야기 2

지은이 | 이동원
초판 발행 | 2018. 10. 24

등록번호 | 제1988-000080호
등록된 곳 | 서울특별시 용산구 서빙고로65길 38
발행처 | 사단법인 두란노서원
영업부 | 2078-3352   FAX | 080-749-3705
출판부 | 2078-3331

책값은 뒤표지에 있습니다.
ISBN 978-89-531-3272-6 04230   Printed in Korea
(SET) 978-89-531-3283-2 04230

독자의 의견을 기다립니다.
tpress@duranno.com   www.duranno.com

두란노서원은 바울 사도가 3차 전도여행 때 에베소에서 성령 받은 제자들을 따로 세워 하나님의 말씀으로 양육하던 장
소입니다. 사도행전 19장 8-20절의 정신에 따라 첫째 목회자를 돕는 사역과 평신도를 훈련시키는 사역, 둘째 세계선교
(TIM)와 문서선교 (단행본·잡지) 사역, 셋째 예수문화 및 경배와 찬양 사역, 그리고 가정·상담 사역 등을 감당하고 있습니다.
1980년 12월 22일에 창립된 두란노서원은 주님 오실 때까지 이 사역들을 계속할 것입니다.

쉽게 풀어 쓴

요한의
복음
이야기

이동원 지음

2

요한복음
11-21장

두란노

| 목차 |

요한복음은 저의 꿈의 책입니다.

이 책으로 성경을 보는 눈이 열렸습니다.

이 책으로 말씀을 사랑하는 가슴이 열렸습니다.

이 책으로 말씀을 선포하는 저의 입이 열렸습니다.

조각으로만 설교하던 요한의 복음을 통으로

강해하는 기회를 주신 주님에게 감사를 드릴 따름입니다.

은퇴의 여유가 저에게 그런 축복을 경험하게 했습니다.

꼬박 1년에 걸쳐 저는 요한의 복음과 다시 씨름했습니다.

젊은 날엔 보이지 않던 많은 숨겨진 보화들을 만났습니다.

요한의 복음은 주를 향한 첫사랑을 회복하게 했습니다.

저는 마치 생애 최초의 설교처럼 이 복음을 설교했습니다.

무엇보다 갈한 가슴에 복음의 생수가 넘쳐 났습니다.

목마른 모든 이웃들을 생수의 우물에 초대합니다.

누구든지 목마르거든 와서 이 생수를 거저 마시기를….

양치는 목자들은 갈릴리의 생선 파티로 배부르시기를….

무엇보다 진리의 말씀을 구도하는 이들이 그분을 만나시기를….

요한의 복음, 그 진리의 향연에 당신을 초대합니다.

이동원 목사

(지구촌교회 원로, 지구촌 미니스트리 네트워크 대표)

필그림 천로역정 순례의 집에서…

예수님의 공생애 여정

- ● **가나** 왕의 신하의 아들을 고치심

  혼인 잔치에서 물을 포도주로 만드심
- ● **가버나움** 네 친구에게 들려온 중풍병자를 고치심

  갈릴리 왕의 신하의 아들을 고치심
- ○ **갈릴리 바다** 물 위를 걸으시고 풍랑을 잔잔케 하심
- ● **거라사** 군대 귀신 들린 사람을 고치심

  데가볼리 귀 먹고 말 더듬는 자를 치유하심

  칠병이어의 기적을 일으키심
- ● **베다니** 죽은 나사로를 살리심
- ● **베들레헴** 예수님이 태어나신 곳
- ● **벳세다** 오병이어의 기적을 일으키심
- ● **수가** 우물가에서 사마리아 여인을 만나심
- ● **엠마오** 부활 후 제자들에게 나타나심
- ● **예루살렘** 중풍병 환자를 살리시고 맹인을 고치심

  십자가에 달려 돌아가심

  음행 중에 잡혀 온 여자를 용서하심
- ○ **요단 강** 세례(침례)를 받으심
- ▲ **팔복산** 제자들에게 산상수훈을 하심

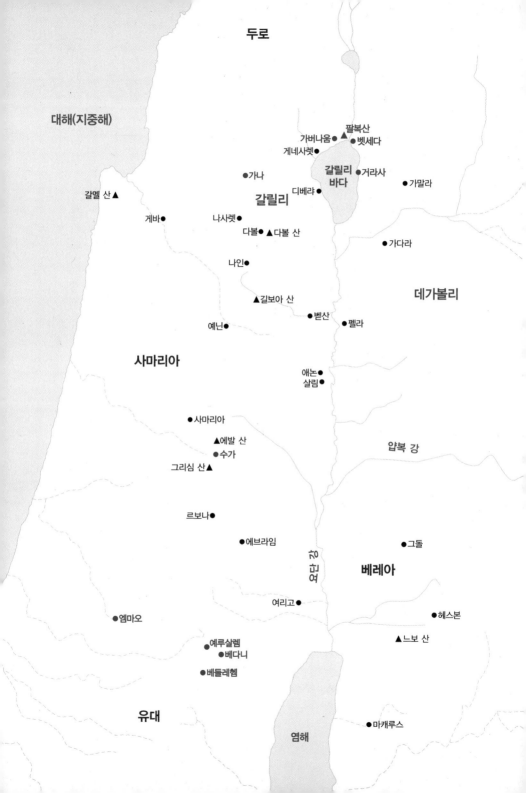

"어떤 병자가 있으니 이는 마리아와 그 자매 마르다의 마을 베다니에 사는 나사로라 이 마리아는 향유를 주께 붓고 머리털로 주의 발을 닦던 자요 병든 나사로는 그의 오라버니더라 이에 그 누이들이 예수께 사람을 보내어 이르되 주여 보시옵소서 사랑하시는 자가 병들었나이다 하니 예수께서 들으시고 이르시되 이 병은 죽을 병이 아니라 하나님의 영광을 위함이요 하나님의 아들이 이로 말미암아 영광을 받게 하려 함이라 하시더라"(요 11:1-4).

1. 사랑받는 자의 고난

우리는 잘 기다리는 것을 배워야 합니다.
그분이 침묵하고 계시다고 느껴지는 그때도
우리는 침묵 속에 들려오는 주님의 음성 듣는 것을 배워야 합니다.

몇 해 전 개봉된 영화 중에 마틴 스콜세지(Martin Scorsese) 감독의 〈사일 런스〉(Silence, 2016)라는 문제작이 있었습니다. 본래 이 영화는 일본 에서 일어났던 실화를 배경으로 한, 일본의 작가 엔도 슈사쿠의 걸작 《침묵》(홍성사 역간)을 영화화 한 작품입니다. 17세기 포르투갈에서 일 본으로 가톨릭 선교를 떠난 페레이라 신부의 실종 소식을 듣고 두 젊 은 예수회 신부 로드리게스(로드리고)와 가루프(가르페)는 사라진 스승 을 찾고 복음을 전하기 위해 일본으로 떠나갑니다. 그런데 그들이 일 본에 도착하면서 듣게 된 충격적인 뉴스는 스승 페레이라가 기독교 신앙을 배교하고 선불교로 개종해서 일본인 아내와 살고 있다는 사 실이었습니다. 동시에 온갖 핍박을 받으면서도 믿음을 지키고 있었 던 현지 교인들을 만나고 돕는 과정에서 이 두 사제 역시 박해의 현장에서 고통 받는 신자들과 함께 배교를 강요받게 됩니다. 이 고통 속에 다시 등장하는 역사적으로 신실한 성도들이 물어 온 해묵은 믿음의 난제가 있습니다. '주님은 사랑하는 백성들이 고통 받고 있을 때 도대체 어디에 계시는가?' 혹은 '주님의 도움을 그토록 필요로 하여 부르짖고 있는데 왜 기도의 응답이 없으신가?'라는 물음입니다.

본문은 예루살렘 외곽 동편 언덕 너머 베다니 마을(예루살렘 중심에서 3킬로미터 거리)에 살던, 나사렛 예수를 사랑하고 따르던 그리고 예수님도 사랑하셨던 한 가정의 가장인 나사로가 병들었을 때 그의 누이들인 마르다와 마리아가 예수님에게 사람을 보내어 도움을 청하는 장면입니다. 그때 아마 예수님은 요단 강 동편, 곧 지금의 요르단에 속한 지역에 머물고 계셨던 것으로 보입니다(요 10:40 참조). 결론부터 말하자면, 예수님은 그들이 기대한 대로 곧바로 그 요구에 응하지 않으셨습니다.

"나사로가 병들었다 함을 들으시고 그 계시던 곳에 이틀을 더 유하시고"(요 11:6).

예수님은 계시던 곳에 이틀을 더 유하셨습니다. 일부러 늑장을 부리신 것으로 보입니다. 그렇다면 당연히 이 가족의 마음속에서 일어날 질문은 무엇이겠습니까? '예수님, 당신은 정말 우리를 사랑하시나요?' '우리가 당신의 도움을 이렇게 필요로 하는 순간, 당신은 도대체 무엇을 하고 계시나요?'라는 물음이 아니겠습니까? 아니, 조금 더 심각한 신학적 발상이 가능했더라면 '당신은 기적을 행하는 메시아이신데 나사로의 질병을 막을 수는 없으셨나요?' '아니, 정의롭고 전능하신 당신은 왜 불의하고 사악한 질병이 우리를 고통스럽게 하도록 허용하고 계시나요?'라고 물었을 것입니다. 이런 질문들을 기독교 신학에서는 '신정론'(神正論, Theodicy)이라고 부릅니다. 이 단어는 신(Theos)과 정의(dike)라는 두 단어가 결합된 것입니다. '신은 과연 정의로우신가?'라는 물음인 것입니다. 본문이 가르치는 신정론의 레슨은 무엇일까요?

사랑받는 자에게도 고난은 예외가 아니다

"이에 그 누이들이 예수께 사람을 보내어 이르되 주여 보시옵소서 사랑하시는 자가 병들었나이다"(요 11:3).

여기 '사랑하시는 자'는 원문에 '필레오'(phileo-love)로 표기됩니다. 이 가정과 예수님 사이에 있었던 끈끈한 우정적 사랑을 암시하고 있습니다. 그러나 5절에서는 보다 강력한 단어가 사용됩니다.

"예수께서 본래 마르다와 그 동생과 나사로를 사랑하시더니."

여기서 '사랑'은 원문에 '아가페'(agape-love)로 표기됩니다. 희생적이고 주도적이고 전체를 드리는 헌신적 사랑이라는 의미입니다. 그런데 이런 예수님의 친구 가정에도 그리고 아주 특별한 애정의 대상이었던 가정의 권속들에게도 고난이 다가왔습니다. 예수님이 우리를 사랑하신다는 사실이 고난의 면제를 보장하지는 않는다는 것입니다. 예수님은 요한복음 후반부에서 그것을 보다 명확하게 제자들에게 전달하고 계십니다.

"이것을 너희에게 이르는 것은 너희로 내 안에서 평안을 누리게 하려 함이라 세상에서는 너희가 환난을 당하나 담대하라 내가 세상을 이기었노라"(요 16:33).

그렇다면 이렇게 사랑하는 이들에게도 주님이 고난을 허용하시는 까닭은 무엇일까요? 예수님의 동생 야고보가 기록한 야고보서의 서론이 부분적으로 그 대답을 제공합니다.

"내 형제들아 너희가 여러 가지 시험을 당하거든 온전히 기쁘게 여기라"(약 1:2).

왜 그렇습니까? 이어지는 3-4절의 말씀을 보십시오.

"이는 너희 믿음의 시련이 인내를 만들어 내는 줄 너희가 앎이라 인내를 온전히 이루라 이는 너희로 온전하고 구비하여 조금도 부족함이 없게 하려 함이라."

여기서 '온전함'은 '성숙함'과 동의어로 사용되고 있습니다. 그렇습니다. 예수님을 닮은 온전한 인격, 다시 말하면, 영적으로 성숙한 인격으로 구비되도록 주님은 그 사랑하는 사람들의 삶의 마당에 여러 가지 시련을 허용하신다는 것입니다.

한 성도가 목사님에게 "목사님, 기도 제목이 있습니다. 제가 영적으로 성숙하도록 기도해 주십시오" 하고 부탁했다고 합니다. 그래서 목사님은 "바로 지금 함께 기도하시지요" 하고는 기도를 시작했다고 합니다. "주님, 이 자매가 영적으로 성숙하기를 소원하고 있사오니 그 성숙을 이룰 만큼의 고난을 보내 주십시오." 그러자 자매는 "목사님, 고난이 아니라 성숙입니다. 성숙을 위해 기도해 주십시오" 하더랍니다. 그래서 목사님은 기도하다 말고 다시 속삭이셨다고 합니다. "고난 없는 성숙은 없습니다." 이것이 바로 주님이 사랑하시는 자들에게 고난을 허용하는 이유입니다. 그러므로 사랑하시는 자들에게도 고난은 예외가 아닙니다.

고난 극복의 기도 응답에도 지연이 있다

앞서 말했듯이, 예수님은 나사로의 병든 소식을 듣고도 바로 달려가지 않으시고 이틀이나 더 늑장을 부리십니다. 나사로의 가족에게 그 이틀은 죽음을 견디는 초초한 이틀이었을 것입니다. '예수님이 오늘 아니면 내일 아침, 내일 아침이 아니면 내일 저녁에나 오실까?' 얼마나 간장이 타는 고통스런 시간이었을까요? "오, 예수님, 언제나 오시렵니까?" 그들은 예수님이 계시는 쪽을 바라보며 부르짖고 또 부르짖었을 것입니다. 그런데 예수님으로부터는 어떤 소식도 오지 않았습니다. 얼마나 견디기 힘든 침묵이었을까요? 이때 나사로 가족의 심정이 영화 〈사일런스〉의 로드리게스 신부의 심정이었을 것입니다.

그의 기도 아닌 독백을 들어 보십시오.

"주님, 제가 기도합니다. 그러나 저는 길을 잃고 있습니다(I pray but I am lost.) 전 지금 절망을 느끼고 있습니다. 전 지금 두려워하고 있습니다. 당신의 침묵을 견딜 수가 없습니다. 전 지금 아무것도 없는 대상을 향하여 기도하고 있는 것입니까? 아무것도 느껴지지 않습니다. 당신이 거기 계시지 않기 때문입니다(Am I just pray to nothing? Nothing! Because you are not there)."

누가 이 사제를 비난할 수 있겠습니까? 우리가 기도한 수많은 기도 제목들이 아직도 응답되지 못한 채 허공을 헤매고 있지는 않습니까? 그것들은 과연 미래의 어느 날 응답될까요? 허공에서 산화해 버릴 무(無)로 돌아갈 기도 제목들은 아닐까요? 아니면 그냥 지연되고 있는 기도 응답일까요? 적어도 본문에서는 그것이 무(無)로 돌아간 기도가 아니라, 조금 지연되고 있었던 응답의 제목이었음을 알게 됩니다. 이틀이 지나고 다시 나흘이 지난 후 드디어 응답이 이루어졌기 때문입니다. 그래서 예수님은 이런 말씀을 남기십니다.

"예수께서 그들에게 항상 기도하고 낙심하지 말아야 할 것을 비유로 말씀하여"(눅 18:1).

그래서 우리의 선배들은 우리에게 주님의 기도 응답은 항상 세 가지로 온다고 가르쳤습니다. "Yes, No, Wait." 중요한 것은 기다림입니다. 우리는 잘 기다리는 것을 배워야 합니다. 그분이 침묵하고 계시다고 느껴지는 그때도 우리는 침묵 속에 들려오는 세미한 주님의 음성

듣는 것을 배워야 합니다. 로드리게스 신부는 마침내 이런 고백을 합니다.

"이 침묵 속에 난 당신의 음성을 들었습니다. 당신은 내게 말씀하셨습니다. 침묵 속에서 말입니다. 난 네 곁에서 고통하고 있었다고…. 난 결코 침묵하지 않았다고…(I suffered beside you… I was never silent)."

그렇습니다. 주님은 그분만이 알고 계신 어떤 이유로 기도의 응답을 지연하고 계실 따름입니다. 조금만 더 인내하십시오. 기다리십시오. 침묵 속에서 들려오는 세미한 그의 음성을 들으며 견디고 기다리십시오.

고난 건너편에 위대한 일을 준비하고 계시다

병든 나사로의 소식을 들은 예수님은 이렇게 말씀하셨습니다.

"예수께서 들으시고 이르시되 이 병은 죽을병이 아니라 하나님의 영광을 위함이요 하나님의 아들이 이로 말미암아 영광을 받게 하려 함이라"(요 11:4).

물론 이는 나사로가 죽지 않는다는 의미로 하신 말씀은 아니었습니다. 실제로 그는 육체적으로 죽음을 맞았기 때문입니다. 이틀이 지난 후 예수님은 나사로가 육체적으로 죽은 것을 인지하셨습니다. 그리고 11절에서 "우리 친구 나사로가 잠들었도다 그러나 내가 깨우러

가노라"고 말씀하십니다. 잠들었다는 것은 육체적인 죽음을, 깨운다는 말은 부활을 의미합니다. 그러고 보면 그의 질병은 그의 죽음과 부활을 준비하는 과정에 불과했습니다. 그리고 그의 죽음과 부활이야말로 그의 영광의 절정의 순간이었습니다. 마치 예수님의 죽음과 부활이 그의 영광의 절정이었던 것처럼 말입니다.

우리는 부활이 주님의 영광이었다는 것은 쉽게 받아들입니다. 그러나 주님의 죽음이 어떻게 영광이 될 수 있을까요? 예수님에게는 그분 당신의 죽음이 바로 인류 대속의 제물로 자신의 몸을 드리는 순간이었기 때문입니다. 그의 죽으심이 우리를 용서받고 살 수 있게 되었기 때문입니다. 영화 〈사일런스〉나 소설 《침묵》의 절정은 로드리게스 신부가 예수님의 얼굴이 그려진 성화(후미에)를 배교의 상징으로 밟는 순간입니다. 그가 배교하지 않으면 저 밀려오는 파도에 무자비하게 고문당하며 학살당할 교우들을 바라보며 갈등하던 그에게 그의 스승이었던 배교자 페레이라는 이렇게 말합니다.

"예수가 그랬던 것처럼 저들을 구하게. 자네만이 저들의 고통을 끝낼 수 있다네."

배교한 악마의 음성이라고 저항하려는 그에게 이번에는 주님의 음성이 들려옵니다.

"밟아라. 성화를 밟아라. 나는 너희들에게 밟히기 위해 존재하느니라. 밟는 너의 발이 아플 것이니 그 아픔으로 충분하니라."

이 대목에 대한 해석은 다양할 수 있지만, 이 사제의 고난은 바로 이

사야 선지자가 예언한 메시아의 고난의 의미를 증거하는 순간입니다.

"그가 찔림은 우리의 허물 때문이요 그가 상함은 우리의 죄악 때문이라 그가 징계를 받으므로 우리는 평화를 누리고 그가 채찍에 맞으므로 우리는 나음을 받았도다"(사 53:5).

실제로 십자가의 마지막 순간에 그는 "엘리 엘리 라마 사박다니 … 나의 하나님, 나의 하나님, 어찌하여 나를 버리셨나이까"(마 27:46)라고 외치지 않으셨습니까? 그는 우리의 죄, 우리의 허물, 우리의 배교를 짊어지고 하나님에게 버림받고 계셨습니다. 그의 버림받으심으로 우리가 아버지에게 영접되기 위해서 말입니다. 그의 죽으심으로 우리를 살리시고자 말입니다. 바로 그 예수님의 영광의 때, 구원의 때가 가까웠다고 그가 선포하신 것입니다. 그가 그때를 준비하셨기에 우리는 포기하지 말고 오늘을 믿음으로 살아가야 합니다. 주님이 사랑하신 나를 나도 믿고 일어서야 합니다. 주님이 사랑하신 나를 나도 사랑할 수 있어야 합니다. 주님이 축복하신 나를 나도 축복할 수 있어야 합니다.

5월을 보내는 마지막 저녁에 주님이 저에게 시 한 편을 선물로 주셨습니다. 제목은 〈5월의 나〉입니다.

5월에 자녀를 축복하고 부모를 축복한다.

심지어 스승도 축복하고 이웃도 축복한다.

그런데 나는 나를 축복함을 잊었다.

오늘 나는 나를 불러 나를 축복하고 싶다.

내가 나만을 사랑함을 이기주의라 하지만

실제로 나를 방치한 때가 얼마나 많았는지

그래 많이 아프고 많이 외로웠던 나

오늘 나를 불러 날 위로하고 싶다.

내 기대에 미치지 못해 자주 좌절하고

주의 뜻을 이루지 못해 안타깝지만

그래도 주의 섭리로 살고 있는 나라면

오늘 나는 다시 날 일으켜 세운다.

오늘만은 힘들었던 내 편에 서고 싶다.

오늘만은 나를 사랑한다고 말하고 싶다.

아직 나를 포기하지 않았다고 말하고 싶다.

왜냐하면 주가 날 포기하지 않으셨기에.

그래서 5월에 잊었던 나를 축복한다.

_2017년 5월을 보내며, 이동원

주님이 사랑하신 나를 나도 믿고 일어서야 합니다.

주님이 사랑하신 나를 나도 사랑할 수 있어야 합니다.

주님이 축복하신 나를 나도 축복할 수 있어야 합니다.

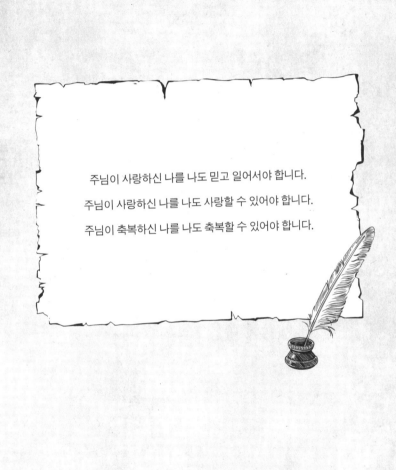

"마르다가 이르되 마지막 날 부활 때에는 다시 살아날 줄을 내가 아나이다 예수께서 이르시되 나는 부활이요 생명이니 나를 믿는 자는 죽어도 살겠고 무릇 살아서 나를 믿는 자는 영원히 죽지 아니하리니 이것을 네가 믿느냐 ⋯ 예수께서 이르시되 내 말이 네가 믿으면 하나님의 영광을 보리라 하지 아니하였느냐 하시니 돌을 옮겨 놓으니 예수께서 눈을 들어 우러러 보시고 이르시되 아버지여 내 말을 들으신 것을 감사하나이다 항상 내 말을 들으시는 줄을 내가 알았나이다 그러나 이 말씀 하옵는 것은 둘러선 무리를 위함이니 곧 아버지께서 나를 보내신 것을 그들로 믿게 하려 함이니이다 이 말씀을 하시고 큰 소리로 나사로야 나오라 부르시니 죽은 자가 수족을 베로 동인 채로 나오는데 그 얼굴은 수건에 싸였더라 예수께서 이르시되 풀어 놓아 다니게 하라 하시니라"

(요 11:24-26, 40-44).

2. 부활 인생

예수님이 보고 싶어 하신 것은 그(나사로)가,
그리고 우리가 부활 인생으로 살아가는 것입니다.
일어나 결박을 풀고 주님이 주신 자유의 인생을 누리십시오.

요한복음에는 예수님의 신성을 증거하는 일곱 개의 표적이 등장합니다. 본문은 마지막 일곱 번째 표적으로 인생의 마지막 장해물인 죽음을 극복하도록 예수님이 우리를 어떻게 도우시는지를 증언합니다. 인간의 죽음에 대한 하나님의 처방, 예수님의 해답은 부활이었습니다. 그것을 나사로의 부활을 통해 입증해 보이고자 하셨습니다. 그래서 나사로의 완전한 죽음이 입증되기까지 그가 무덤에 들어간 지 나흘이 경과되기를 기다리신 것입니다. 그동안 나사로의 누이 마르다와 마리아 자매는 얼마나 좌절하고 절망했겠습니까? 물론 이들은 최후 심판의 시각에 다시 부활될 것을 믿고 있었습니다. 그러나 지금 이 순간도 그가 원하시면 우리의 부활이 가능하다는 것과 지금 여기에서 부활의 능력을 체험하며 살아갈 수 있다는 것을 믿을 수는 없었습니다. 마르다의 대답을 보십시오.

"마르다가 이르되 마지막 날 부활 때에는 다시 살아날 줄을 내가 아나이다"(요 11:24).

바로 이때 예수님이 자신의 신성을 계시하시는 요한복음의 또 하나의 특성인 '7 I Am' 선언의 하나(6번째)가 선포됩니다.

"예수께서 이르시되 '나는 부활이요 생명이니' 나를 믿는 자는 죽어도 살겠고 무릇 살아서 나를 믿는 자는 영원히 죽지 아니하리니 이것을 네가 믿느냐"(요 11:25-26).

이는 마지막 심판 때의 부활은 물론, 예수를 믿는 자들이 오늘, 바로 지금, 여기에서 부활의 능력을 힘입어 부활 인생을 사는 것이 가능하다는 것을 선언하신 것입니다. 우리가 죽음을 정복하는 부활의 능력을 힘입어 인생을 산다면 그것은 얼마나 놀라운 인생이겠습니까? 발달된 인류의 과학과 의학으로도 죽음의 정복은 불가능한 과제입니다. 그렇다면 죽음을 이기는 부활의 능력으로 사는 인생이란 도대체 어떤 인생일까요?

바울 사도가 예수를 믿고 제일 궁금했던 것이 바로 그것이었습니다.

"내가 그리스도와 그 부활의 권능과 그 고난에 참여함을 알고자 하여 그의 죽으심을 본받아 어떻게 해서든지 죽은 자 가운데서 부활에 이르려 하노니"(I want to know Christ and the power of his resurrection…, 빌 3:10-11).

《메시지 성경》은 이 말씀을 이렇게 번역하고 있습니다.

"그리스도를 직접 알고, 그분의 부활의 능력을 경험하고, 그분의 고난에 동참하면서 죽기까지 그분과 함께하기 위해, 나는 그 모든 하찮은 것을 버렸습니다. 죽은 자들 가운데서 살아나는 부활에 이르는 길이 있다면, 나는 그 길을 걷고 싶었습니다."

한마디로 부활 인생을 살고 싶은 갈망의 고백인 것입니다. 이런 부활 인생을 사는 비밀을 나사로 사건을 통해 알아보고자 합니다. 우리로 부활 인생을 살게 하는 요인들은 무엇일까요?

믿음

본문 25절에서 예수님의 "나를 믿는 자는 죽어도 살겠고"라는 말씀은 마지막 날의 부활의 언약과 연관된 것이지만, 26절의 "무릇 살아서 나를 믿는 자는 영원히 죽지 아니하리니"라는 말씀은 지금 여기서부터 부활의 능력으로 하나님과 연합된 생명의 삶을 영원까지 이어 가리라는 약속입니다. 그런데 문제는 마지막에 첨부된 주님의 질문입니다. "이것을 네가 믿느냐"는 것입니다. 부활의 약속은 믿음을 통해서만 우리 삶에 능력이 된다는 것을 가르치신 것입니다.

나사로의 무덤에 도착하신 예수님은 무덤을 막고 있는 '돌을 옮겨 놓으라'고 명하십니다. 그러자 마르다는 절망적으로 "주여 죽은 지가 나흘이 되었으매 벌써 냄새가 나나이다"(요 11:39)라고 반응합니다. 이때 예수님의 말씀을 기억하십시오.

"예수께서 이르시되 내 말이 네가 믿으면 하나님의 영광을 보리라 하지 아니하였느냐 하시니"(요 11:40).

사람들은 끊임없이 '보여 주면 믿겠다'고 말합니다. 그런데 주님은 '믿으면 보리라'고 말씀하십니다. 예수님은 전능하신 하나님의 신성을 가진 분이지만 그는 우리의 믿음을 매개로 역사하십니다. 벽에 달린 스위치를 올리면 불이 들어옵니다. 이것의 과학적인 원리를 설명할 수 있는 이들이 있는가 하면 그럴 수 없는 이들도 있습니다. 하지만 상관없습니다. 스위치가 정상적으로 전원에 연결되어 있다면 스위치를 올렸을 때 이 방에 불이 들어온다는 믿음만으로 족합니다. 믿고 스위치를 올리면 불은 들어옵니다.

그렇다면 도대체 믿음이란 무엇입니까? 히브리서 11장 1절의 정의를 기억하십니까?

"믿음은 바라는 것들의 실상이요 보이지 않는 것들의 증거니."

볼 수 없지만 하나님의 약속의 말씀에 근거해서 믿는 것, 이것이 성경적 믿음의 본질입니다. 히브리서 11장의 믿음의 사람들의 드라마는 모두 이런 믿음이 낳은 삶의 결과를 살아 낸 사람들이었습니다. 믿음으로 아브라함은 미지의 땅을 향한 모험을 출발했습니다. 믿음으로 모세는 백성을 이끌고 출애굽의 여정에 올랐습니다. 믿음으로 이스라엘 백성은 홍해를 건넜습니다. 믿음으로 그들은 또한 여리고 성벽을 7일 동안 도는 무모한 순종을 감행했습니다. 그러자 그들의 믿음이 마침내 여리고 성을 무너뜨렸습니다. 이들의 공통점은 무엇입니까? 믿음이 가져온 부활 인생의 체험입니다. 믿으면 우리는 부활의 기적을 맛볼 것입니다. 부활 인생을 경험하게 될 것입니다.

사랑

요한복음 11장의 초점은 나사로의 부활의 기적을 통해 인생의 궁극적 소망인 부활을 증언하는 것입니다. 그런데 이미 본 것처럼, 11장이 열리면서 나사로와 그의 가족 마르다와 마리아 자매를 소개하며 성경 기자는 주님이 그들을 사랑하신 것을 강조합니다.

"사랑하시는 자가 병들었나이다 … 예수께서 본래 마르다와 그 동생과 나사로를 사랑하시더니"(요 11:3, 5).

그러나 나사로의 병상에 그분이 도착하시지 않자 그분의 사랑은 시험을 당하게 됩니다. 여기서 우리는 모든 사랑은 시험을 통과한다는 진리를 확인합니다.

마침내 나사로의 무덤에 도착하신 예수님의 모습을 성경은 어떻게 증언합니까? 요한복음 11장 35절은 영어 성경에서 가장 짧은 구절로 기억됩니다. 딱 두 단어로 되어 있는 문장입니다.

"Jesus wept"(예수께서 눈물을 흘리시더라).

이 말없는 그의 눈물을 본 유대인 민중들의 증언은 무엇입니까?

"이에 유대인들이 말하되 보라 그를 얼마나 사랑하셨는가"(요 11:36).

나사로의 부활의 기적은 바로 이 사랑의 눈물이 가져온 기적이었습니다.

성경에는 예수님이 세 번 눈물을 흘리신 것으로 기록됩니다. 첫째는, 본문의 나사로를 위한 눈물입니다. 그 눈물이 나사로와 그 가정에 부활의 기적을 가져왔습니다. 둘째는, 멸망당할 예루살렘 성을 바라보며 흘리신 눈물입니다. 그 눈물이 이스라엘 민족을 박해의 흩어짐 중에도 보존하고 회복의 기적을 가져다준 것입니다. 우리가 민족을 향해 울면 민족이 살 것입니다. 우리에게 민족을 위한 눈물이 마른다면 우리 민족에게 기대할 것은 아무것도 없습니다. 마지막으로 주님은 겟세마네 동산에서 십자가를 앞에 두고 통곡과 눈물을 쏟으셨습니다.

"그는 육체에 계실 때에 자기를 죽음에서 능히 구원하실 이에게 심한 통곡과 눈물로 간구와 소원을 올렸고 그의 경건하심으로 말미암아 들으심을 얻었느니라"(히 5:7).

겟세마네에서 주님이 흘리신 통곡의 눈물로 우리는 구원받은 주의 백성이 되었습니다.

정직하지 못한 악어의 눈물도 있지만, 순결한 사랑의 눈물은 언제나 영혼을 살리는 구원의 역사를 가져옵니다. 북한 땅의 구원은 북한을 향한 우리의 사랑의 눈물이 차면 일어날 것이라고 말씀한 분이 계셨습니다. 우리가 우리의 자녀들을 위해 울면 자녀들이 살아날 것입니다. 우리가 불신의 이웃들을 위해 울면 이웃들이 살아날 것입니다. 우리가 한국 교회를 위해 울면 한국 교회가 살아날 것입니다. 우리가 민족을 위해 울면 민족이 살아날 것입니다. 부활의 주님은 당신의 심정으로 사랑의 눈물을 심는 곳에 부활의 기적을 선물로 주실 것입니다. 지금이 바로 그 사랑의 기적, 눈물의 기적이 필요한 때가 아닐까요?

감사

나사로의 부활의 기적은 또한 감사의 기적이었습니다.

"돌을 옮겨 놓으니 예수께서 눈을 들어 우러러 보시고 이르시되 아버지여 내 말을 들으신 것을 감사하나이다"(요 11:41).

이 죽음 앞에서의 감사를 보십시오. 어떤 심정의 감사였을까요? 예수님에게는 좋은 친구를 상실한 순간이었습니다. 그러나 그 순간 나사로와 함께한 아름다운 추억이 떠오르며 그런 시간을 주신 하나님을 향해 감사를 드리셨는지도 모릅니다. 그리고 더 나아가, 이제 주님이 행하실 위대한 일에 대한 감사였습니다. 그것은 다음 절로 분명해집니다.

"항상 내 말을 들으시는 줄을 내가 알았나이다 (감사) 그러나 이 말씀 하옵는 것은 둘러선 무리를 위함이니 곧 아버지께서 나를 보내신 것을 그들로 믿게 하려 함이니이다"(요 11:42).

진정 이런 감사야말로 하나님의 능력과 현존을 믿는 사람이 아니면 불가능한 감사가 아니겠습니까?

기독교 유머 중에 이런 이야기가 있습니다. 미션 스쿨에서 선생님이 사자성어(四字成語)를 가르치기 위해 퀴즈를 냈습니다.

"어느 산골 마을에서 소를 키우던 농부가 그의 전 재산인 소가 없어졌는데도 태연자약했습니다. 그리고 얼마 후 그 소는 어린 송아지 세 마리를 더 데리고 집으로 돌아왔습니다. 이런 경우를 사자성어로 뭐라고 할까요?"

여러 학생이 손을 들었습니다. 그리고 예상대로 대부분의 학생들이 '새옹지마'(塞翁之馬)라고 정답을 말했습니다. 그런데 선생님이 혹시나 하는 창의성을 시험하기 위해 다른 대답을 준비한 학생이 있는지를 물었습니다. 그러자 한 학생이 말했습니다. '예상적중.' 뒤이어 또 한 학생이 손을 들었습니다. '범사감사.' 신앙적인 정답이 아닐 수 없습니다.

예수님의 감사가 나사로를 살렸습니다. 본문 43절에서 예수님은 감사하신 후 큰 소리로 말씀하십니다.

"나사로야 나오라."

죽은 자가 수족을 베로 동인 채로 나오자 예수님은 다시 말씀하십니다.

"풀어 놓아 다니게 하라"(요 11:44).

그리고 부활의 기적은 일어났습니다. 예수님이 보고 싶어 하신 것은 그가 그리고 우리가 부활 인생으로 살아가는 것입니다. 부활의 기적이 필요합니까? 그분의 말씀을 믿으십시오. 사랑하십시오. 그리고 감사하십시오. 일어나 결박을 풀고 주님이 주신 자유의 인생을 누리십시오.

"유월절 엿새 전에 예수께서 베다니에 이르시니 이곳은 예수께서 죽은 자 가운데서 살리신 나사로가 있는 곳이라 거기서 예수를 위하여 잔치할새 마르다는 일을 하고 나사로는 예수와 함께 앉은 자 중에 있더라 마리아는 지극히 비싼 향유 곧 순전한 나드 한 근을 가져다가 예수의 발에 붓고 자기 머리털로 그의 발을 닦으니 향유 냄새가 집에 가득하더라 … 유대인의 큰 무리가 예수께서 여기 계신 줄을 알고 오니 이는 예수만 보기 위함이 아니요 죽은 자 가운데서 살리신 나사로도 보려 함이러라 대제사장들이 나사로까지 죽이려고 모의하니 나사로 때문에 많은 유대인이 가서 예수를 믿음이러라"(요 12:1-3, 9-11).

3. 나사로 때문에

나사로의 집을 가득 채운 향기는 그 집에만 머물러 있지 않았습니다.
그 향기는 담을 넘어 이웃에게도 퍼지고 있었습니다.
나사로의 부활 때문입니다.

이 지구상에는 75억이 넘는 인구가 살고 있습니다. 때로 거대한 인파가 몰려다니는 곳에 휩쓸리면 이 군중의 물결 속에 나라는 존재가 무슨 의미가 있는가라는 물음이 떠올려집니다. 그러나 이 지구상에는 한 사람의 특별한 존재로 인한 파장이 날마다 지구촌의 뉴스를 만들고 있습니다. 생각해 보십시오. 김정은 한 사람의 대륙간탄도미사일 발사 명령 때문에 UN이 소집되고, 한국과 일본, 중국, 미국, 러시아의 각료 회의가 소집되기도 합니다. 성경은 한 사람으로 말미암아 죄가 세상에 들어오고(롬 5:12 참조), 그 한 사람의 범죄로 인해 많은 사람이 죽었으나(롬 5:15 참조), 한 사람의 의로운 행위로 말미암아 많은 사람이 의롭다 함을 얻어 생명에 이르렀다(롬 5:18 참조)고 증언합니다. 한 사람의 중요성을 증언하는 말씀입니다.

본문은 한 사람 나사로의 부활 사건의 파장을 증언하고 있습니다. 한 사람 나사로가 예수님의 긍휼히 여기심으로 죽음에서 부활한 것은 정말 그 시대의 뉴스가 아닐 수 없었을 것입니다. 그런데 나사로의 부활에 버금가는 죽은 영혼들의 부활 사건, 곧 구원의 사건이 오늘 이 시대에 뉴스가 되지 못하는 것은 참 이상한 일이 아닐 수 없습니다. 예수님은 일찍이 그의 음성을 듣는 자들에게 일어날 경이로운 사건을 예언하셨습니다.

"진실로 진실로 너희에게 이르노니 죽은 자들이 하나님의 아들의 음성을 들을 때가 오나니 곧 이때라 듣는 자는 살아나리라"(요 5:25).

과연 이 사건이 우리에게 일어났을까요?

"내가 진실로 진실로 너희에게 이르노니 내 말을 듣고 또 나 보내신 이를 믿는 자는 영생을 얻었고 심판에 이르지 아니하나니 사망에서 생명으로 옮겼느니라"(요 5:24).

이 말씀에 의하면 예수님의 말씀을 듣고 그를 믿는 우리가 바로 사망에서 생명으로 옮겨진 영적 부활의 체험자가 아닙니까? 당연히 이제 나사로의 집에 잔치가 있었던 것처럼 우리의 집에도 잔치가 열려야 할 것입니다.

"유월절 엿새 전에 예수께서 베다니에 이르시니 이곳은 예수께서 죽은 자 가운데서 살리신 나사로가 있는 곳이라 거기서 예수를 위하여 잔치할새"(요 12:1-2).

그렇다면 이제 나사로의 부활 때문에 일어난 사건의 파장을 살펴

봅시다. 나사로 때문에, 아니 다시 산 이 한 사람 때문에 무슨 일이 일
어나고 있습니까?

향유 내음 가득한 집

죽은 나사로의 부활로 인해 이 부활을 가능하게 하신 예수님을 모시
는 감사의 잔치가 베다니에서 열렸습니다(마태복음 26장 6절에 의하면 같
은 베다니 마을에서 역시 기적적 치유의 은혜를 입었던 한센병 환자 시몬의 집이었을
가능성이 있다). 본문 2절에 의하면 이 잔칫집에는 마르다의 봉사의 향
기가 있었습니다. 성경은 "거기서 예수를 위하여 잔치할새 마르다는
일을 하고"라고 기록합니다. 물론 복음서에서 마르다가 등장할 때마
다 그녀는 언제나 일을 하고 있었습니다. 누가복음 10장에서는 동생
마리아가 예수님의 말씀을 듣느라 자신의 부엌일을 도와주지 않는
것에 대한 불평을 하다가 예수님에게 책망 받습니다. 그러나 적어도
본문에서는 더 이상 마르다에게 불평의 흔적이 없습니다.

우리의 봉사에는 자신을 알아주기를 기대하고 자신을 드러내려
는 육신적 봉사가 많은 경우를 대표합니다. 그러나 지금 마르다는 그
런 육신적 봉사가 아닌 영적 봉사를 주님에게 드리고 있습니다. 그것
은 다만 예수님에게 감사하고 예수님만 자랑하기 위한 그녀의 성숙
한 봉사였습니다. 바울 사도는 자신이 그런 봉사의 자리에 선 사람이

된 것을 감사함으로 고백합니다.

"하나님의 성령으로 봉사하며 그리스도 예수로 자랑하고 육체를 신뢰하지 아니하는 우리가 곧 할례파(하나님의 언약의 백성)라"(빌 3:3).

우리는 여기 마르다에게서 그런 성숙한 섬김의 향기를 맡게 됩니다.

이 잔칫집에는 또한 마리아의 희생의 향기, 헌신의 향기가 있었습니다.

"마리아는 지극히 비싼 향유 곧 순전한 나드 한 근을 가져다가 예수의 발에 붓고 자기 머리털로 그의 발을 닦으니 향유 냄새가 집에 가득하더라"(요 12:3).

사랑하는 오빠, 나사로를 살리신 그 은혜에 감격한 마리아는 그녀가 할 수 있는 최고의 감사, 최고의 헌신을 주님에게 드리고 싶어 했을 것입니다. 학자들에 의하면 나드 향유는 인도산 기름으로 설화 석고 병에 담겨 수입되었는데, 아마도 그 입구가 밀봉된 것이어서 그 향유를 사용하려면 병마개를 깨뜨려야 했을 것이며, 따라서 이 향유는 오직 한 번, 최고의 게스트에게 드려지는 선물로 사용되었을 것이라고 합니다. 본문 5절에서 유다는 그 가치가 300데나리온(300일 치 일급, 약 열 달 봉급)에 해당된다고 말합니다. 그런 그 향유를 마리아는 아낌없이 주의 발에 부었던 것입니다. 계산을 초월한 최고의 사랑, 최고의 감사, 최고의 예배, 최고의 헌신을 드리기 위해서였습니다. 그리고 그 향기가 온 집안을 채웠습니다.

나사로의 집안은 (아마도) 나사로가 가장 역할을 하며 마르다와 마리아 자매와 함께 살던 매우 특별한 가정이었지만, 예수님을 모심으로 그에게 드려진 하늘의 향기가 집안에 가득했습니다. 우리는 어떻습니까? 우리의 집도 예수님의 은혜에 대한 감은의 향기로 채워지고 있습니까? 우리 집의 한 사람에게 주의 은혜가 임하면 집 전체에 예수 향기가 채워지게 됩니다. 그러나 이 나사로의 집의 향기는 그 집에만 머물러 있지 않았습니다. 그 향기는 담을 넘어 이웃에게도 퍼지고 있었습니다. 나사로의 부활 때문입니다. 우리 집 누군가에게 새 생명이 주어진 까닭입니다.

많은 이웃에게 전달되는 향기

마리아가 옥합을 깨고 예수님에게 향유를 부었을 때 그녀의 행위는 당시에도 다양한 반응을 일으켰습니다. 우선 훗날 예수님을 배신하는 유다는 이것을 낭비라고 비판했습니다. 그러나 유다의 비판의 동기는 가난한 이에 대한 동정이 아니라, 그 비싼 향유에 대한 탐심 때문이었습니다(6절은 그의 정체가 '도둑'이었다고 기록한다). 결국 그의 비판은 정의를 가장한 위선이었습니다. 지금도 순전한 그리스도인들의 헌신에 대한 유다식의 비판이 이 땅에 넘쳐나고 있습니다. 우리는 가난한 이에 대한 애정을 간직해야 하지만, 정의를 가장하고 있는 비판적 위선자들을 분별할 줄 알아야 합니다. 예수님은 마리아의 옥합을 깨뜨리고 향유를 부은 헌신을 훗날 예수님의 장례식에 대한 예언적 준비였다고 칭찬하십니다(요 12:7 참조).

또 하나의 비판적 그룹은 대제사장들이었습니다.

"대제사장들이 나사로까지 죽이려고 모의하니"(요 12:10).

나사로의 부활로 인해 대중의 관심이 예수님에게 집중되자 당시의 대표적 종교인들은 그들을 종교 권력의 위협으로 판단했습니다. 이웃의 순전한 헌신을 기존 종교의 인기나 권위의 위축으로 판단한 것입니다. 이렇게 우리의 순수한 헌신조차 언제나 왜곡될 수 있는 것입니다. 하지만 예수님 보시기에 마리아의 희생은 거룩한 낭비, 사랑의 낭비, 헌신의 낭비였습니다.

그러나 중요한 것은, 더 많은 다수의 대중들이 나사로의 부활 사건에 대해 순수한 열정적 관심을 보였습니다.

"유대인의 큰 무리가 예수께서 여기 계신 줄을 알고 오니 이는 예수만 보기 위함이 아니요 죽은 자 가운데서 살리신 나사로도 보려 함이러라"(요 12:9).

'나사로도 보려 함이러라!' 이것이 바로 새 생명의 능력이요, 향기인 것입니다. 바울 사도는 우리가 예수 믿고 경험한 구원 사건이 드러내는 두 개의 상반적인 반응을 고린도후서 2장 15-16절에서 어떻게 증언합니까?

"우리는 구원받는 자들에게나 망하는 자들에게나 하나님 앞에서 그리스도의 향기니 이 사람에게는 사망으로부터 사망에 이르는 냄새요 저 사람에게는 생명으로부터 생명에 이르는 냄새라 누가 이 일을 감당하리요."

그러므로 나사로의 부활에 대한 두 개의 상반적 반응으로 인해 놀랄 것은 아무것도 없습니다. 중요한 것은 우리의 간증이 생명의 향기로 이웃들에게 전달되도록 하는 일입니다. 본문 11절의 이 위대한 증언을 보십시오!

"나사로 때문에 많은 유대인이 가서 예수를 믿음이러라."

이제 나사로 대신 당신의 이름을, 유대인 대신 한국인을 넣어 이 구절을 읽어 보십시오.

"○○○ 때문에 많은 한국인이 가서 예수를 믿음이러라."

이제 나사로 한 사람의 부활 사건이 초래한 마지막 결과를 기독교 역사의 전승에서 찾고자 합니다.

땅끝까지 복음이 되는 향기

나사로의 부활 간증은 더 많은 증언을 통해 당시의 세상에 미치는 강력한 복음의 향기가 됩니다.

"나사로를 무덤에서 불러내어 죽은 자 가운데서 살리실 때에 함께 있던 무리가 증언한지라"(요 12:17).

한 사람의 증언이 마침내 두 사람의 증언이 되고, 두 사람의 증언이 마침내 큰 무리의 증언이 됩니다. 연못에 떨어진 물방울 하나가 전체 연못에 미치는 파장을 일으키는 것처럼 말입니다.

"바리새인들이 서로 말하되 볼지어다 너희 하는 일이 쓸데없다 보라 온 세상이 그를 따르는도다"(요 12:19).

복음을 방해하던 적들조차 인정할 수밖에 없는 명백한 복음의 영향력이 온 세상 도처에 나타나게 된 것입니다.

교회 전승에 의하면, 죽음에서 부활한 나사로는 잠시 예루살렘 근교에 머물며 복음을 전하다가 당시 세상의 땅끝의 하나로 알려진 동부 지중해에서 세 번째로 큰 섬, 터키와 그리스 남단에 위치한 키프로스(사이프러스, 구브로)로 복음을 들고 갑니다. 이 키프로스는 바울 사도가 바나바(바로 이 섬 출신)와 더불어 그의 첫째 선교 여행에서 살라미스(살라미)와 바포스(바보)에서 복음을 전했던 곳입니다. 그런데 이곳에 나사로가 와서 이번에는 키프로스 남쪽을 중심으로 복음을 전합니다. 교회 전승에 의하면, 나사로는 남 키프로스 라나카를 중심으로 복음을 전하다가 순교한 것으로 전해집니다. 그가 죽음에 처했을 때 뭐가 달랐을까요? 분명한 것은, 그는 죽음을 두려워하지 않았을 것입니다. 한 번 죽어 보았기 때문입니다. 그는 담대하게 복음을 전하고 이 섬에서 인생 순례를 마무리합니다. 마침내 나사로의 예수 생명의 향기가 지중해 땅끝 섬까지 복음의 향기로 전해진 것입니다.

사도행전 1장 8절의 명령이 나사로를 위한 명령이고 바울을 위한 명령이었듯, 이 말씀은 오늘을 사는 우리에게도 변함없는 명령입니다.

"오직 성령이 너희에게 임하시면 너희가 권능을 받고 예루살렘과 온 유대와 사마리아와 땅끝까지 이르러 내 증인이 되리라 하시니라."

당신의 땅끝은 어디입니까? 그곳에서 당신 때문에 많은 사람들이 예수를 믿었다는 역사가 기록되어야 합니다.

'나 한 사람'의 부활 간증, 신앙 간증으로 당신의 집에 예수 향기가 채워지기를 기도하십시오. 아니, 당신의 집 담을 넘어 마을과 도시, 우리 민족에게 생명의 향기가 전파되기를 기도하십시오. 여전히 우리의 선교 헌신을 낭비로 비판하는 유다와 제사장의 후예들이 존재할 것입니다. 그러나 우리는 우리에게 선교의 명을 주신 주님에게 집중해야 합니다. 순종은 그리스도인의 존재 양식입니다. 우리의 순종으로 세상은 새로운 생명을 얻을 것입니다. 그리고 마침내 우리 민족의 국경을 넘어 열방과 땅끝까지 나 한 사람 때문에 많은 사람들이 예수님 앞으로 나아오는, 예수 향기로 열방이 새로워지는 그리고 부활의 복음이 전해지는 위대한 역사가 펼쳐질 것입니다.

"그 이튿날에는 명절에 온 큰 무리가 예수께서 예루살렘으로 오신다는 것을 듣고 종려나무 가지를 가지고 맞으러 나가 외치되 호산나 찬송하리로다 주의 이름으로 오시는 이 곧 이스라엘의 왕이시여 하더라 예수는 한 어린 나귀를 보고 타시니 이는 기록된바 시온 딸아 두려워하지 말라 보라 너의 왕이 나귀 새끼를 타고 오신다 함과 같더라 제자들은 처음에 이 일을 깨닫지 못하였다가 예수께서 영광을 얻으신 후에야 이것이 예수께 대하여 기록된 것임과 사람들이 예수께 이같이 한 것임이 생각났더라"(요 12:12-16).

4. 우리 왕

우리가 그분을 왕으로 모시고 산다는 것은
무엇보다 그를 통해 구원을 체험한 것을 의미합니다.
구원의 확신은 우리가 왕이신 예수의 제자가 된 지표입니다.

오늘날 지상 대부분의 국가들은 중세 시대의 전제적인 군주 국가를 극복하고 민주적 정치 제도를 수용하고 있습니다. 물론 사우디 왕가 같은 중동 국가의 일부와 아프리카 일부 국가들은 아직도 여전히 왕정을 유지하고 있습니다. 그런가 하면 이 지구상에 적지 않은 나라들은 왕국과 민주국가를 절충하는 정치 체제를 응용하기도 합니다. 예컨대, 일본, 영국, 태국, 스페인, 노르웨이, 스웨덴 같은 나라들은 형식적이고 상징적인 왕정을 유지하면서 실제로는 의회를 통한 민주적 정치 체제를 채택하고 있습니다. 아마도 사실상의 절대 왕정 국가는 북한이 유일할 듯싶습니다. 그런데 성경은 그리스도인들이 예수님을 구주와 주님으로 믿고 영접하는 순간 영원한 제국인 하나님 왕국의 백성이 된다고 가르칩니다. 그리고 그 순간부터 우리는 우리의 유일한 왕, 만왕의 왕이신 예수님을 섬기게 된다고 가르칩니다.

그런 의미에서 그리스도인으로서 하나님을 예배하는 우리는 대한민국이라는 민주 국가의 시민인 동시에 예수를 왕으로 모시는 하나님 왕국의 백성이란 이중적 정체성을 갖고 이 땅에서 살고 있는 것입니다. 그렇다면 우리가 예수님을 왕으로 모시고 사는 그 실제적 삶의 양식은 어떤 모습이어야 할까요? 본문은 지상에 주의 백성들이 기다리던 왕으로 오신 예수님의 대관식을 보여 주고 있습니다. 동시에 이 대관식에서 우리는 우리가 모시는 왕이 어떤 왕이신가를 알 수 있습니다. 우리의 왕에 대한 이해는 바로 그 왕을 따르는 신하로서의 우리 삶의 정체성과 양식을 결정하는 것입니다. 그는 도대체 어떤 왕이십니까? 대관식에서 보는 우리 왕은 어떤 분이십니까?

구원하시는 왕

요한복음 12장의 내러티브는 나사로의 부활을 축하하는 베다니에서의 축제로 열리고, 이어서 예수님의 예루살렘 성 입성으로 연결되고 있습니다. 감람 산 동쪽에 자리 잡은 베다니에서 예루살렘은 불과 3킬로미터 떨어진 곳에 위치하고 있습니다. 오늘날도 해마다 종려주일이 되면 베다니 마을 또는 벳바게 언덕에 있는 종려주일 기념교회 앞에 종려나무, 감람나무 가지를 든 현지 그리스도인들과 순례객

들 수천이 오후 2시경에 모여 십자가를 든 사제의 뒤를 따라 감람 산 등을 넘어서서 예루살렘으로 입성하는 축제 행렬을 볼 수 있습니다. 2천 년 전과 마찬가지로 그때 감람 산 언덕 너머 예루살렘 옛 성이 보이기 시작하면 그들은 호산나를 외치며 찬양을 부르기 시작합니다. 마치 2천 년 전 그때처럼 말입니다.

"종려나무 가지를 가지고 맞으러 나가 외치되 호산나 찬송하리로 다 주의 이름으로 오시는 이 곧 이스라엘의 왕이시여 하더라"(요 12:13).

'호산나'는 호시안나(구원하다, save)의 히브리어 명령형 동사에서 유래한 것으로 '지금 기도하노니 구원하소서'라는 의미입니다. 여호와 하나님에게 구원을 호소하는 말입니다. 이것은 무엇보다 그들이 예수님을 구원자로 믿고 기대함을 보여 준 중요한 사실입니다.

예수님은 태어날 때부터 구원자의 소명을 갖고 출생하셨습니다. 그의 이름 '예수'가 그것을 증거합니다.

"아들을 낳으리니 이름을 예수라 하라 이는 그가 자기 백성을 그들의 죄에서 구원할 자이심이라"(마 1:21).

누가는 그의 이 땅의 소명을 이렇게 선포합니다.

"인자가 온 것은 잃어버린 자를 찾아 구원하려 함이니라"(눅 19:10).

그는 그냥 왕이 아닌 구원자의 소명을 갖고 오신 왕입니다. 그는 곧 구원하시는 왕인 것입니다. 그러므로 우리가 그분을 왕으로 모시고 산다는 것은 무엇보다 그를 통해 구원을 체험한 것을 의미합니다. 구원의 확신은 우리가 왕이신 예수의 제자가 된 지표입니다. 교회에 나오면서 아직도 구원의 확신이 없다면, 그것은 아직도 예수를 왕으로 만나지 못하고 믿지 못하기 때문입니다. 히브리서 기자는 "우리가 이같이 큰 구원을 등한히 여기면 어찌 그 보응을 피하리요"(히 2:3)라고 말합니다. 우리가 신앙생활을 하면서 구원 문제에 대한 명확한 해결을 못 하고 있다면 그것은 정말이지 비극입니다. 그것은 구원을 주기 위해 오신 왕, 예수를 진정으로 만나지 못했다는 반증이기 때문입니다.

겸손하신 왕

예루살렘에 입성하시는 우리 왕의 모습에서 주목해야 할 두 번째 특성이 본문 14절에 기록되어 있습니다.

"예수는 한 어린 나귀를 보고 타시니."

메시아로, 왕 중의 왕으로 오시는 이가 하필이면 어린 나귀를 타고 입성하신다는 것입니다. 그리고 본문 15절은 그것이 스가랴 선지자의 예언의 성취라고 말씀합니다.

"시온의 딸아 크게 기뻐할지어다 예루살렘의 딸아 즐거이 부를지어다 보라 네 왕이 네게 임하시나니 그는 공의로우시며 구원을 베푸시며 겸손하여서 나귀를 타시나니 나귀의 작은 것 곧 나귀 새끼니라"(슥 9:9).

스가랴는 장차 오실 메시아 왕의 가장 중요한 사역이 구원의 사역임을 말합니다. 그는 구원하는 메시아 왕이십니다. 그러나 이어서 그는 겸손해서 나귀 새끼를 타고 예루살렘에 입성하실 것을 말합니다. 그가 겸손한 왕이실 것을 예언한 것입니다. 그는 세상의 모든 왕들과 차별화되는 분이십니다. 세상의 왕들에게서 우리는 교만한 권위를 봅니다. 그러나 그는 친히 우리를 초대하십니다.

왕으로 오신 이의 초대를 기억하십시오.

"수고하고 무거운 짐 진 자들아 다 내게로 오라 내가 너희를 쉬게 하리라"(마 11:28).

만일 예수님이 군마를 타고 예루살렘에 입성하셨더라면 흙수저 민중들이 그에게 쉽게 접근할 수 있었을까요? 나귀 새끼를 타고 들어오시는 이분을 보며 아마 제일 신바람 난 것은 예루살렘의 아이들이었을 것입니다. 이어진 그분의 초대 말씀을 기억하십시오.

"나는 마음이 온유하고 겸손하니 나의 멍에를 메고 내게 배우라 그리하면 너희 마음이 쉼을 얻으리니"(마 11:29).

우리가 만난 예수님, 우리가 따르는 예수님, 우리가 섬기는 예수님, 곧 왕이신 하나님은 겸손한 왕이십니다. 그 누구도 그를 두려워할 필요가 없습니다. 남녀노소, 우리의 계급과 신분, 처지와 상황으로 인해 그에게의 접근을 주저할 필요가 없습니다. 그분은 너무 겸손하시어 자신의 허리를 굽히고 우리의 눈높이에 맞추어 우리를 영접해 주시는 겸손의 왕이십니다. 그를 만났습니까? 그를 따르고 있습니까?

그러면 당신도 겸손히 허리를 굽히고 당신의 이웃을 만나고 있습니까? 섬기고 있습니까? 우리의 왕이 그렇게 하셨다면 우리도 그렇게 못할 이유가 없지 않겠습니까?

평화의 왕

구약성경에서 우리가 주목해야 할 나귀의 또 하나의 상징은 평화였다는 것입니다. 그것은 말 혹은 군마가 주로 전쟁의 상징으로 등장하는 것과 비교될 만합니다.

"그에게 아들 삼십 명이 있어 어린 나귀 삼십을 탔고 성읍 삼십을 가졌는데 그 성읍들은 길르앗 땅에 있고 오늘까지 하봇야일이라 부르더라"(삿 10:4).

야일의 통치 시대가 평화의 시대임을 강조하고자 한 것입니다.

본문 15절에서 그가 나귀 새끼를 타고 입성하심이 스가랴의 예언의 성취임을 강조하며 주신 말씀을 다시 한 번 보십시오.

"이는 기록된바 시온 딸아 두려워하지 말라 보라 너의 왕이 나귀 새끼를 타고 오신다 함과 같더라."

이 말씀과 스가랴 9장 9절을 비교했을 때 무엇이 다릅니까? 스가랴에는 없는 '두려워하지 말라'는 말씀이 요한복음에 추가된 것을 확인할 수 있습니다. 스가랴는 그냥 기뻐하고 즐거워하라고 기록합니다. 그런데 요한은 이를 '두려워하지 말라'는 말씀으로 바꿉니다. 그것은 일종의 제자 요한의 인용이면서 해석입니다. 무슨 말입니까? 우리의 왕은 두려워할 필요가 없다는 것입니다. 고대의 왕은 신하나 백성에게 언제나 두려움의 대상이었습니다. 그러나 메시아로 오신 예수는 두려움이 아닌 평화의 왕으로 오신 분임을 강조하고 싶어 한 것입니다. 그분이 그를 믿고 따르는 자들에게 제일 먼저 주고 싶어 하시는 것이 바로 평화입니다.

요한복음 14장 27절에서 예수님은 자신을 따르는 제자들에게 평화의 선물을 언약하십니다.

"평안을 너희에게 끼치노니 곧 나의 평안을 너희에게 주노라 내가 너희에게 주는 것은 세상이 주는 것과 같지 아니하니라 너희는 마음에 근심하지도 말고 두려워하지도 말라."

그러므로 내가 정말 예수님을 나의 왕으로 만났다면 그리고 그를 나의 주인으로 정상적으로 따르고 있다면 내게 이 평화가 있어야 합니다. 계속되는 약속의 말씀을 상기해 보십시오.

"이것을 너희에게 이르는 것은 너희로 내 안에서 평안을 누리게 하려 함이라 세상에서는 너희가 환난을 당하나 담대하라 내가 세상을 이기었노라"(요 16:33).

세상을 살아가는 동안 마음의 근심과 환경이 주는 환난은 피할 수가 없습니다. 우리는 우리 안과 밖에서 이런 근심과 환난을 지속적으로 직면할 것입니다. 그러나 그럼에도 불구하고 내 안에서 떠나지 않는 평화가 있습니다. 그 평화가 내 마음과 상황을 여전히 지켜 주고 있습니다. 그것은 알렉산더 대왕도, 로마의 황제 티베리우스도, 나폴레옹도 줄 수 없는, 오직 평화의 왕, 예수님만이 주실 수 있는 것입니다.

종려주일 사건은 너무 중요해서 사복음서에 모두 기록되어 있습니다. 그런데 복음서마다 강조점의 차이가 존재합니다. 예수님의 인성을 가장 강조한 누가는 누가복음 19장에서 감람 산 내리막길에서 무리들이 불렀던 찬송을 이 사건에 추가합니다.

"이르되 찬송하리로다 주의 이름으로 오시는 왕이여 하늘에는 평화요 가장 높은 곳에는 영광이로다 하니"(눅 19:38).

그리고 이어 예루살렘 성에 가까이 오시며 눈물을 흘리시는 왕 되신 예수님의 모습을 추가적으로 부연합니다.

"가까이 오사 성을 보시고 우시며"(눅 19:41).

우리는 다음 절에서 그가 우신 이유를 알게 됩니다.

"이르시되 너도 오늘 평화에 관한 일을 알았더라면 좋을 뻔하였거니와 지금 네 눈에 숨겨졌도다"(눅 19:42).

예루살렘이 예수님이 원하시는 평화 대신 전쟁을 경험할 것을 알고 우신 것입니다. 실제로 로마의 디도(Titus)에 의해 예루살렘은 A.D. 70년에 함락되고, 성은 파괴되며, 성전은 불타 버리고, 유대인 남자들은 로마와 이집트에 노예로 끌려가는 디아스포라의 눈물의 역사가 시작됩니다. 이것은 평화의 왕을 거절한 대가였습니다. 왕도 원하시지 않은 결과였습니다. 어느 시대에나 진정한 평화의 시작은 평화의 왕을 영접하는 일에서 시작됩니다.

우리가 사는 이 땅의 진정한 평화도 단순히 정치적 흥정이나 타협으로 오는 것은 아닙니다. 물론 우리는 이 나라의 대통령이 남북한 평화의 조정자 역할을 잘하도록 중보해야 합니다. 그러나 그리스도인인 우리가 그보다 더 중요하게 해야 할 일이 있습니다. 그것은 남북한 모든 곳에서 예수를 왕으로 인정하고 그분을 평화의 왕으로 예배하는 날이 이 땅에 앞당겨지도록 기도하는 것입니다. 그때 비로소 이 땅에 온전한 평화가 임할 것입니다. 그러므로 그 무엇보다 중요한 민족의 숙제는 민족 복음화입니다. 남한의 복음화 그리고 북한의 복음화를 위해 기도하는 일입니다. 북한이 종종 자신들을 도우며 선교하는 이들을 국가 전복 음모라는 죄목으로 체포하는 일들이 있어 왔습니다. 어처구니없는 일이지만, 또 다르게 생각하면 저는 북한 당국자들이 복음의 능력을 알고 있는 사람들이라는 생각이 들었습니다. 복음이 그 땅에 전파되면 결국 북한 체제는 무너지고 마침내 평화가 올 것이기 때문입니다. UN이, 적십자가 가져오지 못한 진정한 평화가 올 것입니다.

예수는 우리 민족의 왕이십니다. 진정한 평화의 왕이십니다. 그러므로 왕의 복음이 전파되도록 우리는 더 기도하고, 더 선교하고, 더 헌신해야 합니다. 그 왕이신 예수만이 우리 민족의 소망이십니다. 우리 가정, 우리 개인의 평화이십니다.

"내가 땅에서 들리면 모든 사람을 내게로 이끌겠노라 하시니 이렇게 말씀하심은 자기가 어떠한 죽음으로 죽을 것을 보이심이러라 이에 무리가 대답하되 우리는 율법에서 그리스도가 영원히 계신다 함을 들었거늘 너는 어찌하여 인자가 들려야 하리라 하느냐 이 인자는 누구냐 예수께서 이르시되 아직 잠시 동안 빛이 너희 중에 있으니 빛이 있을 동안에 다녀 어둠에 붙잡히지 않게 하라 어둠에 다니는 자는 그 가는 곳을 알지 못하느니라 너희에게 아직 빛이 있을 동안에 빛을 믿으라 그리하면 빛의 아들이 되리라 예수께서 이 말씀을 하시고 그들을 떠나가서 숨으시니라"

(요 12:32-36).

5. 인자는 누구냐

하나님의 아들이신 예수님이 인자,
곧 사람의 아들로 이 땅에 오신 이유는
그의 목숨을 대속물, 곧 대속의 제물로 드리기 위해서였습니다.

대부분의 종교에서 중요한 것은 교주의 가르침입니다. 물론 기독교
에서도 그리스도의 가르침은 중요합니다. 그러나 기독교에서는 그리
스도의 가르침 이상으로 그리스도가 중요합니다. 그리스도를 누구로
이해하고 믿느냐가 영생과 멸망을 결정합니다. 예수님이 3년간 제자
들과 함께하신 마지막 시간이 가까웠을 때, 그는 당신의 제자들에게
마지막 제자 훈련을 결산하는 중요한 테스트를 하십니다. 질문은 두
가지였습니다.

"예수께서 빌립보 가이사랴 지방에 이르러 제자들에게 물어 이르
시되 사람들이 인자를 누구라 하느냐"(마 16:13).

제자들의 여러 대답이 있은 후 그는 두 번째 질문을 하십니다.

"너희는 나를 누구라 하느냐"(마 16:15).

핵심은 '그가 누구신가?'란 질문이었습니다. 물론 이런 질문은 예수님 당시 예수님을 지켜보는 사람들에게도 있었습니다.

"이에 무리가 대답하되 우리는 율법에서 그리스도가 영원히 계신다 함을 들었거늘 너는 어찌하여 인자가 들려야 하리라 하느냐 이 인자는 누구냐"(요 12:34).

인자는 '사람의 아들'이란 말입니다. 그렇다면 우리와 똑같은 사람의 모습으로, 사람의 아들로 오신, 그러나 스스로 메시아(그리스도)를 자청하는 그는 도대체 누구십니까? 인자는 누구십니까? 아무도 이 질문에 대한 명확한 해답 없이 자신을 그리스도인이라 말해서는 안 됩니다. 그리스도인은 단순히 교회에 열심히 나오는 사람이 아닙니다. 단순히 교회에서 세례(침례) 받은 사람을 의미하지도 않습니다. 그러면 도대체 누가 그리스도인입니까? 그리스도가 누구인가를 확실하게 알고, 믿고, 따르는 사람이 바로 그리스도인입니다. 그렇습니다. 그리스도가 누구신지에 대한 분명한 신앙 고백 없이 자신을 그리스도인이라고 주장해서는 안 됩니다. 우리가 구도자로서 물을 수 있는 질문 중에 이보다 더 중요한 질문은 없습니다. 우리는 이 장에서 이 중요한 질문을 다루고자 합니다. 본문이 증언하는 인자는 누구십니까?

어두운 세상의 빛

요한복음에서 어둠과 빛은 어두운 죄악 세상에 그리스도가 오신 이유를 설명하는 중요한 대조적 상징으로 반복해서 등장합니다. 요한복음 1장 5절은 "빛이 어둠에 비치되 어둠이 깨닫지 못하더라"고 기록합니다. 그리고 1장 9절은 "참빛 곧 세상에 와서 각 사람에게 비추는 빛이 있었나니"라고 증언합니다. 예수 그리스도를 모든 불완전한 빛들과 비교하며 그는 참빛이라고 증언합니다. 참빛은 물론 그리스도시고, 어둠은 죄 가운데 있는 세상과 세상 사람들입니다. 요한복음 3장 19절은 그리스도를 거부하는 세상의 현실을 이렇게 증거합니다.

"그 정죄는 이것이니 곧 빛이 세상에 왔으되 사람들이 자기 행위가 악하므로 빛보다 어둠을 더 사랑한 것이니라."

요한복음 8장 12절에서 예수님 자신의 'I am' 선언을 기억하십니까?

"예수께서 또 말씀하여 이르시되 나는 세상의 빛이니 나를 따르는 자는 어둠에 다니지 아니하고 생명의 빛을 얻으리라."

요한복음 9장 5절에서는 날 때부터 맹인 된 사람을 고치시며 이렇게 선언하십니다.

"내가 세상에 있는 동안에는 세상의 빛이로라."

이제 본문 35절의 말씀을 보십시오.

"예수께서 이르시되 아직 잠시 동안 빛이 너희 중에 있으니 빛이 있을 동안에 다녀 어둠에 붙잡히지 않게 하라 어둠에 다니는 자는 그가는 곳을 알지 못하느니라."

죄 속에 살아가는 인생을 어둠에 붙잡힌 인생으로 그리고 어디로 가는지를 모르고 사는 인생으로 묘사하지 않습니까? 그러나 다음 절이 바로 복음입니다.

"너희에게 아직 빛이 있을 동안에 빛을 믿으라 그리하면 빛의 아들이 되리라"(요 12:36).

빛 되신 그리스도를 영접하고 믿으면 이제 어둠 가운데 거할 필요가 없다고, 그는 빛의 자녀가 된다고 선포합니다. 그리고 이 복음은 요한복음 12장 46절에서 한 번 더 증거됩니다.

"나는 빛으로 세상에 왔나니 무릇 나를 믿는 자로 어둠에 거하지 않게 하려 함이로라."

당신은 지금 어둠 가운데 거합니까, 빛 가운데 거합니까? 어둠을 해결하는 유일한 처방은 빛입니다. 빛이 오면 어둠은 즉각적으로 사라집니다. 그리고 우리는 빛 가운데 존재하게 됩니다. 지금까지 어둠의 죄에 붙잡혀 살아온 것을 인정하고(회개의 의미) 참빛으로 오신 예수 그리스도를 영접하는 순간 우리는 더 이상 어둠 속에 거할 필요가 없습니다. 우리는 빛 가운데 살아가게 됩니다. 인자는 누구십니까? 어둠의 세상에 참빛, 유일한 빛으로 오신 분이십니다.

모든 사람의 구주

인자는 또한 어떤 분이십니까? 본문 32절은 이렇게 시작됩니다.

"내가 땅에서 들리면 모든 사람을 내게로 이끌겠노라."

이 말씀 속에는 예수님의 사명이 담겨 있습니다. 그리고 바로 이렇게 모든 사람을 구원하는 사명을 감당하기 위해 예수님은 자신에게 일어나야 할 가장 중요한 사건이 다가옴을 다음 구절을 통해 가르치십니다.

"이렇게 말씀하심은 자기가 어떠한 죽음으로 죽을 것을 보이심이러라"(요 12:33).

그는 모든 사람의 죄를 대속하는 십자가의 죽음을 죽으심으로 모든 사람의 구주가 되실 것을 천명하신 것입니다. 여기 '들리면'이라는 표현이 바로 십자가의 죽음을 예시하신 것입니다. 이 표현은 일찍이 니고데모와의 대화에서도 예시하신 바 있습니다.

"모세가 광야에서 뱀을 든 것같이 인자도 들려야 하리니"(요 3:14).

모세가 광야에서 뱀을 어떻게 들었습니까? 여호와 하나님은 불뱀에 물려 죽어 가는 이스라엘 백성을 구원하는 처방으로 모세에게 장대 위에 놋뱀을 매달라고 명하십니다. 그리고 "그것을 보면 살리라"(민 21:8)고 말씀하십니다.

"모세가 놋뱀을 만들어 장대 위에 다니 뱀에게 물린 자가 놋뱀을 쳐다본즉 모두 살더라"(민 21:9).

불뱀에 물린 자들을 위해 놋뱀이 장대에 매달리듯, 인자로 오신 예수님도 죄인들을 위해 죄인이 되어 십자가에 달리실 것을 예언하신 것입니다. 그 인자, 그 예수 그리스도를 믿음으로 바라보는 모든 사람이 구원을 받을 것입니다. 이것이 복음입니다.

그런데 예수님 당시 이스라엘 백성은 그리스도이신 구주를 기다리면서도, 예수님에게 그런 역할을 기대하면서도 그의 죽으심의 이유를 모르고 있었습니다. 그래서 본문 34절에서 어떻게 말합니까?

"이에 무리가 대답하되 우리는 율법에서 그리스도가 영원히 계신다 함을 들었거늘 너는 어찌하여 인자가 들려야 하리라 하느냐 이 인자는 누구냐."

동일한 질문을 오늘날 유대인들도, 무슬림도 묻고 있습니다. 그들은 예수님이 선지자임을 인정하면서도 십자가에 죽으심을 통한 구주 되심을 믿지 못합니다. 그러나 다시 인자 되신 예수님의 분명한 선언을 들어 보십시오.

"인자가 온 것은 섬김을 받으려 함이 아니라 도리어 섬기려 하고 자기 목숨을 많은 사람의 대속물로 주려 함이니라"(막 10:45).

하나님의 아들이신 예수님이 인자, 곧 사람의 아들로 이 땅에 오신 이유는 그의 목숨을 대속물, 곧 대속의 제물로 드리기 위해서였습니다. 십자가는 바로 이 대속의 제물로 예수의 생명이 드려지던 최후의 제단, 구원의 제단이었습니다. 인자는 누구십니까? 십자가에서 대속의 죽음을 받으신 모든 사람의 구주이십니다.

영원히 계시는 분

본문 34절에서 이미 살펴본 것처럼, 이스라엘 무리들은 율법에 의하면 그리스도는 영원히 계셔야 하는 것이 아니냐고 묻습니다. 예수님은 죽어야 한다는 것을 암시하셨는데 어떻게 그가 영원히 계실 수 있느냐는 물음인 것입니다. 여기 그리스도가 영원히 계시다는 그들의 이해는 올바른 것입니다. 그러나 그들이 무지했던 것은 그리스도가 어떻게 영원히 계시는가를 모른 것입니다. 단적으로 그들은 그리스도의 부활 사건을 몰랐던 것입니다.

그리스도는 우리의 죄를 대신 짊어지고 십자가에서 대속의 죽음을 죽으셨습니다. 그러나 그는 장사된 지 사흘 만에 다시 사셨습니다. 그렇게 해서 그는 영원히 사신 분이 되셨습니다. 여기 '인자는 누구냐?'는 물음 앞에 또 하나의 중요한 대답이 제시되었습니다. 인자는 부활하심으로 영원하신, 살아 계신 주님이 되셨다는 사실입니다. 그가 참으로 부활하셨고 영원히 계시는 분이라면 여기 더 놀라운 복음이 있습니다. 그는 우리를 죄에서 해방하실 뿐 아니라, 오늘도 우리와 함께하신다는 것입니다. 이 사실을 믿으십시오.

〈예수는 역사다〉(The Case for Christ, 2017)라는 영화가 있습니다. 이 영화는 기독교 베스트셀러로 1,400만 부 이상이나 팔린 리 스트로벨(Lee Strobel)의 《예수는 역사다》(두란노 역간)라는 책을 영화화 한 것입니다. 예일대학 법학부 출신으로 〈시카고 트리뷴〉(Chicago Tribune)지의 기자였던 그는 무신론자이며 냉철한 기사를 쓰기로 유명한 언론인이었습니다. 그런데 어느 날 가족과 함께 식당에서 식사를 하던 중 어린 딸이 사탕을 먹다가 기도에 막히는 응급 상황이 발생합니다. 그리고 마침 옆 테이블에 있던 간호사의 응급처치로 딸의 목숨을 구하게됩니다. 이에 그의 아내가 자기들의 운이 참 좋았다고 감사를 표하자, 이 간호사는 운이 아닌 하나님의 뜻이라고, 예수님이 댁의 딸을 살려주신 것이라고 말합니다. 그러면서 그녀는 본래 다른 식당을 가려다가 갑자기 장소를 바꾼 것이었는데 당신의 딸을 만나기 위한 특별한 뜻이 있었던 것 같다고 말합니다. 이 사건을 계기로 아내는 간호사의 인도를 받아 윌로우 크릭 교회에 나가 세례(침례)를 받게 됩니다. 그렇지만 남편은 이것을 못마땅하게 여겨 부부 사이에 갈등이 전개됩니다. 더불어 아내의 소위 기독교 신앙이 얼마나 허구에 찬 미신인가를 기자 특유의 합리적 이성으로 증명하기 위해 치열한 연구를 시작합니다.

한편, 기자 리 스트로벨은 그 무렵 자기가 쓴 한 기사로 인해 15년형을 받은 제임스 딕슨이라는 사람이 사실은 무죄였다는 사실을 발견하면서 사실에 근거한 진리가 얼마나 중요한 것인가를 깨닫고 기독교 진리의 사실성, 특히 예수의 죽음과 부활의 역사성을 사실에 입각해서 추적하기 시작합니다. 2년간의 치열한 사실 조사와 지구상 최고의 학적 연구 실적을 가진 20여 명 이상의 전문가들을 만나 그들의 연구를 검토한 끝에 그가 내린 결론은, 예수의 죽음과 부활이 역사적 사실이란 것이었습니다. 마침내 그는 무신론자의 여행을 끝내고 '하나님, 당신이 이겼습니다'를 선언하며 아내 앞에 무릎을 꿇고 예수 그리스도를 자신의 구주와 주님으로 영접하며 아내와 함께 자신의 인생과 가정을 하나님에게 맡기는 기도를 드리게 됩니다. 그 순간은 리 스트로벨의 아내가 2년간 기도하던 기도 응답의 순간이었습니다. 그의 아내는 지난 2년간 에스겔 36장 26절의 한 약속의 말씀을 붙들고 기도하고 있었습니다.

"또 새 영을 너희 속에 두고 새 마음을 너희에게 주되 너희 육신에서 굳은 마음을 제거하고 부드러운 마음을 줄 것이며."

'하나님, 내 남편의 마음에서 굳은 마음을 제거하시고 부드러운 마음, 새 영, 새 마음을 그에게 주옵소서!'라고 울부짖던 한 여인의 기도가 놀랍게 응답되는 순간이 된 것입니다. 그 순간은 또한 우리 시대의 가장 위대한 기독교 변증서를 쓰는 위대한 작가의 탄생의 날이기도 했습니다.

그는 그 후 기독교 교리 변증 작가로, 목사로 전 세계적으로 쓰임 받는 놀라운 새 인생을 살게 되었습니다. 왜일까요? 부활하신 살아계신 주, 영원하신 그리스도가 그를 찾아오셨기 때문입니다. 그의 고백을 보십시오.

"1981년 11월 8일, 나는 나의 죄를 시인하고 죄로부터 돌이켜 예수님을 영접하고 영생의 선물을 받았다 … 번개도 없었고 뇌성도 없었다. 그러나 나는 이전과는 분명 다른 존재가 되었다. 요한복음 1장

12절의 말씀처럼 부활하신 역사적 예수님을 통해 영원히 하나님의 가족으로 입양된 하나님의 아들이 된 것이다. 이제 나의 우선순위, 나의 가치관, 성품이 바뀌었고, 지금도 계속 바뀌고 있다. 나는 더 이상 과거의 내가 아니다."

이런 인자를 당신은 만났습니까?

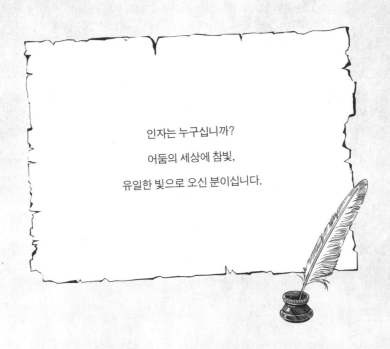

인자는 누구십니까?

어둠의 세상에 참빛,

유일한 빛으로 오신 분이십니다.

"저녁 먹는 중 예수는 아버지께서 모든 것을 자기 손에 맡기신 것과 또 자기가 하나님께로부터 오셨다가 하나님께로 돌아가실 것을 아시고 저녁 잡수시던 자리에서 일어나 겉옷을 벗고 수건을 가져다가 허리에 두르시고 이에 대야에 물을 떠서 제자들의 발을 씻으시고 그 두르신 수건으로 닦기를 시작하여 시몬 베드로에게 이르시니 베드로가 이르되 주여 주께서 내 발을 씻으시나이까 예수께서 대답하여 이르시되 내가 하는 것을 네가 지금은 알지 못하나 이후에는 알리라 베드로가 이르되 내 발을 절대로 씻지 못하시리이다 예수께서 대답하시되 내가 너를 씻어 주지 아니하면 네가 나와 상관이 없느니라 시몬 베드로가 이르되 주여 내 발뿐 아니라 손과 머리도 씻어 주옵소서 예수께서 이르시되 이미 목욕한 자는 발밖에 씻을 필요가 없느니라 온몸이 깨끗하니라 너희가 깨끗하나 다는 아니니라 하시니 … 내가 너희에게 행한 것같이 너희도 행하게 하려 하여 본을 보였노라"(요 13:3-10, 15).

6. 섬김의 본

사랑은, 사랑하기 좋은 사람들만을 향한 것이 아닙니다.
사랑하기 힘든 사람들도 사랑의 대상에서 제외되지 않습니다.

복음서에 보면 예수님이 이 땅에 오신 목적을 설명하는 중요한 대목
마다 '인자가 온 것은'이란 표현이 등장합니다. 하나님의 아들이신
예수님이 사람의 아들, 곧 인자가 되어 이 땅에 오신 이유를 설명하는
대목입니다. 우리는 그 대목에서 그가 오신 두 가지 큰 목적을 발견합
니다. 하나는 구원이고, 또 하나는 섬김입니다.

"인자가 온 것은 잃어버린 자를 찾아 구원하려 함이니라"(눅 19:10).

"인자가 온 것은 섬김을 받으려 함이 아니라 도리어 섬기려 하고
자기 목숨을 많은 사람의 대속물로 주려 함이니라"(막 10:45).

이 두 구절에 예수 그리스도의 오심의 분명한 목적이 드러나 있습
니다. 구원하고 섬기는 일입니다. 우리가 예수 그리스도를 만나 그를
따르는 제자가 되었다면 우리의 할 일도 이 두 가지, 곧 잃어버린 영

혼을 구원하기 위해서 전도하는 일, 그리고 예수 그리스도의 본을 따라 이웃을 섬기는 일입니다. 전자는 '전도의 명령'(Great Commission)에 대한 순종이고, 후자는 '사랑의 명령'(Great Commandment)에 대한 순종입니다.

본문은 예수님이 제자들의 발을 씻기시는 모습을 보여 주는 유명한 대목입니다. 그런데 이 사건 말미의 말씀을 주목할 필요가 있습니다.

"내가 너희에게 행한 것같이 너희도 행하게 하려 하여 본을 보였노라"(요 13:15).

무슨 본입니까? 섬김의 본입니다. 그렇다면 이 섬김의 본은 왜 중요합니까?

섬김은 사랑이다

"유월절 전에 예수께서 자기가 세상을 떠나 아버지께로 돌아가실 때가 이른 줄 아시고 세상에 있는 자기 사람들을 사랑하시되 끝까지 사랑하시니라"(요 13:1).

예수님의 사랑의 표현이 제자들에 대한 발 씻김으로 나타났습니다. 사랑은 추상명사가 아닙니다. 주님이 기대하시는 사랑, 그것은 바로 섬김으로 나타나야 할 사랑이었습니다. 그리고 이 발 씻김의 섬김 후 이 장의 마무리 부분에서 예수님의 제자들을 향한 다락방 강화

(설교)가 시작됩니다. 가장 중요한 레슨이 어떻게 시작되는지를 본문 34-35절에서 보십시오.

"새 계명을 너희에게 주노니 서로 사랑하라 내가 너희를 사랑한 것같이 너희도 서로 사랑하라 너희가 서로 사랑하면 이로써 모든 사람이 너희가 내 제자인 줄 알리라."

너희가 기도를 많이 하면, 혹은 성경을 많이 암송하면 내 제자라 하지 않으셨습니다. 제자의 조건은 사랑입니다. 그래서 고(故) 프랜시스 쉐퍼(Francis A. Schaeffer) 박사는 "사랑은 바로 그리스도의 제자 된 배지"(표지, mark of Christian discipleship)라고 했습니다. 그는, 주님은 우리에게 사랑하라고 제안하신 것이 아니라 명령하셨다고 말합니다.

본문에서 예수님이 발을 씻어 주신 제자들 중에는 그를 배신할 가룟 유다도 포함되어 있었고, 그를 모른다고 부인할 제자 베드로도 포함되어 있었습니다. 사랑은 사랑하기 좋은 사람들만을 향한 사랑이 아닙니다. 사랑하기 힘든 사람들도 사랑의 대상에서 제외되지 않습니다.

앞선 장에서 살펴본 〈사일런스〉라는 영화에서 흥미로운 인물이 있다면 일본인 기치지로입니다. 계속해서 사제를 배신하고, 또 배신하고, 공동체를 밀고해서 위험에 처하게 하면서도 다시 와서 자신의 죄를 고해하며 뉘우치고 기도하는 얄미운 신자, 아니 신자 같지 않은 신자입니다. 그런데 후일 《침묵의 소리》(동연 역간)라는 책에서 작가인 엔도 슈사쿠는 이런 인물을 통해 자신의 모습을 투영한 것이라고 고백합니다. 자신이 그와 다를 바가 없다는 것입니다. 《침묵》의 서론 부분에서 이 책을 펴낸 진정한 동기는 이런 주님의 사랑을 경험하며 조금씩 변화되는 우리의 모습을 증거하는 것이라고 말합니다. 그렇습니다. 우리는 사랑하기에 포기하지 않고 섬기는 것입니다. 사랑은 섬김입니다.

섬김은 희생이다

예수님은 저녁 잡수시던 자리에서 일어나 겉옷을 벗으셨습니다. 그리고 대야에 물을 떠 오신 후 허리에 수건을 차고 무릎을 꿇은 채 제자 한 사람 한 사람의 발을 닦아 주셨습니다. 그는 섬기기 위해 자존심을, 시간을, 수건을 그리고 땀 흘림을 희생하셨습니다. 그것은 하나님이신 예수님의 자기 비움이었습니다. 바울 사도의 그리스도의 삶에 대한 증언을 보십시오.

"그는 근본 하나님의 본체시나 하나님과 동등됨을 취할 것으로 여기지 아니하시고 오히려 자기를 비워 종의 형체를 가지사 사람들과 같이 되셨고 사람의 모양으로 나타나사 자기를 낮추시고 죽기까지 복종하셨으니 곧 십자가에 죽으심이라"(빌 2:6-8).

하나님이 종이 되셨다는 것입니다. 종이 되시기 위해 자신을 비우고 낮추셨다는 것입니다. 그리고 마지막에 죽으셨다는 것입니다. 목숨을 바쳐 섬기셨다는 것입니다. 이것이 바로 하나님이신 예수님이 보여 주신 종의 도리, 섬김의 삶이었습니다. 한마디로 희생의 삶이었습니다. 이런 희생만이 이 땅에 위대한 열매를 맺을 것을 아셨기 때문입니다. 예수님의 삶의 감동은 바로 이런 희생의 감동이 아닙니까?

요한복음 12장 24절에서 예수님이 하신 말씀이 무엇입니까?

"내가 진실로 진실로 너희에게 이르노니 한 알의 밀이 땅에 떨어져 죽지 아니하면 한 알 그대로 있고 죽으면 많은 열매를 맺느니라."

지금 이 땅에서 그리스도의 이름으로 진행되고 있는 모든 위대한 일들, 아름다운 일들, 거룩한 일들은 예수님 자신을 십자가에서 드리신 희생에 빚지고 있는 것입니다. 본문은 예수님이 십자가로 가시기 전 다락방에서 제자들의 발을 씻기신 이유를 무엇이라 말씀합니까?

"내가 너희에게 행한 것같이 너희도 행하게 하려 하여 본을 보였노라"(요 13:15).

우리는 예수님처럼 십자가에서 목숨을 내놓는 희생은 못 할지 모릅니다. 하지만 더럽혀지고 피곤해하는 이웃의 발을 씻기는 일은 할 수 있지 않을까요? 섬김은 희생입니다. 아름다운 희생입니다. 거룩한 희생입니다. 행복한 희생입니다.

섬김은 나눔이다

예수님이 제자들의 발을 씻기신 후 14절에서 주신 말씀을 기억하십시오.

"내가 주와 또는 선생이 되어 너희 발을 씻었으니 너희도 서로 발을 씻어 주는 것이 옳으니라."

이제는 서로 씻겨야 한다는 것입니다. 서로 씻김, 이것을 다른 말로 표현하면 나눔입니다. 나눠서 서로를 세우고, 따뜻하게 해야 한다는 것입니다. 섬김은 서로를 따뜻하게 하는 나눔입니다. 세상이 이기적일수록 나눔은 더 필요합니다. 섬김은 거룩한 나눔입니다.

지금은 고인이 된 신영복 선생의 《감옥으로부터의 사색》(돌베개)이란 글을 읽다가 감옥의 여름 풍경과 겨울 풍경의 대조가 마음에 깊이 남았습니다. 그가 감옥에서 보낸 편지의 한 대목입니다.

"없는 사람이 살기는 겨울보다 여름이 낫다고 하지만 교도소의 우리들은 없이 살기에 나은 계절로 겨울을 택합니다. 왜냐하면 여름 징역의 열 가지 스무 가지 장점을 일시에 무색하게 해 버리는 결정적인 사실, 여름 징역은 자기 바로 옆 사람을 증오하게 한다는 사실 때문입니다. 모로 누워 칼잠을 자야 하는 좁은 잠자리는 옆 사람을 단지 37도의 열덩이로만 느끼게 합니다. 이것은 옆 사람의 체온으로 추위를 이겨나가는 겨울철의 원시적 우정과는 극명한 대조를 이루는 형벌 중의 형벌입니다."

여기서 우리는 여름이 아닌 겨울의 축복을 실감나게 느끼게 됩니다. 그것은 추위를 녹이는 열의 나눔인 것입니다. 전도서의 말씀이 생각나지 않습니까?

"또 두 사람이 함께 누우면 따뜻하거니와 한 사람이면 어찌 따뜻하랴"(전 4:11).

마게도냐교회 성도들이 보여 준 나눔의 본을 기억하십니까? 그들은 예루살렘 지역 성도들이 기근으로 고생하는 소식을 듣고 기부를 합니다.

"환난의 많은 시련 가운데서 그들의 넘치는 기쁨과 극심한 가난이 그들의 풍성한 연보를 넘치도록 하게 하였느니라"(고후 8:2).

그들 자신이 환난과 많은 시련, 극심한 가난을 겪으면서도 그들은 넘치는 기쁨으로 풍성한 기부를 할 수 있었다는 말입니다. 이것이 바로 초대 교회가 세상을 바꾸는 위대한 공동체가 된 비밀이었음을 알 수 있습니다. 그들이 보여 준 위대한 섬김, 위대한 사랑, 위대한 희생, 위대한 나눔 때문입니다. 초대 교회는 덩치가 큰 대형 교회가 아니라, 섬김이 크고 나눔이 큰 교회였습니다. 비두니아 총독 플리니(Pliny)가 로마의 황제에게 그리스도인에 대한 이런 보고서를 남겼습니다.

"저들은 모일 때마다 떡을 나누어 먹고 포도주를 마시며 즐거워합니다. 그들은 그들의 신인 그리스도를 찬미하며 그들을 박해하는 자들을 위해서도 기도합니다. 분명한 것은, 그들은 서로 사랑하고 나누기를 즐겨한다는 것입니다."

오늘도 이런 나눔으로 세상을 섬긴다면 세상의 겨울은 따뜻해질 수 있습니다.

2017년 7월 23일, 위안부 피해자로 험한 인생을 살아가신 김군자 할머니가 91세를 일기로 세상과 작별하셨습니다. 할머니는 평생 모은 돈을 장례비를 제외하고 전액 기부하고 떠나심으로 우리 모두를 숙연하게 하는 감동을 남기셨습니다. 1926년 강원도 평창에서 태어난 김 할머니는 그녀의 나이 열일곱 살 되던 해인 1942년, 중국 지린 성 훈춘 위안소로 끌려가 가혹한 구타를 당하며 위안부의 삶을 강요받았습니다. 왼쪽 귀에 장애를 가진 채로 해방을 맞아 귀국한 할머니는 노점행상을 하며 어려운 삶을 이어 오시다가 1998년 광주 나눔의 집에 들어오셨다고 합니다. 그 후 할머니는 2007년 미 하원에 가서 위안부의 참상을 증언하심으로 미 하원이 위안부에 대해 20세기 최대의 인신매매라는 결의문을 통과하게 하는 계기를 만드셨습니다.

고국에 돌아온 김 할머니는 틈틈이 번 돈과 정부의 지원금을 알뜰하게 저축해서 2000년에 5천만 원을 아름다운재단에 기부해 세상을 놀라게 하셨습니다. 이 일로 그녀는 '우리 시대 희망을 주는 인물 100인'에 선정되셨습니다. 그 후 김 할머니는 2006년에 다시 5천만 원을 기부하시고, 2015년에 그동안 모은 1억 5천만 원을 그녀가 다니던 교회에 헌금하신 후 장례비 5백만 원을 남긴 채 생을 마감하셨습니다. 그녀는 그녀가 못다 한 배움을 젊은이들에게 베풀어 다음 세대를 키우는 일과 하나님의 일에 써 달라는 유언을 남기셨다고 합니다. 누가 그녀의 삶을 누추한 삶으로 비난할 수 있겠습니까? 누가 그녀가 헛된 삶을 살았다고 말할 수 있겠습니까? 그녀의 마지막 반생은 청춘의 눈물과 한을 사랑과 나눔으로 반전시킨 멋진 삶, 진정한 섬김의 본이 아니었습니까?

"예수께서 이 말씀을 하시고 심령이 괴로워 증언하여 이르시되 내가 진실로 진실로 너희에게 이르노니 너희 중 하나가 나를 팔리라 하시니 제자들이 서로 보며 누구에게 대하여 말씀하시는지 의심하더라 예수의 제자 중 하나 곧 그가 사랑하시는 자가 예수의 품에 의지하여 누웠는지라 시몬 베드로가 머릿짓을 하여 말하되 말씀하신 자가 누구인지 말하라 하니 그가 예수의 가슴에 그대로 의지하여 말하되 주여 누구니이까 예수께서 대답하시되 내가 떡 한 조각을 적셔다 주는 자가 그니라 하시고 곧 한 조각을 적셔서 가룟 시몬의 아들 유다에게 주시니 조각을 받은 후 곧 사탄이 그 속에 들어간지라 이에 예수께서 유다에게 이르시되 네가 하는 일을 속히 하라 하시니 이 말씀을 무슨 뜻으로 하셨는지 그 앉은 자 중에 아는 자가 없고 어떤 이들은 유다가 돈궤를 맡았으므로 명절에 우리가 쓸 물건을 사라 하시는지 혹은 가난한 자들에게 무엇을 주라 하시는 줄로 생각하더라 유다가 그 조각을 받고 곧 나가니 밤이러라"(요 13:21-30).

7. 배신자의 기회

우리는 아직 밤이 오기 전 회개의 기회가 열린 채로
인생의 남은 날을 맞이하고 있습니다.
회개하고 일어나 주를 따르십시오.

해마다 광복의 계절이 오면 우리 사회의 뜨거운 감자로 회자되는 역
사적 이슈가 있습니다. 그것은 소위 친일 청산의 문제입니다. 저는 일
단 우리 역사가 밝은 내일의 미래로 가기 위해서 어제의 그릇된 과거
를 청산하는 것은 정당한 일이고 환영할 만한 꼭 필요한 일이라고 생
각합니다. 그러나 다만 그 과정에서 국가가 준 땅을 억지로 다시 환수
하는 법치적인 문제가 고려되어야 하고, 친일로 받은 땅과 상속으로
받은 땅의 명확한 구별 등으로 다시 상처받는 국민들이 없어야 할 것
입니다. 친일파 명단을 공개하고 단죄하는 일에도 당시의 시대적 상
황을 잘 판단해서 억울한 죄인들을 양산하지 않도록 신중에 신중을
기할 필요는 있다고 생각합니다.

소위 2005년 8월에 민족 문제 연구소에 의해 약 3,090명의 친일

인사 명단이 발표되었습니다. 그러나 더 중요한 것은, 큰 틀에서 정말 누가 조국의 배신자였는가라는 전 국가적·전 국민적 성찰과 반성이 더 중요하다고 생각합니다. 조국이 일제에 의해 짓밟히게 된 역사적 과오에서 자유한 정치가, 관리, 지도자, 국민이 누가 있겠습니까? 결국 한일 합병 당시, 우리 국가와 국민 모두는 총체적으로 국가를 배신한 과오에서 그 누구도 자유할 수 없다는 것입니다. 독립운동에 헌신한 사람들을 포함해서 말입니다.

예수님의 제자 중에도 배신자가 있었습니다. 우리가 잘 아는 가룟 유다입니다. 오늘을 사는 우리에게 중요한 것은, 우리는 배신자의 과오를 반복하지 말아야 한다는 것입니다. 앞 장에서 살폈던 《침묵》의 저자 엔도 슈사쿠가 자신도 배도한 사제나 배신을 반복한 기치지로의 과오에서 자유롭지 못하다고 고백한 것을 다시 한 번 상기해 보십시오. 우리가 자주 부르는 찬송 〈우리는 주님을 늘 배반하나〉의 가사를 또한 기억하고 싶습니다.

우리는 주님을 늘 배반하나 내 주 예수 여전히 날 부르사

그 참되신 사랑을 베푸시나니 내 형제여 주님을 곧 따르라.

주 널 위해 비네 주 널 위해 비네 주 널 위해 비네 항상 비시네.

_새찬송가 290장

우리도 일상의 행간에서 말과 행위로 주님을 배반한 죄에서 자유

롭지 못하다는 고백의 찬양입니다. 중요한 것은 돌아오는 것입니다. 베드로와 가룟 유다의 차이는 배신의 정도가 아닙니다. 배신의 정도로 말하자면 베드로가 더할지 모릅니다. 그는 예수님을 저주까지 했습니다. 그러나 그는 회개하고 돌아왔습니다.

유다에게 없었던 것은 회개입니다. 그에게도 주님에게로 돌아올 회개의 기회가 본문이 포함된 요한복음 13장에만 세 번이나 있었습니다. 배신자의 기회를 묵상하며 배반의 길에서 주님에게로 돌아오는 우리 삶이 되기를 기도합니다.

첫째 기회(요 13:2)

"마귀가 벌써 시몬의 아들 가룟 유다의 마음에 예수를 팔려는 생각을 넣었더라"(마 13:2).

마귀가 유다의 마음에 배신의 생각을 넣었습니다. 이 순간이야말로 유다가 돌이킬 첫 번째 기회였습니다. 누구도 생각 자체가 마음에 지나가는 것을 저항하기는 어렵습니다. 그러나 그 생각이 마음에 둥지를 틀지 못하도록 할 수는 있습니다. 개혁자 마틴 루터가 한 말을 상기해 보십시오.

"새들이 당신의 머리 위를 나는 것은 어쩔 수 없지만, 그들이 당신의 머리에 둥지를 만들지 못하게 할 수는 있다"(You cannot keep birds flying over your head, but you can keep them from building a nest in your hair).

마귀는 지속적으로 우리 마음에 주님을 배신할 생각을 심고자 합니다. 여기 마귀라는 단어는 디아볼로(diabolou)로 되어 있습니다. 이는 '틈새를 내다'(dia+ballow, '사이를 이간하다'), 곧 참소자라는 뜻입니다. 마귀는 끊임없이 우리와 주님 사이가 멀어지도록 간계를 사용합니다. 그래서 에베소서 6장 11절에서 바울 사도는 "마귀의 간계(methodoia/수단들)를 능히 대적"하라고 말씀합니다. 그리고 에베소서 4장 27절은 "마귀에게 틈을 주지 말라"고 경고합니다.

여기에 영성 훈련 혹은 마음 훈련의 중요성이 있습니다. 우리의 모든 행동은 결국 평소 우리 마음에 무슨 생각을 주입하고 있느냐에 따라 결정됩니다. 시편 기자의 고백을 들어 보십시오.

"내가 주께 범죄하지 아니하려 하여 주의 말씀을 내 마음에 두었나이다"(시 119:11).

결국 우리의 마음은 우리 속에 들어온(input) 것이 나갈(output) 수밖에 없습니다(입력한 것이 출력되는 것). 이는 마치 우리 몸이 평소 무엇을 먹느냐에 따라 어떤 몸이 만들어지느냐를 결정하는 것과 같습니다. 영어로 "You are what you eat"이란 말입니다. 이 말을 마음에 적용시키면, 우리 마음에 무엇을 먹이느냐에 따라 마음의 생각이 결정된다는 것입니다. 우리 마음에 쓰레기를 주입하면 우리 마음은 쓰레기통이 되고, 우리 마음에 하나님 말씀을 채우면 우리 마음은 하나님의 영이 거하시는 지성소가 되는 것입니다. 그러므로 말씀에 합당한 삶과 사고는 말씀을 마음에 두는 성경 암송과 묵상 없이는 기대할 수 없는 것입니다.

"내가 모든 재물을 즐거워함같이 주의 증거들의 도를 즐거워하였나이다"(시 119:14).

우리에게 갑자기 큰돈이 생겼을 때의 즐거움, 그런 즐거움 이상으로 우리는 주의 말씀을 즐거워하고 있을까요? 이제 잠언 기자가 명하는 인생의 가장 중요한 책임을 다시 기억할 때입니다.

"모든 지킬 만한 것 중에 더욱 네 마음을 지키라 생명의 근원이 이에서 남이니라"(잠 4:23).

유다의 배신은 마음 관리의 실패에서 비롯된 것입니다.

둘째 기회(요 13:10-11)

배신자 유다에게 배신의 생각을 회개할 수 있는 두 번째 기회는 예수님이 제자들의 발을 씻어 주시는 도중에 찾아왔습니다. 시몬 베드로가 '선생님이 어떻게 제 발을 씻기시나이까' 하자, 주님은 '내가 네 발을 씻기지 아니하면 너는 나와 상관이 없다'며 다소 강경한 말씀을 하셨습니다. 그것은 발 씻김 이상의 의미로, 그가 인류의 속죄를 위해 오셨다면, 그분을 통해 그 속죄를 경험하지 못할 경우 그와 상관이 없다는 영적 의미를 내포한 말씀이었습니다. 그러자 베드로는 자신의 발뿐 아니라 손과 머리도, 그러니까 아예 목욕을 시켜 달라고 합니다. 바로 그때 예수님이 매우 의미심장한 말씀을 하십니다.

"예수께서 이르시되 이미 목욕한 자는 발밖에 씻을 필요가 없느니라 온몸이 깨끗하니라 너희가 깨끗하나 다는 아니니라 하시니"(요 13:10).

여기서 주님은 온몸의 씻음, 곧 중생의 씻음과 중생한 자의 자백을 통한 부분적 씻음을 구별해서 말씀하십니다. 제자들이 대부분 이미 예수를 믿고 중생(거듭남)했지만 다는 아니라는 것입니다. 제자 중에 그냥 예수님을 따라다니는, 종교적 환경에 존재하면서도 중생하지 못한 자가 있다는 것을 지적하신 것입니다. 다음 구절에서 우리는 그분이 하신 말씀의 분명한 의도를 읽게 됩니다.

"이는 자기를 팔 자가 누구인지 아심이라 그러므로 다는 깨끗하지 아니하다 하시니라"(요 13:11).

다시 말하면, 이때 예수님은 유다의 배신의 계획을 알고 암시하신 것입니다. 이때 이 말씀을 들으면서 유다는 과연 양심의 찔림을 받지 않았을까요? 거듭나지 못한 자에게도 양심은 작동하고 있었을 테니 말입니다.

로마서 2장 12절의 경고를 기억하십니까?

"무릇 율법 없이 범죄한 자는 또한 율법 없이 망하고 무릇 율법이 있고 범죄한 자는 율법으로 말미암아 심판을 받으리라."

이어지는 말씀 또한 기억하십시오.

"이런 이들은 그 양심이 증거가 되어 그 생각들이 서로 혹은 고발하며 혹은 변명하여 그 마음에 새긴 율법의 행위를 나타내느니라"(롬 2:15).

인간의 양심은 가장 준엄한 신의 법정입니다. 만일 이때 유다가 별로 양심의 정죄를 느끼지 않고 있었다면, 그의 양심은 이미 화인 맞고 있는 상태였을 것입니다.

"그러나 성령이 밝히 말씀하시기를 후일에 어떤 사람들이 믿음에서 떠나 미혹하는 영과 귀신의 가르침을 따르리라 하셨으니 자기 양심이 화인을 맞아서 외식함으로 거짓말하는 자들이라"(딤전 4:1-2).

그러나 유다의 양심이 완전히 화인 맞은 상태가 아니었다면 그의 양심은 그의 내면에서 계속해서 말했을 것입니다. '유다야, 지금 네가 하는 예수 배신의 무서운 생각을 포기해. 넌 지금 파멸의 길로 가는 거야!' 그는 아마 이런 양심의 경고를 듣고 있었을 것입니다. 어쩌면 유다의 발을 예수님이 씻기실 때 이 양심의 정죄는 더 큰 목소리로 들렸을 것입니다. '보이지 않니? 네 스승은 너를 변함없이 사랑하시잖아. 그런데 이런 분을 네가 배신한다고? 예수의 제자임을 어제까지 자랑하던 네가? 네가 그럴 수 있니?' 이때가 바로 유다의 두 번째 회개의 기회였습니다. 그러나 그는 이런 양심의 호소를 묵살해 버린 것입니다.

셋째 기회(요 13:26)

"예수께서 이 말씀을 하시고 심령이 괴로워 증언하여 이르시되 내가 진실로 진실로 너희에게 이르노니 너희 중 하나가 나를 팔리라"(요 13:21).

이제 예수님은 아주 분명하게 유다의 정체를 드러내고 계십니다. 놀라운 사실은, 이 순간에도 제자들은 이 말씀이 유다에 대한 것임을 알아차리지 못하고 있었다는 것입니다.

"제자들이 서로 보며 누구에게 대하여 말씀하시는지 의심하더라"(요 13:22).

본문 24절에 보면 베드로가 예수의 품에 의지하고 누워 있던 제자 요한에게 '네가 분명히 들었으면 말해 보라'고 재촉합니다. 그러나 유다를 지목한 제자는 아무도 없었습니다. 그만큼 유다는 완벽하게 가면을 쓰고 성실한 예수의 제자로 활동하며 재무직을 맡고 있었습니다. 예수님이 "네가 하는 일을 속히 하라"(요 13:27)고 유다에게 말씀하셨을 때 제자들의 반응을 성경은 어떻게 기록합니까?

"어떤 이들은 유다가 돈궤를 맡았으므로 명절에 우리가 쓸 물건을 사라 하시는지 혹은 가난한 자들에게 무엇을 주라 하시는 줄로 생각하더라"(요 13:29).

그는 완벽하게 가면을 쓰고 자신의 정체를 숨긴 채 살았던 것입니다. 그러나 이제 숨길 수 없는 마지막 기회가 다가오고 있습니다.

"예수께서 대답하시되 내가 떡 한 조각을 적셔다 주는 자가 그니라 하시고 곧 한 조각을 적셔서 가룟 시몬의 아들 유다에게 주시니"(요 13:26).

아니 이만큼 분명하게 말씀하시는데 왜 다른 제자들은 알아차리지 못한단 말입니까? 사실 떡 조각을 초에 찍어 누군가에게 권하는 것은 아주 특별한 우정과 호의를 나타내는 유대의 관습이었기 때문입니다. 룻기의 말씀을 보십시오.

"식사할 때에 보아스가 룻에게 이르되 이리로 와서 떡을 먹으며 네 떡 조각을 초에 찍으라 하므로 룻이 곡식 베는 자 곁에 앉으니"(룻 2:14).

따라서 예수의 제자들은 이런 예수님의 행동을 유다에 대해 예수님이 애정이나 호의를 흥미 있게 표현하시는 정도로 생각했을 것입니다. 그러나 유다 자신은 알고 있었습니다. 예수님이 자신의 마음을 꿰뚫어 보고 계신 것도 알았습니다. 당신을 구체적으로 팔 것을 계획하는 배신자에게 건네지는 그분 최후의 애정 표시임도 알았습니다. 그리고 이것이 마지막 기회인 것도 알았을 것입니다.

이제 운명의 27절입니다.

"조각을 받은 후 곧 사탄이 그 속에 들어간지라."

2절과 대조해 보십시오. 마귀는 처음 유다의 마음에 예수를 팔려는 생각을 넣었다고 했습니다. 그러나 이 구절은 마귀가 생각이 아닌 유다 속에 들어갔다고 말씀합니다. 이제 그의 영혼을 마귀가 완전하게 점령해 버린 것입니다. 그는 성령의 마지막 감화를 소멸한 것입니다. 그는 예수님의 마지막 호의를 거부함으로 성령을 훼방한 것입니다.

"유다가 그 조각을 받고 곧 나가니 밤이러라"(요 13:30).

그 밤은 새벽을 맞을 수 없는 무저갱의 밤, 저주의 밤이었습니다. 마지막 회개를 거부한 배신자의 영혼을 가두는 지옥의 밤이었습니다.

우리는 아직 밤이 오기 전 회개의 기회가 열린 채로 인생의 남은 날을 맞이하고 있습니다. 누구나 배신자가 될 수 있습니다. 주를 배신할 수도 있고, 교회를 배신할 수도 있습니다. 국가를 배신할 수도 있고, 가정을 배신할 수도 있습니다. 스승을 배신하거나 배우자를 배신할 수도 있습니다. 그러나 돌아오기만 하면 됩니다. 예수님은 여전히 우리를 부르며 기다리십니다.

회개하고 일어나 주를 따르십시오. 그러면 새날이 밝아 올 것입니다. 주님이 빌며 기다리십니다. 지금 곧 행동하십시오.

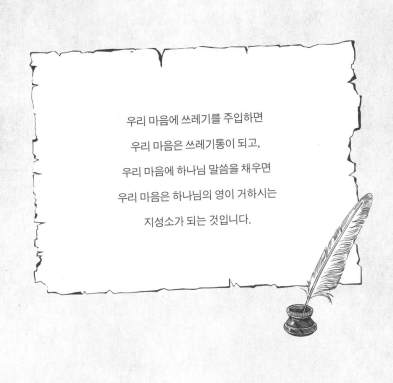

우리 마음에 쓰레기를 주입하면

우리 마음은 쓰레기통이 되고,

우리 마음에 하나님 말씀을 채우면

우리 마음은 하나님의 영이 거하시는

지성소가 되는 것입니다.

"시몬 베드로가 이르되 주여 어디로 가시나이까 예수께서 대답
하시되 내가 가는 곳에 네가 지금은 따라올 수 없으나 후에는 따
라오리라 베드로가 이르되 주여 내가 지금은 어찌하여 따라갈 수
없나이까 주를 위하여 내 목숨을 버리겠나이다 예수께서 대답
하시되 네가 나를 위하여 네 목숨을 버리겠느냐 내가 진실로 진
실로 네게 이르노니 닭 울기 전에 네가 세 번 나를 부인하리라"

(요 13:36-38).

8. 쿼바디스 도미네

육신의 연약함으로 베드로가 주님을
세 번 부인한 것은 사실입니다.
그러나 그것이 베드로의 인생의 결론은 아니었습니다.

조금 나이가 드신 분들은 '쿼바디스 도미네'(Quo Vadis Domine)라고 하면 오래된 영화 제목을 바로 연상할 것입니다. 맞습니다. 1895년 처음 소설로 발표되고 1905년에 노벨상을 수상한 폴란드의 작가 헨리크 시엔키에비치(Henryk Sienkiewicz)의 《쿼바디스》라는 동명 소설을 같은 제목으로 영화화 한 것입니다. 본래 1951년에 처음 거장 머빈 르로이(Mervyn LeRoy)에 의해 로버트 테일러(Robert Taylor)와 데보라 카(Deborah Kerr)를 주역 배우로 영화화 된 것이 2004년에 카발레로비치(Jerzy Kawalerowicz) 감독에 의해 다시 리메이크되어 전 세계적으로 스펙터클 영화로 〈벤허〉와 더불어 자주 스크린에 재방영되는 기독교 최고의 명화에 속한 작품입니다. 라틴어로 '쿠오'(Quo)는 '어디에'라는 뜻이고, '바디스'(Vadis)는 '가십니까'이고, '도미네'(Domine)는 '주여'라는 의미입니다. 이는 본문 36절에서 베드로가 예수님에게 물었던 질문 그대로입니다.

"시몬 베드로가 이르되 '주여 어디로 가시나이까' 예수께서 대답하시되 내가 가는 곳에 네가 지금은 따라올 수 없으나 후에는 따라오리라."

이 역사 소설은 로마의 네로 황제 시대를 배경으로 전개됩니다. 귀족 청년 비니키우스와 그리스도인 여인 리기아의 사랑 이야기를 줄거리로 당대 로마 제국의 퇴폐상과 로마의 대 화재에 이은 그리스도인들에 대한 대 박해, 그리고 이 일련의 사건 속에서 베드로의 순교와 네로의 몰락이 이야기의 역사적 배경을 만들어 가고 있습니다.

본문에서 우리의 관심은 예수님의 수제자 베드로입니다. 그는 언제나 예수님의 제자들 리스트에 첫째로 등장하는 인물입니다. 다락방 발 씻김의 장면에서 그는 절대로 자신의 발을 씻길 수 없다고 거부하다가 '그러면 너와 나는 상관이 없다'는 예수님 말씀에 그럼 아예 목욕을 시켜 달라고 급변하는 다혈질의 감정적인 사나이였습니다. 그는 칭찬과 조롱, 사랑과 미움, 존경과 야유를 함께 받는 제자였습니다. 그는 복음서에서 가장 많은 말을 하고 있습니다. 그는 질문을 가슴에 묻어 둘 수 없는 사람이었습니다. 먼저 말하고 나중에 생각하는 사람이었습니다. 그는 예수님에 대한 가장 위대한 신앙 고백을 남겼습니다. 반면 가장 큰 실언을 남기기도 했습니다. 갈릴리 바다에서 내게 오라는 한마디 말에 폭풍이 일고 있는 바다에 발을 내밀 만큼

용기 있는 사람이었지만, 일개 계집종 앞에서도 예수님을 부인한 비겁한 사람이기도 했습니다.

요한복음 13장의 마지막 세 구절에서 예수님은 제자 베드로의 세 얼굴의 변신을 예언하십니다. 이제 그 세 개의 얼굴을 통해 오늘 우리 자신의 세 개의 얼굴을 만나 보고자 합니다.

지금은 주를 따라올 수 없는 베드로

"시몬 베드로가 이르되 주여 어디로 가시나이까 예수께서 대답하시되 내가 가는 곳에 네가 지금은 따라올 수 없으나 후에는 따라오리라"(요 13:36).

여기서 주님은 베드로에게 '네가 지금은 따라올 수 없으나'라고 하셨습니다. 무슨 의미입니까? 베드로의 영성과 영적 실력이 아직은 주님을 온전하게 따라올 정도의 성숙에 이르지 못하고 있다는 말입니다. 그래서 38절의 마지막 예언이 불가피했던 것입니다.

"예수께서 대답하시되 네가 나를 위하여 네 목숨을 버리겠느냐 내가 진실로 진실로 네게 이르노니 닭 울기 전에 네가 세 번 나를 부인하리라."

베드로의 영적 성숙은 잠시 후 목숨의 위협을 받는 상황에서 쉽게 예수님을 모른다고 부인할 정도로 아직은 연약하기만 한 신앙에 불과했습니다. 그는 주님의 가르침을 받는 자리에 있었지만, 주의 교훈을 아는 것과 주님을 따르는 것에는 아직 차이가 있었던 것입니다.

우리는 많은 경우 종교적 환경에 참여하고 거기서 가르쳐지는 교훈을 머리로 안다는 사실 때문에 우리가 주님을 따르고 있는 것으로 착각할 때가 많습니다. 그러나 아는 것과 행하는 것은 다릅니다. 야고보서의 중요한 주제가 '행함이 있는 믿음'입니다. 사도 야고보는 행함으로 나타나지 않는다면 믿음의 유익이 무엇인가를 묻습니다. 그러면서 그는 중요한 사례 하나를 이야기합니다.

"네가 하나님은 한 분이신 줄을 믿느냐"(약 2:19).

우리가 그리스도인이라면, 아니 기독교적 종교인이라면 하나님은 한 분임을 모르는 사람은 없습니다. 다 알고는 있습니다. 그러나 알기만 하고 하나님을 사랑하지 않는다면, 하나님의 교훈을 따르지 않는다면 하나님은 한 분이라는 지식이 무슨 유익이 있겠습니까? 그래서 야고보는 하나님이 한 분 존재하신다는 것을 알고만 있는 신앙 행태를 "잘하는도다 귀신들도 믿고 떠느니라"(약 2:19)고 말합니다. 영적 존재인 귀신들이 정말 존재한다면 그들이 신이 한 분 존재한다는 것을 모르겠습니까? 알고 떨기까지 한다고 말합니다. 그러나 그들은 신을 경배하지 않습니다. 높이지 않습니다. 사랑하지도, 따르지도 않습니다. 아직 베드로의 신앙의 차원은 그런 행함의 자리에 미치지 못한 귀신들의 믿음 수준이었던 것입니다. 알기만 할 뿐 따르지 못하고 있었던 것입니다. 평안한 순종의 자리에서는 얼마든지 예수의 제자임을 자처할 수 있었지만, 아직 신앙 때문에 경험할 수 있는 박해나 역경을 직면할 용기는 없는 신앙이었습니다. 그것이 지금 주님을 따라올 수 없는 베드로의 모습, 지행합일(知行合一)에 도달하지 못한 베드로의 연약한 믿음이었습니다. 당신은 어떻습니까?

지금은 자신을 직면해야 할 베드로

"베드로가 이르되 주여 내가 지금은 어찌하여 따라갈 수 없나이까 주를 위하여 내 목숨을 버리겠나이다"(요 13:37).

당신은 이 구절에서의 베드로의 고백이 진정한 것이었다고 믿으십니까? 저는 진정성이 있는 고백이었다고 믿습니다. 다만 이 시점에서 베드로는 자신의 육적 인간성의 연약함을 충분히 인지하지 못하고 있었다는 것입니다. 자기도 자신을 모르고 있었던 것입니다. 대제사장 가야바의 뜰에서 예수님을 부인하면서, 예수님의 예언처럼 닭 울기 전 세 번이나 자기 스승을 부인하면서 그때서야 나라는 존재가 어떤 존재인가를 비로소 깨우쳐 알게 되지 않았겠습니까? 그런데 그 전에 겟세마네 동산에서 예수님이 십자가의 사건을 앞에 두고 한 시간이라도 깨어 함께 기도하자고 부탁하셨건만 졸음을 이기지 못하고 잠든 제자들(베드로를 포함)을 향해 주셨던 말씀을 기억하십니까?

"시험에 들지 않게 깨어 있어 기도하라 마음에는 원이로되 육신이 약하도다"(막 14:38).

이 연약한 육신의 본질을 베드로는 잘 알지 못하고 있었던 것입니다.

여기서 육의 연약함을 우리는 육체의 한계로 이해할 수도 있겠습니다. 그러나 바울은 이런 육의 본질을 로마서 7장에서 좀 더 깊은 심도로 파헤치고 있지 않습니까? 사실 마가복음 14장에서도 그렇고, 성경의 기자들은 예수님이 '육신이 약하다' 하실 때 '육'이라는 헬라어 단어를 '사르크스'(sarks, flesh)로 사용하고 있음을 주목해 볼 필요가 있습니다. 그냥 단순하게 '육체'를 의미하셨다면 사용하실 수 있는 '소마'(soma, body)라는 단어를 의도적으로 피하셨다는 것입니다. 왜냐하면 '사르크스'는 보다 총체적인 인간성의 본질, 특히 타락한 인간성의 본질을 의미할 때 이 단어가 등장하기 때문입니다.

이제 바울 사도가 이 단어를 로마서 7장에서 어떻게 사용하는지 살펴봅시다.

"내 속 곧 내 육신(sarks)에 선한 것이 거하지 아니하는 줄을 아노니 원함은 내게 있으나 선을 행하는 것은 없노라"(롬 7:18).

여기 바로 타락한 인간성의 정체인 육신의 본질이 증언되고 있습니다. 인간이 굉장히 선한 능력을 가진 존재인 것처럼 말하는 것은 인간성에 대한 중대한 오해입니다. 이 오해를 깨우쳐 준 사람들이 바로 종교 개혁자들입니다. 그들의 인간성에 대한 중대한 증언이 무엇입니까? 인간은 전적으로 타락한 존재(totally depraved)라는 것입니다. 개혁자들의 개혁적 각성의 출발점은, 하나님의 은혜를 떠나서 인간은 어떤 선도 행할 능력이 없는 존재라는 자각이었습니다. 그런데 제자 베드로가 이것을 모르고 있었던 것입니다. 그리고 큰소리를 친 것입니다.

"주를 위하여 내 목숨을 버리겠나이다"(요 13:37).

진짜 자신을 몰랐기 때문입니다. 소크라테스가 위대한 이유가 무엇입니까? "네 자신을 알라"고 말한 까닭입니다.

후에는 주를 따라오게 될 베드로

그러나 본문은 결코 베드로를 향한 비관적 예언만이 아님을 기억해야 합니다. 이제 본문이 시작되는 36절의 마지막 부분을 성찰하고자 합니다. "후에는 따라오리라"는 말씀입니다. 여기에 제자 베드로의 희망이 있고, 오늘을 살아가는 그리스도의 제자들의 희망이 있습니다. 일시적으로, 육신의 연약함으로 베드로가 주님을 세 번 부인한 것은 사실입니다. 그러나 그것이 베드로의 인생의 결론은 아니었다는 사실입니다. 요한복음 마지막 장인 21장은 그런 베드로의 재기의 드라마를 보여 주고 있습니다.

"내가 진실로 진실로 네게 이르노니 네가 젊어서는 스스로 띠 띠고 원하는 곳으로 다녔거니와 늙어서는 네 팔을 벌리리니 남이 네게 띠 띠우고 원하지 아니하는 곳으로 데려가리라"(요 21:18).

여기서 대조적인 두 단어는 '젊어서는'과 '늙어서는'입니다. 한마디로 '젊을 때는 네 맘대로, 네 육신의 뜻대로 살았지만, 그것은 나를 부인하고 네 스스로의 삶을 파괴하는 것이었다. 그러나 늙어서는 네 맘대로 살지 못하도록 내가 네 인생에 개입하겠다'는 말씀입니다.

"이 말씀을 하심은 베드로가 어떠한 죽음으로 하나님께 영광을 돌릴 것을 가리키심이러라 이 말씀을 하시고 베드로에게 이르시되 나를 따르라 하시니"(요 21:19).

다시 말하면, 그의 마지막 인생의 결론이 하나님 앞에 영광 돌리는 죽음일 것을 아시고, 나를 따르되 네 자신의 육신에 근거한 따름이 아니라 나의 도움을 구하며 나를 신뢰함으로 따르라는 것입니다.

이제는 많이 알려진 기독교 외경 '베드로행전'과 교회 전승 및 영화 〈쿼바디스〉에 소개된 베드로의 종말을 다시 묵상해 보십시오. 네로가 로마에 대 화재를 일으키고 그 책임을 그리스도인들에게 전가해서 박해가 시작될 때 베드로는 신자들의 만류로 로마를 잠시 떠나게 됩니다. 아피안 길 언덕을 넘어갈 무렵, 그는 이른 아침 동편에서 떠오르는 찬란한 빛 가운데 누군가가 그 길을 거꾸로 걸어오는 것을 보게 됩니다. 자세히 보니 주님이셨습니다. 그때 베드로가 "주여, 어디로 가시나이까"(쿼바디스 도미네)라고 묻습니다. 이에 예수님은 "나는 네가 버리고 떠나는 양들을 위해 다시 십자가에 못 박히고자 로마로 간다"고 말씀하십니다. 그러자 베드로는 "주님, 그럴 수 없습니다. 제가 가겠습니다" 하고 로마로 돌아가 주님은 십자가에 바로 못 박혀 돌아가셨지만 자신은 그렇게 죽을 수 없다며 자원해서 십자가에 거꾸로 못 박혀 순교한 것으로 교회 역사는 전하고 있습니다.

지금도 로마의 중심가에서 아피안 가도를 따라 교외 쪽으로 가다 보면 카타콤 입구에 도미네 쿼바디스교회가 있습니다. 제단 앞쪽 양편에 두 개의 그림, 성화가 걸려 있는데, 우측은 예수님이 십자가에 달리신 모습이고, 좌측은 베드로가 십자가에 거꾸로 매달린 채 발이 하늘을 향하고 있는 모습입니다. 그는 땅에서 태어났지만 마지막 그의 발걸음은 하늘을 향하고 있는 아름다운 최후 승리의 그림입니다. 중요한 것은 베드로의 마지막 인생이 승리였다는 것입니다. 그는 마지막까지 자신을 의지한 것이 아니라, 성령의 도우심으로 후에는 주를 의지하고 주를 따라갈 수 있었습니다.

마침내 주를 따라가는 베드로처럼 우리도 그렇게 주를 따라가는 주의 제자가 될 수 있을까요? 예수가 좋아, 예수를 사랑하기에 기꺼이 십자가까지 예수를 따라간 베드로처럼 우리도 예수의 성숙한 제자로 주님 앞에 설 수 있을까요? 자주 부르는 복음성가가 생각납니다.

많은 사람들 참된 진리를 모른 채 주님 곁을 떠나가지만 … 난 예수가 좋다오 난 예수가 좋다오 주를 사랑한다던 베드로 고백처럼 난 예수를 사랑한다오.

_김석균, 〈난 예수가 좋다오〉

마지막 베드로처럼… 후일의 베드로처럼….

"너희는 마음에 근심하지 말라 하나님을 믿으니 또 나를 믿으라 내 아버지 집에 거할 곳이 많도다 그렇지 않으면 너희에게 일렀으리라 내가 너희를 위하여 거처를 예비하러 가노니 가서 너희를 위하여 거처를 예비하면 내가 다시 와서 너희를 내게로 영접하여 나 있는 곳에 너희도 있게 하리라 내가 어디로 가는지 그 길을 너희가 아느니라 도마가 이르되 주여 주께서 어디로 가시는지 우리가 알지 못하거늘 그 길을 어찌 알겠사옵나이까 예수께서 이르시되 내가 곧 길이요 진리요 생명이니 나로 말미암지 않고는 아버지께로 올 자가 없느니라"(요 14:1-6).

9. 근심의 궁극적 처방

영원한 아버지의 집은 이 세상의 모든 고통, 모든 모순,
모든 아픔이 해결된 곳입니다. 이 아버지 집이 지상에서의
우리의 근심거리들에 대한 궁극적인 하나님의 처방입니다.

본문인 요한복음 14장 1절은 예수님의 유명한 말씀 "너희는 마음에
근심하지 말라"로 시작됩니다. 마음은 인간의 모든 활동이 기획되는
생각의 출발 장소입니다. 그런데 이 마음에 근심거리들이 자리 잡게
되면 우리의 인생은 지향점을 잃어버리고 방황할 수밖에 없습니다.
여기 성경 원문에 사용된 '근심'이란 말은 영어로는 trouble로 번역되
지만, 원어 '타랏소'(tarasso)는 '물이 요동치다'라는 말에서 유래한 단
어입니다. 불안한 마음의 상태를 의미하는 말입니다. 지금 예수님의
제자들의 마음은 여러 근심에 사로잡혀 있습니다. 예수님은 제자 중
한 사람이 당신을 팔게 되리라고 이미 예언하셨습니다. 그리고 지금
은 잠시 그들과 함께하시지만 곧 헤어질 것을 암시하십니다.

"작은 자들아 내가 아직 잠시 너희와 함께 있겠노라 너희가 나를

찾을 것이나 일찍이 내가 유대인들에게 너희는 내가 가는 곳에 올 수 없다고 말한 것과 같이 지금 너희에게도 이르노라"(요 13:33).

제자들은 불안할 수밖에 없었을 것입니다. 그들은 더 이상 주님의 임재하심의 도움도, 위로도, 영광도 기대할 수 없게 된 것입니다. 물론 기도의 응답도 없고, 더 이상의 기적도 경험할 수 없게 될 것입니다. 일렁거리는 삶의 파도 한복판에 버림받은 제자들의 근심과 당혹을 우리는 짐작할 수 있습니다.

오늘의 주의 제자들인 우리는 다를까요? 불신앙에 사로잡힌 우리 시대는 더 이상 신의 현존을 기대하지 않습니다. 비정상적인 자연의 이상 현상과 인간이 만든 파괴적 무기의 위협 속에서 우리 스스로 희망을 상실한 채 오늘을 사는 우리도 절망과 불안에 떨고 있습니다. 낮은 일하고 땀 흘려도 어떤 생산적 결과를 기대할 수 없는 헛되고 헛된 시간, 삶의 고통을 연장하는 생존의 수고일 뿐입니다. 밤은 안식의 시간이 아닌, 근심의 포로가 되어 견디는 불면의 시간입니다. 의학적인 그리고 심리적인 모든 처방은 순간적이고 일시적인 위로를 제공할 뿐입니다. 잡다한 종교 명상이나 철학적 지혜들도 우리를 지배하는 이런 근심들에 대한 피상적인 위로를 제공할 뿐입니다. 그렇다면 과연 우리가 경험하는 이런 근심들에 대한 궁극적 처방은 존재하는 것일까요? 예수님은 그렇다고 말씀하십니다. 그렇다면 근심에 대한 궁극적인 처방은 무엇입니까?

하나님과 그가 보내신 아들 예수를 믿으라

우리를 위협하는 근심에 사로잡힐 때 우리에게 다가오는 가장 큰 신학적 물음이 있습니다. '과연 이런 근심거리들이 제멋대로 존재하는 것이라면, 과연 인간과 만물 그리고 역사를 섭리하는 신은 존재하는 것일까?'라는 물음입니다. 소위 이해가 안 되는 고통을 세상에 허용하는 신은 과연 선하고 정의로운 신일까라는 '신정론'의 질문입니다. 그런데 우리 주 예수님은 이런 근심거리들에도 불구하고 "하나님을 믿으니 또 나를 믿으라"(요 14:1)고 말씀하십니다. 내 마음을 불안하게 하는 숱한 근심거리들의 현존에도 불구하고 역사를 섭리하시는 하나님은 여전히 존재하시고, 이런 역사와 인간을 치유하기 위해 하나님의 아들 예수가 이 세상에 오셨다는 것을 믿어야 한다는 것입니다. 만일 우리가 경험하는 숱한 근심거리들이 신과 상관없이 존재하는 것이라면 이 근심거리들의 궁극적인 해결은 기대할 수 없습니다. 역사는 영원한 혼돈이고 암흑일 뿐입니다. 그러나 우리가 경험하는 근심거리들이 아무리 파괴적이고 위협적인 것이라 해도 전능하고 선하신 하나님이 존재하신다면 그분의 선하신 섭리 안에서 이 근심거리들은 마침내 선한 결과를 가져올 것입니다. 그래서 우리는 다시 로마서 8장 28절과 같은 말씀이 변함없이 우리를 위한 하나님의 약속임을 고백할 수 있습니다.

"우리가 알거니와 하나님을 사랑하는 자 곧 그의 뜻대로 부르심을 입은 자들에게는 모든 것이 합력하여 선을 이루느니라."

역사의 처음부터 역사의 마지막까지를 계획하고 섭리하시는 하나님의 뜻 안에서 허용된 고통이라면 그 고통은 필요하고 의미가 있는 것이기 때문입니다.

그러면 하나님만 믿으라고 하면 되었지 왜 하나님의 아들이신 예수를 또한 믿으라고 했을까요? 그 예수가 바로 고통에서의 구원자로 보냄 받은 하나님의 아들이시기 때문입니다. 아니, 일차적으로 그는 인생의 고통에 동참하는, 그 고통을 이해하는 분이십니다.

"예수께서 이 말씀을 하시고 심령이 괴로워 증언하여 이르시되"(요 13:21).

히브리서 4장 15절의 대제사장 되신 그분에 대한 증언을 떠올려 보십시오.

"우리에게 있는 대제사장은 우리의 연약함을 동정하지 못하실 이가 아니요 모든 일에 우리와 똑같이 시험을 받으신 이로되 죄는 없으시니라."

그래서 그는 오늘도 우리의 근심거리를 이해하고, 동정하고, 공감하십니다. 그는 함께 아파하며, 함께 고통을 느끼며 우리를 그분 앞으로 초대하십니다.

"수고하고 무거운 짐 진 자들아 다 내게로 오라 내가 너희를 쉬게 하리라"(마 11:28).

우리의 수고하고 무거운 짐을 대신 짊어지신 곳이 바로 그분의 십자가였습니다. 이사야 선지자의 고백처럼 '그는 실로 우리의 질고를 지고 우리의 슬픔을 당하신 것'입니다.

"그가 징계를 받으므로 우리는 평화를 누리고 그가 채찍에 맞으므로 우리는 나음을 받았도다"(사 53:5).

그래서 그는 오늘의 근심의 짐을 진 우리에게 말씀하십니다.

"너희는 마음에 근심하지 말라 하나님을 믿으니 또 나를 믿으라"(요 14:1).

아버지 하나님의 집이 예비됨을 믿으라

우리가 믿음의 삶을 살아가면서도 느끼는 딜레마가 있다면, 아무리 믿어도, 기도해도 해결되지 않는 근심거리가 여전히 존재한다는 것입니다. 우리는 하나님의 선하신 섭리를 믿지만, 모든 것이 합력해서 선을 이룰 줄 믿지만, 그래도 이 땅에 존재하는 견디기 어려운 모순을 직면할 때마다 언제 그 모순이 선함이 될 것인가를 여전히 묻지 않을 수 없습니다. 만일 우리가 기대하는 세상이 이 세상뿐이라면 하나님의 정의는 여전히 물음표일 수밖에 없습니다. 그래서 하나님의 궁극적 정의를 위해서 필요한 것이 다음 세상의 존재, 곧 내세의 필요성인 것입니다.

예수님은 당신이 머지않아 이 세상을 떠날 것을 알고 계셨습니다.

십자가에 죽으실 것을 알고 계셨습니다. 요한복음 14-16장은 마지막 십자가를 앞두고 바로 하루 전 다락방에서 행하신 이별 설교였습니다. 그는 자신의 죽음 이후에 그를 따르는 제자들 중에 더러는 믿음의 혼란과 회의를 겪을 것도 알고 계셨습니다. 바로 이 모든 것을 알고 주신 말씀이 본문 2-3절의 말씀입니다.

"내 아버지 집에 거할 곳이 많도다 그렇지 않으면 너희에게 일렀으리라 내가 너희를 위하여 거처를 예비하러 가노니 가서 너희를 위하여 거처를 예비하면 내가 다시 와서 너희를 내게로 영접하여 나 있는 곳에 너희도 있게 하리라."

오늘날 젊은 신학자들이나 주경학자들 중 일부는 본문의 약속을 우리를 위해 준비된 내세의 천국보다 단순히 주님과의 영원한 교제의 상태로 해석하는 경향을 보이고 있습니다만, 우리 옛 신앙의 선배들은 공통적으로 본문을 명백하게 예수님의 제자들을 위해 '준비되는 장소로서의 아버지의 집', 곧 '내세의 천국'의 약속으로 해석해 왔습니다. 이 전통적 해석을 뒤집을 어떤 주경학적 타당성도 존재하지 않습니다. 이 내세 신앙을 빼앗는 것을 저는 영원한 소망의 강탈이라고 믿습니다. 내세는 반드시 존재합니다. 내세가 존재해야 이 땅의 모든 모순과 근심거리가 비로소 영원히 해결될 수 있습니다.

요한계시록 21장은 성도들이 거하게 될 영원한 아버지의 집, 새 하늘과 새 땅을 이렇게 증언합니다.

"모든 눈물을 그 눈에서 닦아 주시니 다시는 사망이 없고 애통하는 것이나 곡하는 것이나 아픈 것이 다시 있지 아니하리니 처음 것들이 다 지나갔음이러라"(계 21:4).

한마디로 영원한 아버지의 집은 이 세상의 모든 고통, 모든 모순, 모든 아픔이 해결된 곳입니다. 그 영원한 거처(place)를 준비하기 위해 예수님은 죽음 건너편으로 가신다고 말씀하셨고, 그 거처에서 우리를 만날 것을 언약하신 것입니다. 이 아버지의 집이 지상에서 우리의 근심거리들에 대한 궁극적인 하나님의 처방인 것입니다.

예수가 아버지 집으로 가는 유일한 길임을 믿으라

예수님이 제자들에게 아버지의 집, 곧 영원한 거처를 준비하러 가신다고 하니까 제자 도마가 묻습니다. 도대체 그리로 가는 길을 우리가 어찌 알겠느냐고 말입니다.

"도마가 이르되 주여 주께서 어디로 가시는지 우리가 알지 못하거늘 그 길을 어찌 알겠사옵나이까"(요 14:5).

그러자 6절에서 예수님의 가장 많이 알려진 자기 선언(I am-statement)이 선언됩니다.

"예수께서 이르시되 내가 곧 길이요 진리요 생명이니 나로 말미암지 않고는 아버지께로 올 자가 없느니라."

인간이 죄를 범하고 타락할 때 잃어버린 세 가지가 있습니다. 첫째는, 아버지 하나님에게로 나아가는 길을 잃어버린 것입니다. 둘째는, 참되신 하나님과의 교제를 상실한 순간 거짓의 아비(요 8:44 참조) 마귀를 따르는 자가 된 것입니다. 그 순간 인류는 진리를 상실하고 말았습니다. 셋째는, 타락한 인류는 하나님의 생명에서 단절되어 영원한 생명을 상실한 자가 된 것입니다.

그런데 지금 예수님은 우리가 그분을 통해 아버지에게로 나아갈 수 있다고, 예수님이 그 길이 되신다고 선언하십니다. 예수님은 우리가 범죄함으로 하나님과의 교제를 상실했을 때 그 죄를 대신 지고 심판을 받으심으로 우리가 용서받고 하나님에게 나아가는 길이 되어 주셨습니다. 인류의 조상이 하나님의 말씀보다 사탄 마귀의 거짓말(먹어도 죽지 않고 하나님처럼 된다는 말)을 믿고 선악을 알게 하는 나무의 열매를 먹는 순간 그는 거짓의 지배를 받게 되었습니다. 그러나 우리가 예수를 믿고 예수의 말씀에 거하는 순간, 우리는 다시 진리로 자유한 존재가 되었습니다. 예수를 믿고 예수 안에 있던 영원한 생명을 선물로 받는 순간부터 우린 영생, 곧 하나님의 생명(ZOE)을 누리는 자가 된 것입니다. 우리는 이제 유일한 길이요, 진리요, 생명이신 예수를 만났습니다. 그리고 예수의 아버지이신 하나님의 자녀가 되었습니다. 우리는 더 이상 방황할 필요가 없습니다. 아버지의 품에 거하는 자가 된 것입니다.

예일대와 하버드대에서 가르치던 헨리 나우웬(Henri Nouwen)은 여행 중 러시아 상트페테르부르크(세인트 피터스버그) 에르미타슈 미술관에서 유명한 화가 렘브란트(Rembrandt van Rijn)의 〈탕자의 귀향〉을 만났습니다. 이 작품의 심오한 아름다움에 매료된 그는 온종일을 그 작품 앞에 머물며 기도했습니다. 그러던 중 갑자기 그 작품 속의 탕자가 자신이고, 그가 돌아가야 할 집에서 장애인 가족들이 자신을 기다리고 있는 모습을 보았습니다. 그 후 그는 교수직을 버리고 캐나다 토론토에 위치한 데이브레이크 장애인 공동체에 들어가 그의 나이 54세 되던 해부터 여생을 그들을 섬기며 살기 시작했습니다. '헨리 나우웬의 귀향'이었습니다. 그리고 그로부터 10년 후, 그는 이 공동체에서 아버지의 영원한 집으로 떠났습니다. 영원한 귀향이었습니다.

그 길, 그 진리, 그 생명 되신 예수님이 우리 인생의 길에 함께하신다면 무엇을 근심할 필요가 있겠습니까? 그 예수는 오늘 우리의 모든 방황, 모든 근심의 궁극적 처방이십니다. 그는 오늘도 말씀하십니다.

"너희는 마음에 근심하지 말라 하나님을 믿으니 또 나를 믿으라"(요 14:1).

"내가 아버지께 구하겠으니 그가 또 다른 보혜사를 너희에게 주사 영원토록 너희와 함께 있게 하리니 그는 진리의 영이라 세상은 능히 그를 받지 못하나니 이는 그를 보지도 못하고 알지도 못함이라 그러나 너희는 그를 아나니 그는 너희와 함께 거하심이요 또 너희 속에 계시겠음이라 내가 너희를 고아와 같이 버려두지 아니하고 너희에게로 오리라 … 내가 아직 너희와 함께 있어서 이 말을 너희에게 하였거니와 보혜사 곧 아버지께서 내 이름으로 보내실 성령 그가 너희에게 모든 것을 가르치고 내가 너희에게 말한 모든 것을 생각나게 하리라 평안을 너희에게 끼치노니 곧 나의 평안을 너희에게 주노라 내가 너희에게 주는 것은 세상이 주는 것과 같지 아니하니라 너희는 마음에 근심하지도 말고 두려워하지도 말라 내가 갔다가 너희에게로 온다 하는 말을 너희가 들었나니 나를 사랑하였더라면 내가 아버지께로 감을 기뻐하였으리라 아버지는 나보다 크심이라"(요 14:16-18, 25-28).

10. 보혜사 성령 1

예수님을 대신해서 오실 성령님은
"너희와 '함께'"(with you)할 뿐 아니라,
"너희 '속에'"(in you) 계시겠다고 선언하십니다.

당신은 1세기 초대 교회와 21세기 오늘의 교회의 차이가 무엇이라고
생각합니까? 사이즈와 규모에 있어 1세기 초대 교회는 오늘의 교회
와 비교할 수 없는 작은 교회였습니다. 그러나 영향력에 있어서는 로
마의 황제들이 신경 쓸 수밖에 없는 대단한 역사적 파장을 만들고 있
었습니다. 그렇다면 한국의 오늘의 교회와 한국의 초대 교회의 차이
는 무엇이라고 생각합니까? 한국의 초대 교회는 한 줌밖에 안 되는
소수의 그리스도인이었지만 그 영향력은 심대했습니다. 민족 근대화
의 산실인 학교를 만들고, 병원을 만들고, 교회를 통해 성경을 번역해
서 한글을 깨우치고, 문맹을 퇴치하고, 여권을 신장했습니다. 당시 일
제의 억압이 시작되자 교회는 민족의 자주 독립과 애국 운동의 중심
이 되었습니다. 당시 최초의 장로교 선교사인 언더우드의 부인은 초

기 기독교의 영향력을 증언하는 이런 고백을 남겼습니다.

"조선 사람들은 서양 문명의 최선의 것들, 사람이 내재한 힘을 분발시켜 최선의 결과를 가져오게 하는 동력이 바로 기독교에 있다는 것을 깨닫고 있습니다. 한 조선 정치가는 기독교만이 조선의 민족적 구원의 유일한 희망이라고 단언했습니다"(민경배,《한국기독교사》, p. 258).

그러나 이런 결과를 만든 신앙의 행태에서 초기의 신앙과 오늘의 신앙에 어떤 차이가 있을까요? 이것은 오늘의 한국 그리스도인들과 초대 한국 그리스도인들의 현저한 신앙 스타일의 차이, 혹은 오늘의 그리스도인들과 1세기 사도행전의 그리스도인들의 신앙 행태의 현저한 차이는 무엇인가라는 질문입니다. 사도행전에서 보는 것처럼 혹은 평양 대부흥 운동에서 보는 것처럼 초기 그리스도인들은 정말 진지하게 성령을 사모했습니다. 그들은 성령의 인도와 충만을 구했고, 성령의 임하심, 인도하심을 일상적으로 경험하고 있었습니다.

본문은 그 성령의 오심을 예수님이 제자들에게 예언하시는 장면입니다.

"내가 아버지께 구하겠으니 그가 또 다른 보혜사를 너희에게 주사 영원토록 너희와 함께 있게 하리니 그는 진리의 영이라"(요 14:16-17).

여기서 '다른'(allon)이란 단어는 본래 질적으로 동일한데 다른 존재라는 말입니다. 그리고 '보혜사'란 원어로 '파라클레이톤'(parakleton)

이란 단어인데 '곁에(나란히)+부름받다'의 합성어로 '부름받아 곁에서 계신 분'이란 의미입니다. 영어에서는 'comforter'(위로자)로 번역되기도 합니다. 예수님을 대신해서 예수님과 질적으로 동일한 분으로 우리 곁에 오셔서 우리를 위로하고 돕는 진리의 영, 그가 바로 보혜사 성령이십니다. 그러면 그가 하시는 일은 도대체 무엇입니까?

우리의 모든 기도를 중보하심

예수님이 제자들에게 세상을 떠날 것을 암시하셨을 때 그들은 당연히 근심에 싸였습니다. '이제 누가 우리를 도울 것인가?' '우리는 어떻게 이 험한 세상을 살아갈 것인가?' 등의 물음이 있었을 것입니다. 바로 이때 예수님이 주신 말씀이 요한복음 14장 12절의 말씀입니다.

"내가 진실로 진실로 너희에게 이르노니 나를 믿는 자는 내가 하는 일을 그도 할 것이요 또한 그보다 큰일도 하리니 이는 내가 아버지께로 감이라."

이 말씀은 물론 제자들에게 엄청난 위로와 희망이 되었을 것입니다. 주님이 하신 일을 우리도 할 수 있고, 그보다 더 큰일도 할 수 있다니 말입니다. 그러나 동시에 이 말씀은 큰 의문도 일으켰을 것입니다. '그것이 과연 어떻게 가능할 것인가?' 이때 주신 해답이 기도였습니다. 주님은 제자들 곁을 떠나시지만 그들은 기도로 주님과 하나 되어 그의 일을 감당할 것이라는 약속이었습니다.

"너희가 내 이름으로 무엇을 구하든지 내가 행하리니 이는 아버지로 하여금 아들로 말미암아 영광을 받으시게 하려 함이라 내 이름으로 무엇이든지 내게 구하면 내가 행하리라"(요 14:13-14).

그리고 뒤이어 주신 약속이 보혜사 성령님의 사역이었습니다. 보혜사 성령님을 통해 우리의 모든 기도가 응답될 것을 약속하신 것입니다. 성령님이 바로 우리에게 기도하게 하는 분이십니다.

"이와 같이 성령도 우리의 연약함을 도우시나니 우리는 마땅히 기도할 바를 알지 못하나 오직 성령이 말할 수 없는 탄식으로 우리를 위하여 친히 간구하시느니라 마음을 살피시는 이가 성령의 생각을 아시나니 이는 성령이 하나님의 뜻대로 성도를 위하여 간구하심이니라"(롬 8:26-27).

우리가 무엇을 위해 기도해야 할지 모를 때에도 그리고 하나님의 뜻을 모를 때에도 우리의 기도에 개입해서 우리를 도우시는 보혜사 성령님, 이 성령님의 도우심으로 우리의 기도는 하늘의 뜻을 이루고 무엇을 구하든지 하나님의 선하신 뜻을 이루는 놀라운 결과를 초래하는 것입니다. 그러므로 우리는 기도의 무릎을 꿇을 때마다 함께하시는 성령님을 의지해야 할 것입니다. 참으로 기도를 시작하십시오. 그리고 또 기억하십시오. 보혜사 성령님이 우리의 기도를 중보하고 계심을!

우리와 함께 거하심을 약속하심

예수님이 제자들에게 그들을 떠나가실 것을 암시하셨을 때 제자들의 가장 큰 근심은 그리스도의 임재의 상실이었습니다. 함께하시던 그분의 손길, 그분의 음성을 더 이상 기대하기 어렵다고 느끼고 있었기 때문입니다. 그런데 의외로 그분은 '내가 가는 것이 더 유익'이라고 말씀하십니다.

"그러나 내가 너희에게 실상을 말하노니 내가 떠나가는 것이 너희에게 유익이라 내가 떠나가지 아니하면 보혜사가 너희에게로 오시지 아니할 것이요 가면 내가 그를 너희에게로 보내리니"(요 16:7).

그렇다면 예수님이 떠나고 보혜사 성령이 오심이 왜, 어떻게 더 유익일 수 있단 말입니까?

"내가 아버지께 구하겠으니 그가 또 다른 보혜사를 너희에게 주사 영원토록 너희와 함께 있게 하리니"(요 16:16).

여기서 주목할 말씀은 '영원토록'이란 말입니다. 지상에 육신을 입고 오신 예수님은 시간과 공간의 제한을 스스로 받고 계셨습니다. 그러나 예수님을 대신해서 오실 예수님의 영이신 성령은 그런 제한을 초월하셔서 영원토록 어디에나 제자들과 함께하시게 된 것입니다.

이보다 더 좋은 유익이 본문 17절에 약속되어 있습니다.

"그는 진리의 영이라 세상은 능히 그를 받지 못하나니 이는 그를 보지도 못하고 알지도 못함이라 그러나 너희는 그를 아나니 그는 너희와 함께 거하심이요 또 너희 속에 계시겠음이라."

예수님이 제자들과 함께하셨을 때 그 '함께함'만으로도 제자들은 충분히 행복했고, 충분히 황홀했습니다. 그런데 예수님을 대신해서 오실 성령님은 "너희와 '함께'"(with you)할 뿐 아니라 "너희 '속에'"(in you) 계시겠다고 선언하십니다. 얼마나 놀라운 일입니까? 이어지는 18절의 약속의 말씀을 보십시오.

"내가 너희를 고아와 같이 버려두지 아니하고 너희에게로 오리라."

또한 요한복음 14장 20절에서 주님은 놀라운 약속을 주십니다.

"그날에는 내가 아버지 안에, 너희가 내 안에, 내가 너희 안에 있는 것을 너희가 알리라."

기독교 교리에서는 이것을 '성령의 내주'의 약속이라고 말합니다. 그래서 예수님은 당신이 떠나고 보혜사 성령이 오심이 우리에게 더 큰 유익이라고 말씀하신 것입니다. 그렇습니다. 보혜사 성령님은 우리와 함께 거하심을 언약하는 분이십니다.

우리로 주의 교훈을 따르게 하심

예수님을 따르는 모든 제자들의 딜레마는 우리가 너무나 쉽게 주의 교훈을 망각한 채 살고, 더러는 기억하더라도 그렇게 그 교훈을 따라 살지 못한다는 것입니다. 그런데 예수님은 본문 26절에서 보혜사 성령의 사역에 대한 놀라운 약속을 다시 하십니다.

"보혜사 곧 아버지께서 내 이름으로 보내실 성령 그가 너희에게 모든 것을 가르치고 내가 너희에게 말한 모든 것을 생각나게 하리라."

스승이신 예수님이 제자들을 떠나도 걱정할 것 없다는 말씀입니다. 보혜사 성령이 친히 제자들의 스승이 되어 예수님이 가르치셨던 모든 것을 생각나게 하시고, 그 교훈을 따라 살도록 도우시겠다는 것입니다. 이제 인간적 스승이 없어도 걱정할 필요가 없다는 것입니다. 요한일서 2장 27절의 말씀을 기억하십니까?

"너희는 주께 받은바 기름부음이 너희 안에 거하나니 아무도 너희를 가르칠 필요가 없고 오직 그의 기름부음이 모든 것을 너희에게 가르치며 또 참되고 거짓이 없으니 너희를 가르치신 그대로 주 안에 거하라."

이제 보혜사 성령이 우리 안에 '기름부으심'(anointing)으로 거하셔서 등불처럼 우리의 지성을 밝게 하실 것을 언약하신 것입니다.

이 장 서두에 저는 한국 초대 교회를 언급했습니다. 한국 초대 교회 시절에 이 땅에 복음이 전해지는 일에 성령의 도구로 귀하게 사용된 종이 있었습니다. 한국 선교의 독특한 세계 교회 사상, 다시없을 일의 하나는 선교사들이 이 땅에 도착하기 전에 이미 한글 성경이 부분적이라도 번역되어 있었다는 사실입니다. 이 일에 사용된 한 사람이 이수정이라는 인물입니다. 그는 본래 1882년 임오군란이 일어났을 때 민비를 구출하는 일에 공을 세워 고종 황제에 의해 일본으로 유학을 떠나게 됩니다. 벼슬을 주겠다고 했지만 일본의 신문물을 배우고 싶다고 말했기 때문입니다. 일본에서 유학생으로 4년간 머무는 동안 하나님은 그에게 놀라운 일을 행하십니다. 우선 일본의 농학자인 츠다센(津田仙)이란 분을 만나 농업 신기술을 배울 목적이었는데 그가 그리스도인이었습니다. 그에게 복음을 소개받고 한문성경을 읽기 시작합니다. 일본에 체류한 지 7개월 만에 그는 예수 믿기를 결심하고 츠다센 선생의 소개로 조지 낙스(George Knox)라는 선교사에게 1883년 4월 29일 세례(침례)를 받습니다. 그리고 5월 11일, 동경에서 개최된 전국 기독교도 친목대회에서 한국어로 기도를 합니다. 그의 기도 내용을 다 이해하진 못했지만 기도의 톤, 열정을 느끼며 그 자리에 참여한 유명한 일본의 지도자 우치무라 간조(內村鑑三)가 그 감동을 기록으로 남기게 됩니다. 이어서 헨리 루미스(Henry Loomis)라는 선교사의 권유와 도움으로 그는 한문성경을 한글성경으로 번역하는 작업을 하게 됩니다. 성경을 번역하며 그는 행복과 감동을 느낍니다. 그리고 이 복음이 빨리 조국 조선에 전해지기를 열망해서 미국 그리스도인들에게 일본만이 아닌 조선에도 선교사를 보내 달라는 편지를 써 선교사님의 도움으로 〈선교잡지〉(The Missionary Review)에 싣게 됩니다(1883. 12. 13). 이 글을 읽고 감동받은 두 사람이 미국에서 한국 선교에 자원하게 됩니다. 그들이 바로 아펜젤러(H. G. Appenzeller)와 언더우드입니다. 그리고 1885년 2월, 이수정은 우선 마가복음(신약 마가전 복음서 언해) 번역을 완료하게 됩니다. 이 마가복음이 1885년 2월에 일본 성서공회에서 인쇄됩니다(1,000권). 그리고 4월, 한국 선교를 위해 먼저 일본에 도착한 아펜젤러와 언더우드는 이 이수정이 번역한 마가복음을 들고 한국으로 가는 배에 오르게 됩니다.

한편 이수정은 마가복음에 이어 누가복음과 요한복음 번역을 계속하게 됩니다. 그가 요한복음을 번역하다가 14장에 도달하게 되었을 때 그의 심장은 요즘말로 심쿵하게 됩니다. 보혜사 성령이 오시면 주가 우리 안에, 우리가 주 안에 거하게 된다는 놀라운 말씀을 묵상하다가 그는 '신인상감지리'(神人相感之理), 곧 '기독교 신앙의 핵심은 성령을 통해 신이 인간 안에, 인간이 신 안에 들어가 함께 거하는 감동의 이치'라고 고백하게 됩니다. 그는 이어 동경 유학생들에게 복음을 전하기 시작합니다. 당시 유학생의 절반 정도가 회심하게 되고, 주일마다 그의 집에서 예배와 말씀 공부 모임을 시작합니다. 이 모임은 안식일 학교(Sabbath School)라고 불렸다고 합니다. 그리고 후일 동경 최초의 한인 교회인 동경한인교회의 전신이 되었다고 합니다. 그가 일본 유학생으로 머문 4년 동안 일어난 일입니다. 그 후 그는 조국에 들어가자마자 기독교 신앙을 전파했다는 이유로 당시 쇄국파 관리들의 질시로 울산에서 44세를 일기로 순교하게 됩니다. 그러나 그는 수많은 선교사들의 발길이 이 땅을 향하게 한 성령의 도구였습니다. 그리고 그는 마침내 복음의 순교자, 증인으로 자신의 생명을 거룩하게 드렸습니다. 모두 보혜사 성령이 하신 놀라운 일입니다. 그분은 지금도 동일하게 놀라운 일을 하십니다. 문제는 우리가 성령을 사모하고 기쁘게 그의 도구가 되기를 원하느냐는 것입니다.

"나는 참포도나무요 내 아버지는 농부라 무릇 내게 붙어 있어 열매를 맺지 아니하는 가지는 아버지께서 그것을 제거해 버리시고 무릇 열매를 맺는 가지는 더 열매를 맺게 하려 하여 그것을 깨끗하게 하시느니라 너희는 내가 일러준 말로 이미 깨끗하여졌으니 내 안에 거하라 나도 너희 안에 거하리라 가지가 포도나무에 붙어 있지 아니하면 스스로 열매를 맺을 수 없음같이 너희도 내 안에 있지 아니하면 그러하리라 나는 포도나무요 너희는 가지라 그가 내 안에, 내가 그 안에 거하면 사람이 열매를 많이 맺나니 나를 떠나서는 너희가 아무것도 할 수 없음이라 사람이 내 안에 거하지 아니하면 가지처럼 밖에 버려져 마르나니 사람들이 그것을 모아다가 불에 던져 사르느니라 너희가 내 안에 거하고 내 말이 너희 안에 거하면 무엇이든지 원하는 대로 구하라 그리하면 이루리라 너희가 열매를 많이 맺으면 내 아버지께서 영광을 받으실 것이요 너희는 내 제자가 되리라"(요 15:1-8).

11. 나는 참포도나무

포도나무의 유일한 목적이 있다면,
그것은 열매를 맺는 것입니다.
가지 된 우리는 포도나무이신 예수님에게 붙어
많은 열매를 맺어야 합니다.

2017년 8월, 폭력적이고 우울한 뉴스가 넘치는 중에 우리 마음을 가을 하늘만큼이나 밝게 하는 평범하지만 아름다운 소식 하나가 관심을 끌었습니다. 그것은 전북 고창군 성송면 희성 농장에서 들려온 소식입니다. 포도나무 한 그루에 무려 4,000송이의 포도 열매가 열렸다는 것입니다. 지금까지는 일본에서 3,000송이가 열린 것이 세계 기네스 기록이었는데, 그 기록 갱신을 앞두고 있다는 것입니다. 희성 농장 도덕현 대표는 일반적인 재배 방법으로는 결코 한 그루에서 다 수확할 수 없지만, 포도나무의 생태를 잘 이해하고 자가 제조한 퇴비를 이용한 철저한 토양 관리와 시설 환경 관리 그리고 유기농 재배를 통해 건강한 나무를 가꾸어 온 것이 이 기적의 비밀이라고 밝히고 있습니다.

본문은 예수님의 "나는 참포도나무요"라는 말씀으로 시작됩니다. 소위 요한복음에 등장하는 예수님의 일곱 가지 자기 계시적 선언(I am)의 마지막 말씀입니다. 본문은 참포도나무 되신 예수님에게 가지 된 우리가 연합되어 있을 때 우리의 삶은 어떤 열매를 맺게 되는지에 대해 가르칩니다. 어쩌면 예루살렘 다락방에서 다락방 창문 너머로 포도나무 밭에 가지들이 주렁주렁 포도 열매를 맺고 있는 것을 보시고 이 교훈을 가르치셨는지 모릅니다(혹은 요한복음 14장 31절에서 '일어나 여기를 떠나자' 하셨으므로, 다락방을 나와 해지는 저녁 무렵 기드론 골짜기로 향하는 비탈길 포도원들을 지나며 이 교훈을 주셨던 것으로 추정하기도 한다).

포도나무는 오늘날 여러 용도로 쓰이고 있습니다. 그러나 본래 포도나무는 예수님 당시에 유일한 목적, 오직 한 가지 목적으로만 재배되었습니다. 포도나무는 건축 재목으로 쓰이지 못했습니다. 불태우는 화목으로도 적당하지 않았습니다. 장식용으로도 크게 쓸모 있는 것은 아니었습니다. 화려한 꽃을 피워 내지 못하기 때문입니다. 오직 유일한 하나의 목적이 있다면, 그것은 열매를 많이 맺기 위해 존재한 것입니다.

"나는 포도나무요 너희는 가지라 그가 내 안에, 내가 그 안에 거하면 사람이 열매를 많이 맺나니 나를 떠나서는 너희가 아무것도 할 수 없음이라"(요 15:5).

가지 된 우리가 포도나무이신 예수님에게 붙어 있는 유일한 이유는 열매를 많이 맺기 위해서입니다.

"너희가 열매를 많이 맺으면 내 아버지께서 영광을 받으실 것이요 너희는 내 제자가 되리라"(요 15:8).

그러면 우리가 예수님의 제자로서 열매를 많이 맺는 비밀은 무엇입니까?

가지로서 예수님에게 붙어 있어야 함

본문 2절은 이렇게 시작됩니다.

"무릇 내게 붙어 있어 열매를 맺지 아니하는 가지는."

4절도 비슷하게 시작됩니다.

"내 안에 거하라 나도 너희 안에 거하리라 가지가 포도나무에 붙어 있지 아니하면 스스로 열매를 맺을 수 없음같이 너희도 내 안에 있지 아니하면 그러하리라."

저는 여기서 그리스도인에 대한 가장 정확한 정의를 발견합니다. 그리스도인은 누구입니까? '그리스도에게 붙어 있는 사람'입니다. 그리스도인은 그냥 교회 나오는 사람이 아닙니다. 세례(침례) 받은 사람도 아닙니다. 주일마다 예배의 자리에 참여하는 사람도 아닙니다. 저는 교회 열심히 나오고 세례(침례) 받고 늘 예배의 자리에 있지만 예수 그리스도에 대한 고백이 없는 많은 사람들을 알고 있습니다. 그리스도인은 그리스도에게 속한 사람입니다. 헬라어로는 '크리스티아

노스'(Christianos), 라틴어로는 '크리스티아누스'(Christianus)로 단어적 의미는 모두 '그리스도에게 속한 사람'을 의미합니다. 이제 더 이상 내 인생은 내 것이 아니라 그리스도에게 속해서 그리스도 중심의 인생을 사는 사람입니다.

포도나무 가지가 실제로 나무에 붙어 있지 않는다면 그는 어떤 열매도 맺지 못할 것입니다. 중요한 것은 '나'라는 가지가 '예수'라는 포도나무에 어느 날부터 붙어 있기 시작해야 한다는 것입니다. 로마서 11장의 바울 사도의 표현을 빌리자면, 이스라엘의 또 하나의 상징이 포도나무와 함께 감람나무(Olive tree)입니다. 이스라엘 족속이 아니었던 우리 이방인은 본래 감람나무가 아닌 일종의 돌감람나무였는데 예수를 구주와 주님으로 믿는 순간 돌감람나무에서 가지가 꺾여 참감람나무에 접붙임을 받아 참감람나무 뿌리의 진액을 함께 받는 자가 되었다는 것입니다.

"또한 가지 얼마가 꺾이었는데 돌감람나무인 네가 그들 중에 접붙임이 되어 참감람나무 뿌리의 진액을 함께 받는 자가 되었은즉" (롬 11:17).

마찬가지로 우리는 이제 예수를 구주와 주님으로 믿음으로 참포도나무 뿌리의 진액을 함께 받고 포도나무 열매를 맺는 하나님의 백성이 되었다는 것입니다. 이제 우리가 수액을 공급받고 열매를 맺게된 것은 뿌리 때문임을 잊지 말아야 합니다. 그래서 바울은 우리에게이렇게 경고합니다.

"그 가지들을 향하여 자랑하지 말라 자랑할지라도 네가 뿌리를 보전하는 것이 아니요 뿌리가 너를 보전하는 것이니라"(롬 11:18).

메시지가 무엇입니까? 그리스도가 전부라는 것입니다. 우리는 실로 아무것도 아닙니다. 우리는 거기서 시작해야 합니다. 우리에게 일어난 가장 위대한 일은 꺾인 가지에 불과한 우리가 나무이신 예수님에게 '붙어 있는 자'(접붙임 받은 자)가 되었다는 것입니다. 할렐루야!

농부에 의해 깨끗하게 되어야 함

본문에서의 가지는 열매의 관점에서 첫째, 전혀 열매를 맺지 못하는 가지, 둘째, 열매를 맺는 가지, 셋째, 더 열매를 맺는 가지로 나누어 생각할 수 있습니다. 그런데 본문 2절은 더 열매를 많이 맺는 가지가 되기 위한 중요한 작업으로 포도원 농부이신 아버지가 깨끗하게 하신다고 말씀합니다. 어떻게 깨끗하게 하실까요? 우리는 본문 2절에서 아버지가 제거해 버린다고 말씀하신 것을 주목할 필요가 있습니다. 이 말씀을 우리는 구원의 상실의 의미까지로 비약해서 해석할 여지도 있습니다. 그러나 《포도나무의 비밀》(디모데 역간)이란 책을 쓴 브루스 윌킨슨(Bruce H. Wilkinson)은 여기 사용된 헬라어 원어가 '아이로'(airo)인데, 이는 '들어 올리다' 혹은 '집어 올리다'라는 의미라고 말합니다. 가지들이 밑으로 처져 땅 위를 기다 보면 먼지가 뒤덮이고,

진흙이 묻고, 곰팡이가 피게 되어 열매 맺지 못하는 상황을 지적하며, 이런 가지들을 농부가 들어 올려 씻어 주고 위쪽으로 묶어 주면 가지는 곧 다시 풍성한 열매를 맺는다고 말합니다.

브루스 윌킨슨은 아버지 하나님이 자녀들의 삶에 개입해서 더럽혀진 영역을 씻어 주시고 깨끗하게 하시는 사역을 징계의 사역에서 찾습니다. 히브리서 12장 5-6절의 말씀이 이런 아버지의 징계 사역을 증언하는 말씀입니다.

"내 아들아 주의 징계하심을 경히 여기지 말며 그에게 꾸지람을 받을 때에 낙심하지 말라 주께서 그 사랑하시는 자를 징계하시고 그가 받아들이시는 아들마다 채찍질하심이라."

이런 징계의 목적은 히브리서 12장 11절에 기록됩니다.

"무릇 징계가 당시에는 즐거워 보이지 않고 슬퍼 보이나 후에 그로 말미암아 연단 받은 자들은 의와 평강의 열매를 맺느니라."

징계의 목적은 열매를 맺기 위함인 것입니다.

그런데 브루스 윌킨슨은 이런 징계 말고도 가지 된 우리가 더 열매를 맺도록 아버지 하나님이 행하시는 또 하나의 사역으로 '가지치기'를 언급합니다. 그러면서 징계는 우리의 죄와 연관된 것이지만, 가지치기는 죄가 아닌 우리의 자아를 다루시기 위한 것이라고 말합니다. 우리의 자아가 주님에게 온전히 순종하고 우리 삶에서 하나님 나라의 우선순위가 확립되도록 하나님은 우리 삶에 개입하셔서 가지치기를 하신다는 것입니다. 징계와 가지치기는 고통스럽다는 관점에서는 비슷하게 느껴집니다. 그러나 징계는 우리의 잘못에 기인한 것이지만, 가지치기는 우리가 잘하고 있는 과정에서도 일어나는 일입니다. 징계에 대한 우리의 반응은 회개지만, 가지치기는 헌신입니다. 징계는 열매를 맺기 위해서지만, 가지치기는 더 많은 열매를 맺기 위해서입니다.

가지치기를 해 주지 않으면 포도나무는 무성하게 퍼져 나가려 할 것입니다. 멀리서 보면 잘 자라는 것 같지만 가까이 가 보면 빈약한 과실만 맺을 따름입니다. 성도의 삶에서 우리의 죄와 상관없이 경험되는 시련들은 많은 경우 가지치기일 수 있습니다. 가지치기를 통해서만 아름답고 풍성한 포도 열매가 더 많이 맺히게 됩니다. 바울 사도가 겪은 많은 시련들이 그런 경우였습니다. 그러나 그 시련들은 바울 사도로 하여금 더 많은 열매와 추수를 경험하게 했습니다. 야고보서 1장 3-4절의 말씀이 그런 경험들을 대표하는 교훈입니다.

"이는 너희 믿음의 시련이 인내를 만들어 내는 줄 너희가 앎이라 인내를 온전히 이루라 이는 너희로 온전하고 구비하여 조금도 부족함이 없게 하려 함이라."

그러므로 주님이 가위를 들고 가지치기를 하실 때 우리는 말씀 앞에 자신을 드리며 순종과 헌신으로 깨끗하게 함을 이루어 가야 합니다.

날마다 주 안에 거함을 연습하라

짤막한 본문에서 주님은 열매 맺는 삶의 비밀을 설명하시며 반복해서 주 안에 거하라고 당부하십니다.

"내 안에 거하라 … 너희도 내 안에 있지 아니하면 … 그가 내 안에, 내가 그 안에 거하면 … 사람이 내 안에 거하지 아니하면 … 너희가 내 안에 거하고 내 말이 너희 안에 거하면"(요 15:4-7).

브루스 윌킨슨은 본문의 '거하라'는 것은 제안이나 요청이 아니라 명령이라고 말합니다. 그러므로 그리스도의 제자들에게 있어 주 안에 거함은 삶의 우선순위가 되어야 할 일입니다.

본문 7절은 우리가 주 안에 거하는 방법을 가르칩니다.

"너희가 내 안에 거하고 내 말이 너희 안에 거하면 무엇이든지 원하는 대로 구하라 그리하면 이루리라."

주 안에 거하기 위해 먼저 말씀을 마음에 두어야 한다는 것입니다. 그리고 그 말씀을 붙들고 무엇이든 기도하라는 것입니다. 말씀과 기도야말로 주 안에 거하는 방편입니다. 그러나 순서가 바뀌면 안 됩니다. 먼저 기도하고 말씀 읽는 것이 아니라, 먼저 말씀을 읽고 그 말씀으로 기도해야 합니다. 그래야 하나님의 뜻을 따라 기도하고, 우리의 기도가 풍성한 열매로 응답받게 될 것입니다.

5만 번이나 기도 응답을 경험한 조지 뮬러도 처음 기도 생활을 시작하며 10년간은 많은 어려움을 경험했다고 합니다. 기도가 시작되면 마음의 산만함과 씨름하며 기도의 방향을 잡는 것이 너무 어려웠다고 합니다. 그러나 먼저 말씀을 읽고 그 말씀에 응답하는 기도를 배우면서 기도의 방황이 끝나고 그는 풍성한 기도 생활에 들어갈 수 있었다고 고백합니다. '말씀으로 기도하기'를 배워야 합니다. 예수님은 십자가상에서 그런 모범을 보여 주셨습니다. 예수님은 십자가에서 시편 22편을 가지고 기도하셨습니다. 그분은 1절을 가지고 "나의 하나님, 나의 하나님, 어찌하여 나를 버리셨나이까"(마 27:46) 하고 외치십니다. 15절을 가지고 그는 "내가 목마르다"(요 19:28)고 고백하십니다. 그는 이어 시편 31편 5절의 말씀을 마지막으로 떠올리십니다. 그리고 마지막으로 무엇이라 기도하십니까?

"아버지 내 영혼을 아버지 손에 부탁하나이다"(내가 나의 영을 주의 손에 부탁하나이다, 눅 23:46).

우리 믿음의 선배들은 이렇게 말씀과 기도로 주 안에 거하는 경건의 습관보다 더 중요한 것은 없다고 여겼습니다. 존 파이퍼(John Piper)도 이렇게 말합니다.

"날마다 말씀을 읽으십시오. 그 말씀이 당신의 기도가 되게 하십시오. 이것이 말씀의 의미를 이해하고 기도를 배울 수 있는 가장 좋은 방법입니다. 이것이 우리로 날마다 주 안에 거하게 하는 영적 비밀입니다."

19세기 스코틀랜드의 경건한 목자였던 휴 마틴(Hugh Martin)은 《그리스도의 임재》(지평서원 역간)라는 책에서 마태복음 1장 1절은 "아브라함과 다윗의 자손 예수 그리스도의 계보라"는 말씀, 즉 역사적 그리스도의 전기로 시작되지만, 마태복음 28장 20절은 "내가 … 너희와 항상 함께 있으리라"는 말씀, 즉 경험적 그리스도를 증언한다고 말합니다. 역사적 그리스도가 경험적 그리스도가 되는 사건이 바로 경건의 시간이라고, 성령은 우리를 날마다 그리스도의 임재로 인도하신다고 말합니다. 만일 우리가 말씀과 기도로 주의 얼굴을 날마다 찾는다면 말입니다.

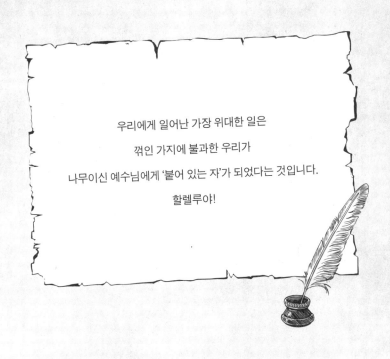

우리에게 일어난 가장 위대한 일은

꺾인 가지에 불과한 우리가

나무이신 예수님에게 '붙어 있는 자'가 되었다는 것입니다.

할렐루야!

"내 계명은 곧 내가 너희를 사랑한 것같이 너희도 서로 사랑하라 하는 이것이니라 사람이 친구를 위하여 자기 목숨을 버리면 이보다 더 큰 사랑이 없나니 너희는 내가 명하는 대로 행하면 곧 나의 친구라 이제부터는 너희를 종이라 하지 아니하리니 종은 주인이 하는 것을 알지 못함이라 너희를 친구라 하였노니 내가 내 아버지께 들은 것을 다 너희에게 알게 하였음이라 너희가 나를 택한 것이 아니요 내가 너희를 택하여 세웠나니 이는 너희로 가서 열매를 맺게 하고 또 너희 열매가 항상 있게 하여 내 이름으로 아버지께 무엇을 구하든지 다 받게 하려 함이라 내가 이것을 너희에게 명함은 너희로 서로 사랑하게 하려 함이라"

(요 15:12-17).

12. 가장 위대한 열매

주님이 우리를 선택하셨다는 말은
우리를 책임져 주신다는 보증입니다.
이제 우리가 그의 명을 따라 살고자 한다면
열매는 보증된 것입니다.

우리는 요한복음 15장을 들여다보기 시작하며 가지 된 성도가 포도
나무이신 예수님에게 붙어 있어 맺어야 할 열매들을 묵상하는 중에
있습니다. 결국 열매는 우리의 존재와 사역에 대한 궁극적인 결산이
될 것입니다. 그런 의미에서 예수님도 산상수훈 마지막 대목인 마태
복음 7장 16절에서 "그들의 열매로 그들을 알지니 가시나무에서 포
도를, 또는 엉겅퀴에서 무화과를 따겠느냐"고 물으십니다. 이 물음에
대한 대답은 무엇입니까?

"좋은 나무가 나쁜 열매를 맺을 수 없고 못된 나무가 아름다운 열
매를 맺을 수 없느니라"(마 7:18).

한국의 초기 선교사였던 사무엘 무어(Samuel Forman Moore, 모삼열)
라는 분이 계십니다. 이 선교사님에 대한 호기심이 생겨 역사를 뒤적

이던 중 이분에 대한 역사적 평가가 긍정과 부정으로 현격하게 대조적으로 나뉘어져 있다는 흥미로운 사실을 알게 되었습니다.

그에 대한 부정적인 평가를 남긴 사람은 한국에 최초로 외교관의 신분을 가지고 온 의료 선교사 알렌(Horace Newton Allen)이었습니다. 알렌은 그의 한국 생활 회고에서 사무엘 무어가 미국 선교사 중에 가장 골치 아픈 말썽꾼이었다는 기록을 남깁니다. 그의 기록에 의하면, 무어 선교사는 고종 황제에게 전도하려고 무례한 알현 요청을 했고, 북한산성 사찰에서 불상을 파손함으로 서구 선교사들의 무례한 정복주의를 드러냈으며, 이 일로 당시 영국 공사가 당사자 선교사의 처벌을 요구함으로 미국 공사였던 알렌의 입지가 매우 곤란해지게 됩니다. 물론 오늘날 이런 식의 제국주의적 선교 태도는 기독교 내에서도 반성의 주제가 되고 있습니다. 연세대 민경배 교수도 무어 같은 이를 반 토착화적 선교 사례로 비판하고 있습니다.

우리는 이런 사건을 통해서 그냥 전도하고 선교함이 중요한 것이 아니라, 어떻게 전도하고 선교하는 것이 하나님 마음에 합당한 것인가를 묻지 않을 수 없습니다. 결국 이 장의 복음서의 정신에 비추어 본다면 어떤 열매를 궁극적으로 추구하느냐의 문제입니다. 그러면 본문이 가르치는 위대한 열매의 본질은 무엇입니까?

열매의 우선순위는 사랑

본문이 시작되는 12절은 우리가 주 안에 거함으로 맺어야 할 가장 중요한 열매를 먼저 가르칩니다.

"내 계명은 곧 내가 너희를 사랑한 것같이 너희도 서로 사랑하라 하는 이것이니라."

무엇입니까? 사랑의 열매입니다. 앞선 8절에서 "너희가 열매를 많이 맺으면 … 내 제자가 되리라"고 말씀하신 주님은 9절에서 무엇이라고 말씀하십니까? "아버지께서 나를 사랑하신 것같이 나도 너희를 사랑하였으니 나의 사랑 안에 거하라"고 하십니다. 그리고 이어지는 10절에서 "내가 아버지의 계명을 지켜 그의 사랑 안에 거하는 것같이 너희도 내 계명을 지키면 내 사랑 안에 거하리라"고 말씀하십니다. 사랑의 열매를 맺음이 바로 주님의 가장 중요한 계명이라는 것입니다. 사랑은 그분의 가장 중요한, 가장 위대한 계명이기 때문입니다.

사실 요한복음 15장에는 우리가 주 안에 거함으로 맺어야 할 여러 열매들이 언급되고 있습니다.

"내가 이것을 너희에게 이름은 내 기쁨이 너희 안에 있어 너희 기쁨을 충만하게 하려 함이라"(요 15:11).

사랑의 열매 다음으로 기쁨의 열매가 언급되고 있습니다. 이것은 갈라디아서 5장 22절에서 바울 사도가 언급한 성령의 열매에 대한 리스트와 우선순위가 정확하게 일치합니다.

"오직 성령의 열매는 사랑과 희락(기쁨, joy)⋯."

그리고 요한복음 15장의 마지막 두 구절에서는 증거(전도)의 열매가 언급되기도 합니다.

"내가 아버지께로부터 너희에게 보낼 보혜사 곧 아버지께로부터 나오시는 진리의 성령이 오실 때에 그가 나를 증언하실 것이요 너희도 처음부터 나와 함께 있었으므로 증언하느니라"(요 15:26-27).

이 모든 열매들이 주님이 우리에게 기대하시는 열매들임에 틀림없습니다. 그러나 그분의 우선적 기대, 열매의 우선순위는 사랑입니다. 이것을 바울 사도도 '사랑 장'으로 유명한 고린도전서 13장에서 확인해 주고 있지 않습니까?

"내가 사람의 방언과 천사의 말을 할지라도 사랑이 없으면 소리나는 구리와 울리는 꽹과리가 되고 내가 예언하는 능력이 있어 모든 비밀과 모든 지식을 알고 또 산을 옮길 만한 모든 믿음이 있을지라도 사랑이 없으면 내가 아무것도 아니요 내가 내게 있는 모든 것으로 구제하고 또 내 몸을 불사르게 내줄지라도 사랑이 없으면 내게 아무 유익이 없느니라"(고전 13:1-3).

열매의 우선순위는 사랑입니다.

열매의 존재 이유는 선택

우리가 이런 열매 맺음을 기대할 수 있는 이유가 있습니다. 그것은 주님이 우리를 이런 열매를 맺도록 선택하셨기 때문입니다.

"너희가 나를 택한 것이 아니요 내가 너희를 택하여 세웠나니 이는 너희로 가서 열매를 맺게 하고 또 너희 열매가 항상 있게 하여 내 이름으로 아버지께 무엇을 구하든지 다 받게 하려 함이라"(요 15:16).

우리가 흔히 선택이란 단어를 교리적으로 접근할 때 누구는 선택을 받고 누구는 선택에서 제외되어 버림을 받는다는 구원론적 측면에서 생각을 시작합니다. 그러나 본문에서 예수님은 선택이라는 명제를 아주 적극적이고 긍정적인 전망에서 접근하고 계십니다. 그가 우리를 선택하신 이유는, 그분이 우리가 열매 맺는 모습을 보고 싶어 하시기 때문이라는 것입니다. 그리고 그 열매는 일시적인 것이 아니라 '항상', 곧 우리의 평생을 두고 맺힐 것이라 말씀하십니다. 그가 우리의 기도를 응답하시는 이유도 열매 맺는 인생으로 사는 것을 기대하기 때문이라고 하십니다.

그렇다면 우리의 열매를 낙관적으로 기대할 수 있는 이유는 무엇입니까? 우리를 제자로, 자녀로 선택하신 그가 우리를 돕고 계시기 때문입니다. 사랑하라는 명에 순종하면 사랑하도록 그가 우리를 도우실 것입니다. 기뻐하라는 명에 순종하면 기뻐할 수 있도록 그가 우리를 도우실 것입니다. 화평하라는 명에 순종하면 화평하도록 그가 우리를 도우실 것입니다. 오래 참으라는 명에 순종하고자 한다면 오래 참도록 그가 우리를 도우실 것입니다. 그리고 전도하라는 명에 순종하면 전도할 수 있도록 그가 우리를 도우실 것입니다.

우리 교회에서 전도 폭발 훈련을 은퇴 후 늦게 받고 전도의 보람을 경험하게 된 장로님 한 분이 고백하신 말을 저는 잊을 수가 없습니다.

"목사님, 저는 지금까지 전도의 은사가 제게 없다고 생각해서 전도할 생각을 못 했습니다. 그런데 훈련을 받고 전도해 보면서 깨달은 것이 있습니다. 지금까지 제가 전도를 못 한 것은 전도할 능력이 없어서가 아니라, 전도를 하지 않았기 때문이라는 것입니다. 목사님, 전도하니까 전도가 되더라고요."

그렇습니다. 주님이 우리를 선택하셨다는 말은 우리를 책임져 주신다는 보증입니다. 이제 우리가 그의 명을 따라 살고자 한다면 열매는 보증된 것입니다. 중요한 것은 주님이 우리를 선택하셨다는 이 놀라운 특권을 믿고 이제 그의 명하심을 따라 계명대로 사는 것입니다. 열매의 가능성과 열매의 존재 이유는 그의 놀라운 선택 때문입니다.

열매의 최고 모범은 예수 그리스도

예수님은 십자가의 사건이 다가옴을 아시고 요한복음 12장 24절에서 어떻게 예언하셨습니까?

"내가 진실로 진실로 너희에게 이르노니 한 알의 밀이 땅에 떨어져 죽지 아니하면 한 알 그대로 있고 죽으면 많은 열매를 맺느니라."

그의 십자가의 죽으심으로 얼마나 많은 구원의 열매들이 맺혔습니까? 우리 또한 그 열매가 아닙니까? 주님은 그 열매를 맺고자 요한복음 13장의 다락방 사건에서처럼 섬김의 삶으로 우리에게 다가오신 것입니다. 그리고 본문 15절의 말씀처럼 "이제부터는 너희를 종이라 하지 아니하리니 종은 주인이 하는 것을 알지 못함이라 너희를 친구라 하였노니 내가 내 아버지께 들은 것을 다 너희에게 알게 하였음이라"고 하십니다. 주인과 종의 자리를 바꾸고 제자들의 발을 씻기시던 주님이 이제는 우리에게 친구라고 선언하십니다. 주님 예수님이 친구 예수님이 되어 우리에게 다가오며 부탁하십니다.

"내가 이것을 너희에게 명함은 너희로 서로 사랑하게 하려 함이라"(요 15:17).

우리를 친구 삼으시고 사랑을 부탁하신 그분, 그가 보여 주신 최고의 모범 때문에 지금도 복음은 세상을 바꾸고 있는 것입니다. 우리는 과연 이 최고의 모범을 따라 최고의 사랑을 나누며 살고 있는 것일까요?

우리는 앞서 사무엘 무어 선교사님에 대한 부정적인 평가를 나누었습니다. 그러나 최근의 연구에 의하면 이런 부정적 평가는 모두 과장된 와전과 일부 편견에 근거한 해석에서 비롯된 것으로 재평가되고 있습니다. 우선 무례한 고종 황제 알현 요청 사건에 대해, 미국에서 시민이 대통령에게 자유롭게 편지할 수 있듯이 자신이 우편으로 고종 황제에게 편지한 것은 무례도 불법도 아니며, 고종이 자신을 통해 하나님의 말씀 듣기를 원하면 불러 달라고 했고, 원하지 않으면 알현을 안 해도 괜찮다는 뜻을 전한 것뿐이라고 해명합니다. 그의 충정은 고종이 예수를 믿게 되면 한국의 복음화가 신속하게 이루어질 것을 기대했기 때문이라고 말합니다. 그는 이어서 그의 시도가 한국적 상황에서 무례한 시도로 비추어졌다면 사과한다는 말을 알렌에게 전했다고 합니다. 불상 훼손 사건에 대해서도, 내한 1년도 안 된 상황에서 열흘 동안 절에 머물며 스님들과 친해진 무어 선교사는 그곳 주지가 불상이 너무 낡아 버려야겠다고 말하자 이 불상에 무슨 생명이 있는 것은 아니라고 말하면서 불상을 가볍게 건드려 넘어뜨린 것이 와전된 사건이라고 해명했다고 합니다.

이제는 무어 선교사에 대한 긍정적인 평가, 곧 긍정의 열매를 나누고자 합니다. 무어는 한국 백성들과 어울리며 다른 어떤 선교사보다 빠르게 한국어를 습득했다고 합니다. 1895년 초, 서울에 콜레라가 유행하면서 백정이었던 박 씨가 장티푸스에 걸렸을 때 제중원의 의료 선교사 에비슨(Olive R. Avision)을 대동하고 통역을 하면서 그를 고쳐 주자 그가 예수를 믿게 됩니다. 1895년 4월 초, 그는 세례(침례)를 받고 곤당골교회(지금의 승동교회) 교인이 되었는데 문제가 발생합니다. 당시 곤당골교회 교인 대부분은 그 고을 중산층 이상 양반들이었는데 박 씨가 교회에 출석하자 하인이나 상놈, 특히 백정과는 예배를 함께 드릴 수 없다며 교회 출석을 중지한 것입니다. 무어 선교사는 우리는 다 같은 하나님의 자녀이며, 기독교는 양반의 종교가 아니라 모든 백성의 종교라고 설득합니다. 그러자 양반들은 일단 교회 출석을 중지한 상태에서 타협안으로 예배당에 남녀를 휘장으로 구별한 것처럼 좌석을 귀천으로 분리하자고 제안합니다. 그러나 무어 선교사는 하나님 앞에 양반과 백정은 구별되지 않는다며 이 모든 양반들의 요청을 거절합니다. 그 결과 차별 없는 예수님의 사랑을 경험한 많은 백정들이 몰려와 이 교회 교인이 되었고, 이 곤당골교회 교인들과 무어 선교사가 지도해 낸 수차례 탄원서에 근거해 '백정 신분 차별 폐지법'이 당시 위정자들에 의해 극적으로 통과됩니다(1895년 6월 6일, 백정 신분 폐지 포고령 발표, 무어는 사비를 들여 이 포고문을 전국에 방으로 붙이게 했다). 마르다 헌틀리(Martha Huntley) 여사는 당시 한국 백정들의 기쁨이 "링컨 대통령의 노예 해방 선언을 얻은 흑인들의 기쁨보다 못하지 않았다"고 증언합니다. 무어 선교사 내한 14년 만에 일어난 기적 같은 복음의 열매입니다. 예수님의 '너희를 노예가 아닌 친구로 삼겠다'는 바로 그 선언의 결과이기도 합니다.

백정 박 씨는 후일에 박성춘 장로(선교사에게 받은 이름)가 되었고, 그 아들 봉출이 박서양은 제중원 의학교(세브란스 전신)를 졸업한 후 한국 최초의 서양식 의사와 교수가 되었습니다. 이 박 씨 가문에 복음의 빛을 전한 무어 선교사는 그가 박성춘을 전도하게 된 동기였던 장티푸스로 불꽃처럼 젊은 나이 46세에 소천해 양화진에 묻히게 되었습니다. 그의 양화진 무덤의 비문은 그의 사랑의 열매, 믿음의 열매를 가장 객관적으로 증언하고 있습니다.

"Devoted Servant of Jesus Christ

Beautiful in character and spirit

and unselfish in his love for the Korean people

He died happy in the knowledge that he had brought many to know

God as their father"

(예수 그리스도의 헌신된 종,

아름다운 인격과 정신의 사람,

한국인에 대한 헌신적 사랑으로 많은 영혼들을 하나님 아버지에게로 인도하고 행복하

게 죽다).

당신도 이런 위대한 열매를 사모하십니까?

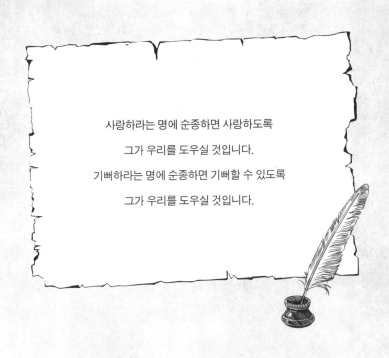

사랑하라는 명에 순종하면 사랑하도록

그가 우리를 도우실 것입니다.

기뻐하라는 명에 순종하면 기뻐할 수 있도록

그가 우리를 도우실 것입니다.

"그러나 내가 너희에게 실상을 말하노니 내가 떠나가는 것이 너희에게 유익이라 내가 떠나가지 아니하면 보혜사가 너희에게로 오시지 아니할 것이요 가면 내가 그를 너희에게로 보내리니 그가 와서 죄에 대하여, 의에 대하여, 심판에 대하여 세상을 책망하시리라 죄에 대하여라 함은 그들이 나를 믿지 아니함이요 의에 대하여라 함은 내가 아버지께로 가니 너희가 다시 나를 보지 못함이요 심판에 대하여라 함은 이 세상 임금이 심판을 받았음이라 내가 아직도 너희에게 이를 것이 많으나 지금은 너희가 감당하지 못하리라 그러나 진리의 성령이 오시면 그가 너희를 모든 진리 가운데로 인도하시리니 그가 스스로 말하지 않고 오직 들은 것을 말하며 장래 일을 너희에게 알리시리라 그가 내 영광을 나타내리니 내 것을 가지고 너희에게 알리시겠음이라"(요 16:7-14).

13. 보혜사 성령 2

사탄 마귀는 우리를 정죄할 수 없습니다.
보혜사 성령이 우리가 해방된 자임을 깨우쳐 주십니다.
우리는 더 이상 사탄 마귀의 종노릇할 필요가 없습니다.

현시대 교회의 가장 큰 취약점은 무엇일까요? 교회 회원권을 획득하는 일에 '회심'(conversion, 회개와 믿음으로 주를 향해 삶의 방향을 돌이킨 사건) 여부를 진지하게 점검하지 않는다는 것입니다. 교회 등록서만 제출하면 누구든지 교회 가족이 될 수 있습니다. 그 결과 회심이 없는 명목상의 교인들을 양산하게 되었습니다. 그리고 결과적으로 공동체의 순수성도 자부심도 훼손되었습니다. 교회는 세상과 다른, 세상을 향한 영향력 있는 생명의 공동체이기를 포기한 것입니다. 진정한 신앙 고백의 공동체이기를 또한 포기한 것입니다. 그러나 초대 교회는 달랐습니다. 청교도 시대까지도 회심에 대한 점검은 교회 가족이 되는 가장 중요한 기준이었습니다. 침례교회의 전통에서는 '중생한 신자만의 회원권'이 가장 중요한 교리적 특성이었습니다. 그러나 오늘날의 침례교회조차도 다른 교회와 실제로 다를 것이 없는 교회가 되고 말았습니다.

현시대 교회에서 회심 사건을 진지하게 다루지 않게 된 원인은 무엇일까요? 어떻게든 교인의 숫자만을 늘리려는 양적 성장 지상주의가 가장 큰 원인일 것입니다. 하지만 생명력 없이 덩치만 큰 공동체가 무슨 영향력이 있겠습니까? 오늘날 교회 세속화의 가장 큰 원인이 여기에 있습니다. 그러나 또 하나는, 회심의 역사는 성령의 역사이기 때문에 눈에 보이지 않고 우리가 판단하기가 쉽지 않다는 원인도 있습니다. 고린도전서 12장 3절에서 바울 사도는 "성령으로 아니하고는 누구든지 예수를 주시라 할 수 없느니라"고 말합니다. 그런데 예수님은 본문을 통해 우리가 예수를 주라고 고백하기까지, 곧 회심이 이루어지기까지 보혜사 성령이 우리를 어떤 과정으로 인도하시는지를 보여 주고 계십니다.

"그가 와서 죄에 대하여, 의에 대하여, 심판에 대하여 세상을 책망하시리라"(요 16:8).

여기서 '책망'으로 번역된 원어 '엘렝코'(elegxo)는 영어로는 'convict'로서, '설득하다', '납득시키다' 혹은 '드러내어 깨우치다'라는 의미를 지닙니다. 그러면 보혜사 성령이 세상에 오셔서 우리의 회심을 위해 하시는 역사는 무엇일까요?

우리의 죄를 깨우치심

보혜사 성령이 오셔서 하시는 첫째 사역은 죄를 드러내어 깨우치시는 일입니다. 그러나 이 죄는 단순히 부도덕한 죄만을 의미하지 않습니다. 어떤 의미에서 그런 부도덕한 죄들은 단순한 양심의 가책만으로도 어느 정도 깨달음이 가능합니다.

"죄에 대하여라 함은 그들이 나를 믿지 아니함이요"(요 16:9).

예수를 안 믿는 것이 죄라는 것, 이것은 성령의 사역이 아니고는 깨달을 수 없는 것입니다. 불신의 죄를 깨우치시는 것입니다. 하나님이 인류를 구원하시고자 그 아들 예수 그리스도를 보내 주시고, 그가 우리를 위해 십자가에 죽으시고 부활하셨는데 그를 믿지 않는 것이야말로 죄 중의 죄라는 것입니다. 이제 보혜사 성령이 오셔서 우리에게 예수가 구주라고, 예수가 주님이라고 말씀하시는데 우리가 그를 영접하기를 거절한다면 그것이야말로 성령을 훼방하는 죄를 범하고 있는 것입니다. 그리고 예수를 거절하고 구원받을 방법은 없습니다.

R. A. 토레이(R. A. Torrey, 전도자 무디의 동역자, 바이올라 대학의 창설자)라는 분이 유서 깊은 무디교회 담임목사로 있을 때 일어난 일입니다. 25인으로 구성된 목양위원회가 금요일 저녁이면 모여 식사를 하며 교회의 여러 가지 사역들을 처리하는 회무를 가져 왔는데, 하루는 한 장로님이 이런 제안을 하셨다고 합니다.

"우리에게 회무 처리도 중요하지만 교회 내에 사람들이 죄를 깨닫고 회심하는 역사가 제일 중요한 사역인데 우리가 그것을 위해 기도하는 시간을 못 가져 왔으니, 오늘 저녁은 성령으로 우리 교회에 참된 회심의 사역이 일어나게 해 달라고 기도 합시다."

그래서 만사를 제쳐 놓고 성령을 통한 회심의 역사를 일으켜 달라고 간절히 기도했다고 합니다. 그리고 그날 기도회가 너무 좋아 다음 날 저녁에도 모여 기도했다고 합니다. 그리고 그다음 날 주일 저녁 예배 시간에 토레이 목사님이 설교하시는데, 직업적인 도박사가 누군가의 인도로 그 예배에 참여했다가 설교를 듣고 예배가 마치기도 전에 강단 앞으로 벌벌 떨며 나아오더니 무릎을 꿇고 '나 같은 죄인도 용서받고 예수 믿을 수 있느냐'고 말하더랍니다. 물론 그는 그날 밤 회심의 은혜를 누리게 되었습니다. 그리고 그런 회심의 사역들이 한동안 교회 내에 계속되었다고 합니다. 우리 교회에도, 아니 오늘의 한국 교회 내에도 이런 기도가, 이런 회심의 사역이, 이런 보혜사 성령의 죄를 깨우치심의 사역이 필요하지 않은가요?

예수의 의를 깨우치심

보혜사 성령이 우리의 죄를 깨우치심은 우리가 이제 예수 믿고 의롭다 함을 얻어 의로움 가운데 하나님 앞에 살아가게 하기 위함인 것입니다. 예수님이 산상수훈에서 주신 말씀이 무엇입니까?

"내가 너희에게 이르노니 너희 의가 서기관과 바리새인보다 더 낫지 못하면 결코 천국에 들어가지 못하리라"(마 5:20).

그러면 죄를 피할 수 없는 세상을 살아가며 우리의 의가 얼마큼 되면 우리는 천국에 들어가기에 합당한 자가 될까요? 10퍼센트의 의? 20퍼센트의 의? 40퍼센트의 의? 아니면 70퍼센트의 의? 예수님의 대답을 보십시오.

"그러므로 하늘에 계신 너희 아버지의 온전하심과 같이 너희도 온전하라"(마 5:48).

100퍼센트입니다. 주님은 100퍼센트의 의를 요구하십니다. 그러면 우리에게 천국의 소망은 절망이 아니겠습니까? 그런데 여기 복음이 있습니다. 우리가 예수님을 우리의 구주와 주님으로 믿고 영접하는 순간 예수님의 의가 우리의 의가 된다는 사실입니다.

"그 안에서 발견되려 함이니 내가 가진 의는 율법에서 난 것이 아니요 오직 그리스도를 믿음으로 말미암은 것이니 곧 믿음으로 하나님께로부터 난 의라"(빌 3:9).

곧, 우리는 믿음으로 예수님의 의를 선물로 거저 받는 것입니다.

본문 10절을 보십시오.

"의에 대하여라 함은 내가 아버지께로 가니 너희가 다시 나를 보지 못함이요."

무슨 뜻입니까? 예수님은 불의한 세상에서 버림을 받고 불의한 죄인이 되어 십자가에 못 박혀 돌아가실 것을 예언하십니다. 그러나 그의 십자가의 죽으심이 그의 마지막 스토리는 아닙니다. 그는 부활하고 승천하셔서 아버지 하나님에게로 다시 돌아가신다는 것입니다. 세상은 그를 버렸으나 아버지는 그를 영접하십니다. 이것이 그가 의로우시다는 증거입니다. 이 의로우신 예수를 믿음으로 우리도 의롭다 함을 받습니다.

　신학에서는 그의 의가 우리에게 전가되었다고 말합니다. 혹은 칭의(justification by faith, 의롭다 칭함을 받음)의 사건이라고 말합니다. 예수님이 세상을 위한 속죄의 어린 양이 되시어 십자가에서 대속의 제물로 죽으심으로 우리는 죄 사함을 받고 값없이 의롭다 함을 얻은 것입니다. 얼마나 놀라운 은혜입니까? 로마서 3장 24절은 "그리스도 예수 안에 있는 속량으로 말미암아 하나님의 은혜로 값없이 의롭다 하심을 얻은 자 되었느니라"고 말씀합니다. 한자에서 '義'(옳을 의)는 이런 구속사적 은혜를 놀랍게 증언합니다. 한자 義는 나를 뜻하는 我(나 아) 위에 어린 양을 뜻하는 羊(양 양)이 올려진 구조로 되어 있습니다. 나의 어린 양 예수가 나의 의가 되신 것입니다. 이것이 보혜사 성령이 깨우쳐 주시는 두 번째 중요한 진리입니다. 이 진리, 곧 '믿음으로만 의인이 된다'는 것을 깨닫고 루터가 종교 개혁을 한 것입니다.

마귀의 심판을 깨우치심

우리가 보혜사 성령의 사역으로 죄인임을 깨닫고 예수를 믿는 순간 우리는 의롭다 함을 받습니다. 이제 보혜사 성령이 깨우쳐 주시는 세 번째 진리는 마귀의 정죄를 두려워할 필요가 없다는 것입니다. 예수 님이 우리의 죄를 용서하시고자 우리의 죄를 대신 지고 십자가에 죽 으신 후 우리를 의롭다 하시기 위해 부활하신 순간, 이미 사탄 마귀는 하나님에 의해 심판 된 자가 된 것입니다. 본문 11절은 "심판에 대하 여라 함은 이 세상 임금(사탄 마귀)이 심판을 받았음이라"고 말씀합니 다. 그리고 로마서 4장 25절은 "예수는 우리가 범죄한 것 때문에 내 줌이 되고 또한 우리를 의롭다 하시기 위하여 살아나셨느니라"고 말 씀합니다.

그런데 복음은 여기서 끝나지 않습니다. 그다음 구절을 보십시오. "그러므로 우리가 믿음으로 의롭다 하심을 받았으니 우리 주 예수 그리스도로 말미암아 하나님과 화평을 누리자"(롬 5:1).

이제 우리는 사탄 마귀의 정죄를 두려워할 필요가 없습니다. 예수 님이 십자가에 달리실 때 사탄 마귀는 예수님에게 약간의 상처(발꿈 치를 상하게 함)를 입혔으나, 그가 십자가에서 부활하실 때 사탄 마귀 는 결정적인 패배를 경험한 것입니다(머리가 상함). 이것은 창세기 3장 15절의 원복음의 성취가 아닙니까?

"여자의 후손(메시아)은 네 머리를 상하게 할 것이요 너는 그(뱀, 사탄 마귀)의 발꿈치를 상하게 할 것이니라."

로마서 8장 1-2절에서의 바울 사도의 말씀은 이 위대한 약속의 성취를 증언하는 것입니다.

"그러므로 이제 그리스도 예수 안에 있는 자에게는 결코 정죄함이 없나니 이는 그리스도 예수 안에 있는 생명의 성령의 법이 죄와 사망의 법에서 너를 해방하였음이라."

이제 사탄 마귀는 우리를 정죄할 수 없습니다. 보혜사 성령이 우리가 해방된 자임을 깨우쳐 주십니다. 우리는 더 이상 사탄 마귀의 종노릇할 필요가 없습니다. 이제부터 성령의 인도만 따르면 됩니다.

로마서 8장 14-16절의 언약을 기억하십시오.

"무릇 하나님의 영으로 인도함을 받는 사람은 곧 하나님의 아들이라 너희는 다시 무서워하는 종의 영을 받지 아니하고 양자의 영을 받았으므로 우리가 아빠 아버지라고 부르짖느니라 성령이 친히 우리의 영과 더불어 우리가 하나님의 자녀인 것을 증언하시나니."

본문 13절의 약속의 말씀과 정확하게 일치하는 말씀이 아닙니까!

"그러나 진리의 성령이 오시면 그가 너희를 모든 진리 가운데로 인도하시리니 그가 스스로 말하지 않고 오직 들은 것을 말하며 장래 일을 너희에게 알리시리라."

회심의 증거가 무엇입니까? 이제 내 마음대로 살지 않고 성령의 인도를 구하며 산다는 것입니다. 하나님의 자녀가 되었기에 하나님의 영의 인도를 따라 사는 것입니다. 예수님의 십자가 보혈로 죄 사함과 의롭다 함을 받고 장래 일을 다 주님에게 맡기며 성령의 인도를 따라 사는 사람, 그가 바로 회심한 사람인 것입니다. 그렇다면 중요한 질문이 있습니다. 당신은 정말 회심했습니까? 보혜사 성령님의 깨우치심을 경험했습니까?

한국 초대 교회의 거목이요, 평양 대부흥 운동의 주역인 길선주 목사님은 어느 날 친구 김종섭에게 《천로역정》 책을 받아 읽고 회심의 번뇌가 시작되었습니다. 이 번뇌를 어찌해야 좋을지 모르겠다고 하자 친구는 기도해 보라고 합니다. 그래서 예전에 믿던 삼령신군에게 기도했더니 번뇌가 더 심해졌다고 합니다. 그럼 하나님 아버지에게 기도하라고 하자 그는 '인간이 어떻게 하나님을 아버지라 칭하겠는가?'라고 답했다고 합니다. 그러자 친구가 '그러면 아버지는 빼고 상제라고 부르며 기도해 보라'고 합니다.

가을 깊은 밤, 그는 엎드려 "상제님, 예수님이 정말 내 구주이신지 알게 해 주시옵소서" 하고 기도했습니다. 그때 갑자기 공중에서 "길선주야, 길선주야, 길선주야" 세 번 부르는 소리가 나자 그는 두렵고 떨림으로 머리를 들지 못하고 이렇게 또 기도했다고 합니다.

"나를 사랑하는 하나님 아버지여, 나의 죄를 사하여 주시옵고 나를 살려 주옵소서."

그때 통곡이 쏟아지며 몸은 불덩이처럼 뜨거워졌다고 합니다. 중요한 것은, 그의 기도는 상제님으로 시작되었지만, 그는 어느새 하나님 아버지를 부르고 있었다는 사실입니다. 기도하는 그에게 보혜사 성령이 임해서 그를 진리 가운데로 인도하고 계셨던 것입니다. 그는 인격적이신 아버지로서의 하나님을 체험하며 긴 통곡의 기도로 밤을 보내고 새벽을 맞았습니다. 그의 인생의 새날, 회심의 첫날이었습니다. 이 땅의 기독교 역사에 한 획을 그을 지도자가 탄생한 것입니다.

회심의 체험은 사람마다 조금씩 다를 수 있습니다. 중요한 것은 죄를 회개하고 예수가 내 구주임을 깨닫고 하나님 아버지에게로 돌아와야 한다는 것입니다. 이것이 회심의 본질입니다. 이제 정말 중요한 질문입니다. 이런 회심이 당신에게도 있었습니까?

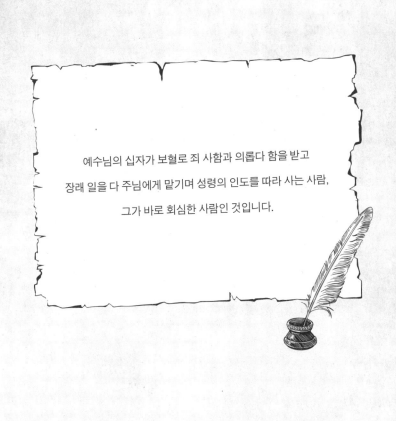

예수님의 십자가 보혈로 죄 사함과 의롭다 함을 받고

장래 일을 다 주님에게 맡기며 성령의 인도를 따라 사는 사람,

그가 바로 회심한 사람인 것입니다.

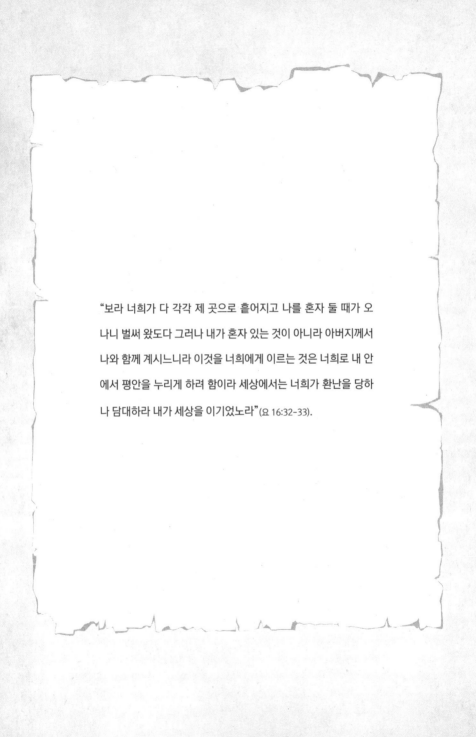

"보라 너희가 다 각각 제 곳으로 흩어지고 나를 혼자 둘 때가 오
나니 벌써 왔도다 그러나 내가 혼자 있는 것이 아니라 아버지께서
나와 함께 계시느니라 이것을 너희에게 이르는 것은 너희로 내 안
에서 평안을 누리게 하려 함이라 세상에서는 너희가 환난을 당하
나 담대하라 내가 세상을 이기었노라"(요 16:32-33).

14. 고독의 처방

사람은 결코 믿음의 대상이 아닙니다.
오직 하나님만이 신뢰의 대상이십니다.
성경의 지속적 강조는 하나, 곧 하나님을 신뢰하라는 것입니다.

명절은 축제의 절기이지만 적지 않은 사람들에게는 고독의 절기이기도 합니다. 이 절기에 죽음을 택하는 많은 사람들의 병명은 고독사입니다. 고독사란 가족, 친척, 사회에서 단절된 채 홀로 살다가 아무도 모르게 죽어 그 시신조차 방치되는 케이스를 의미합니다. 최근 이런 현상을 가리켜 '혼살혼죽'이라고 말합니다. 혼자 살다가 혼자 죽는다는 것입니다. 혼자 살다가 혼자 쓸쓸히 죽어 가는 사회 현상이 급증하고 있다는 것입니다. '혼밥'하고 '혼술'하고 '혼숙'하다가 '혼죽'하는 것입니다. 최근 우리 사회에서 이런 고독사는 노인층뿐 아니라 젊은 계층에로 확산되는 추세를 보이고 있습니다. 2016년 통계에 의하면 이 땅의 1인 가구는 27.6퍼센트에 도달했고, 그것은 이미 네 가구 중 한 가구가 혼자 사는 1인 가구가 되었다는 것을 의미합니다. 그런데 통계청 자료에 의하면, 2035년에는 34.3퍼센트에 도달할 것이라고 예측하고 있습니다. 즉 세 가구 중 한 가구가 홀로 사는 세대가 될 것이라는 말입니다.

20세기 중엽 미국의 사회학자 데이비드 리스먼(David Riesman)은 《고독한 군중》(문예출판사 역간)이라는 의미 있는 책을 썼습니다. 이 책에서 그는 우리 사회가 전통 지향형에서 내부 지향형으로 그리고 다시 외부 지향형으로 발전하고 있다고 진단했습니다. 우리는 이미 그가 예언한 외부 지향형 집단이 되어 가고 있습니다. 또래 집단이나 친구 집단, 소위 peer group의 영향을 받아 비슷비슷하게 같은 외향적 삶을 지향하지만, 우리의 내면은 한없이 고독한 '군중 속의 고독'을 경험하며 살아야 한다는 것입니다.

이 시대에 우리가 겪어 내야 하는 실존적 고독의 명제가 있습니다. 그런데 이런 고독을 예수님도 경험하셨습니다.

"보라 너희가 다 각각 제 곳으로 흩어지고 나를 혼자 둘 때가 오나니 벌써 왔도다"(요 16:32).

예수님이 기적을 행하고 사람들의 인기몰이를 하고 계셨을 때 그분의 주변에는 언제나 따르는 무리들이 몰리고 있었습니다. 그러나 서서히 예수님에 대한 당시 사회의 감시망이 작동하고 박해가 시작되자 제자들조차도 동요하기 시작한 것입니다. 그때 예수님이 느끼신 감정도 '군중 속의 고독'이 아니었을까요?

저는 고독에 대한 성찰은 아무도 내 삶을 나 대신 살아 줄 이가 없다는 자기 대면에서 시작되어야 한다고 생각합니다. 이것이 바로 실존의 고독입니다. 그럼 이에 대한 주님의 처방은 무엇일까요?

하나님의 임재를 경험하라

인생을 살면서 깊은 배신감을 경험하는 순간이 있다면 믿었던 사람들이 곁을 떠나는 경우일 것입니다. 누구나 삶의 여정에서 이런 유사한 경험을 하게 마련입니다. 그때 우리의 보편적 경험은 '역시 인간은 믿음의 대상이 될 수 없다'는 것입니다. 성경은 인간을 사랑하라고 가르칩니다. 이웃을 사랑하고 심지어 원수도 사랑해야 한다고 가르칩니다. 그러나 인간을 믿으라고 말하지는 않습니다. 죄성을 가진 인간은 사랑의 대상일 수 있지만 신뢰의 대상일 수는 없기 때문입니다. 우리는 인간 때문에 위로를 받기도 하지만, 인간 때문에 절망하기도 합니다. 그러면 믿었던 인간에 의해 상처를 받을 때 우리가 신뢰할 대상은 누구일까요? 예수님도 이런 상처를 경험하고 계셨습니다. 그분이 믿었던 제자들조차 지금 그분을 둘러싼 여론이 악화되자 그분을 떠나기 시작했습니다. 바로 그때 본문에서의 예수님의 고백을 보십시오.

"보라 너희가 다 각각 제 곳으로 흩어지고 나를 혼자 둘 때가 오나니 벌써 왔도다 그러나 내가 혼자 있는 것이 아니라 아버지께서 나와 함께 계시느니라"(요 16:32).

그렇습니다. 모든 사람들이, 심지어 믿었던 제자들도 그를 떠나고 있지만 그분은 혼자가 아니라고 선언하십니다. 아버지가 나와 함께 하신다고 선언하십니다. 그래서 그분은 홀로 됨의 고독을 극복할 수 있으셨습니다. 아니, 복음서에 보면 그분은 이때를 위해 이 땅의 무리들이 그분을 찾고 칭찬할 때에도 무리를 떠나 한적한 곳에 가서 아버지와만 함께하는 시간을 만들고 계셨습니다. 영성학자들은 그런 의미에서 영어로 단순히 고독을 의미하는 'lonliness'와 하나님과만 함께하는 홀로 됨의 시간으로서의 'solitude'를 구별하고 있습니다.

우리에게 solitude가 필요한 이유는 무엇입니까? 오직 하나님과만 독대해서 그분과 대화하며 그분을 사랑하는 것을 경험하기 위해서입니다. solitude 혹은 QT의 가장 중요한 목적은 하나님의 임재를 체험하는 것입니다. 홀로 있음으로 하나님의 임재를 즐거워할 줄 아는 사람은 더 이상 고독을 두려워할 필요가 없습니다. 그것이 과거 많은 신앙의 선배들, 소위 성자들이 광야로 나가 하나님과 함께함을 연습했던 이유입니다. 사람을 사랑하려고 노력해야 합니다. 그러나 사람은 결코 믿음의 대상이 아닙니다. 오직 하나님만이 신뢰의 대상이십니다. 성경의 지속적 강조는 하나, 곧 하나님을 신뢰하라는 것입니다. 그리고 그 하나님을 신뢰하고 사랑하기 위해 하나님과만 함께하는 시간을 만들어야 합니다. 그때 우리는 하나님의 임재를 즐거워하는 삶을 학습하게 됩니다.

주님 안에서의 평안을 누리라

우리가 인간적으로 고독을 피하고 싫어하는 이유는 무엇일까요? 혼자 있으면 불안해지기 때문입니다. 그래서 우리는 고독에 대한 처방으로 의미 없는 대상이라도 찾아서 거기에 몰입하고자 합니다. 그래서 술을 찾고, 마약을 찾고, 도박에 몰두하기도 합니다. 아니, 집에 들어와서도 식구들과 대화하기보다 TV나 휴대폰에 몰두합니다. 그렇지 않으면 마음이 불안하기 때문입니다. 모두가 고독을 이기지 못한 연약한 인생들의 실존의 단면일 뿐입니다.

그러나 주님은 아버지 하나님과 함께하시면서 하늘의 평화를 경험하고 계셨습니다. 그리고 당신의 제자들도 홀로 있음에 처하는 고독의 정황 속에서 이런 평화를 누리게 될 것을 기대하신 것입니다. 이제 본문 33절의 약속의 말씀을 보십시오.

"이것을 너희에게 이르는 것은 너희로 내 안에서 평안을 누리게 하려 함이라."

'주님 안에서의 평화', 이것이 바로 고독한 인생을 향한 주님의 거룩한 선물입니다. 고독의 처방인 것입니다.

예수님이 제자들과 배를 타고 바다를 건너실 때 큰 광풍이 일어났습니다. 그런데 예수님은 태평하게 주무시고 계셨습니다. 풍랑 속에서도 그분은 평화를 누리고 계셨습니다. 제자들이 급해져서 주님을 깨우자 그분은 일어나 바람을 꾸짖으며 말씀하십니다.

"잠잠하라 고요하라"(막 4:39).

그러자 바람이 그치고 바다는 잔잔해졌다고 성경은 기록합니다. 이어서 주님은 제자들에게 "어찌하여 이렇게 무서워하느냐 너희가 어찌 믿음이 없느냐"(막 4:40)고 말씀하십니다. 이는 바람과 파도를 잠잠하게 하시던 주님 안의 평화, 이 평화를 우리에게도 주시고자 하시는 말씀입니다. 만일 우리가 그분을 신뢰할 수만 있다면 바람과 파도를 두려워할 필요가 없습니다. 그렇다면 바람과 파도 속에 잠을 누릴 수 있었던 주님의 평화, 아니 우리를 에워싼 바람과 파도를 잠잠하고 고요하게 하실 수 있는 그의 평화가 오늘을 사는 우리에게도 필요하지 않을까요? 타락한 인생의 실존적 고독의 처방은 주님과 함께함을 배워 주님 안에서 평화를 누리는 길뿐입니다.

환난에서의 궁극적 승리를 믿으라

고독에서의 승리는 결국 삶의 모든 유형의 환난에서 승리하는 것을 의미합니다. 그래서 고독에서 승리하기 위해 가장 중요한 주님 안에서의 평화를 누릴 것을 가르치시는 주님은 이 평화의 반대 상황을 가정하십니다. 그것이 곧 환난입니다. 본문 33절에서 "세상에서는 너희가 환난을 당하나 담대하라 내가 세상을 이기었노라"고 말씀하실 때의 '환난'은 원어에서 '들립시스'(thlipsis)란 말로, 본래 무엇인가 무거운 것으로 '억누르다', '압박하다'(press upon)라는 동사에서 유래한 명사입니다. 인생에서 우리가 경험하는 온갖 유형의 압박, 고통, 걱정거리, 염려거리를 뜻하는 말입니다. 이런 일을 우리가 감당할 수 없다면 우리는 결국 내적 평화를 누릴 수 없고, 평화를 누릴 수 없다면 주님 안에 거하는 일도, 아버지 하나님의 임재를 경험하는 삶도 불가능할 수밖에 없습니다. 그러므로 주님과 진실로 의미 있게 함께하는 평화, 곧 solitude의 실존을 누리기 위해서 우리는 인생의 걱정과 염려들을 처치하는 성경적 방법을 익혀야 합니다. 성경은 그것이 곧 '기도'와 '간구'라고 가르칩니다.

"아무것도 염려하지 말고 다만 모든 일에 기도와 간구로, 너희 구할 것을 감사함으로 하나님께 아뢰라 그리하면 모든 지각에 뛰어난 하나님의 평강이 그리스도 예수 안에서 너희 마음과 생각을 지키시리라"(빌 4:6-7).

인생에 다가오는 모든 염려거리들을 기도할 모든 것으로 바꿀 수 있을 때 우리가 누리는 하늘의 선물, 그것이 바로 하나님의 평화라고 바울은 말합니다. 그 평화를 바울 사도는 로마의 감옥 속에서도 경험한 것입니다. 단순한 기도로는 다루기 힘든 상황에서 우리의 기도는 자연스럽게 간구(간청)로 발전할 것입니다. 그리고 이런 우리의 기도와 간구는 마침내 모든 염려 대신 우리의 마음과 생각을 하나님의 임재의 증거인 하나님의 평화로 채울 것입니다. 그러므로 본문의 주님의 약속은 발전적으로 우리에게 다가오는 것입니다. 고독할 때 우리는 기도하며 아버지의 임재를 경험합니다. 그리고 아버지의 임재 안에서 우리는 하늘의 평화를 경험합니다. 다음 결과는 우리를 둘러싼 어떤 환난의 정황 속에서도 승리를 경험합니다. 그렇다면 문제는 우리를 둘러싼 상황이 아니라, 상황 속에 존재하는 '나'입니다.

윤동주 시인의 〈나무〉라는 시가 있습니다.

나무가 춤을 추면 바람이 불고,
나무가 잠잠하면 바람도 자오.

문제는 바람이 아니라 나무라는 것입니다. 고독한 인생의 광야, 바람이 그칠 줄 모르는 광야의 한 그루 나무처럼 살아가는 우리가 바람을 이기려면 바람을 탓하지 말고 나무가 스스로를 다스릴 줄 알아야 한다는 메시지일 것입니다. 그러나 바람을 이기는 나무로 살아가려면 한 가지 숙제가 있습니다. 바로 기도하는 나무가 되는 것입니다. 기도를 배우는 순간 그 나무는 자신의 고독한 실존이 곧 하나님의 선물임을 고백하게 될 것입니다. 변덕 많은 민초들이 다 떠나간 홀로 있음의 시간에 오히려 아버지와 함께 있음을 고백하신 예수님처럼 말입니다.

외롭고 고독한 이웃들을 위해 기도하며 쓴 〈고독〉이라는 시 한 편을 나누고 싶습니다.

고독은 홀로 있음

그 홀로 있음의 실존

그래서 고독은 아픔이고

그래서 고독은 갈망이다.

혼살혼죽…

혼자 살고 혼자 죽는 존재

하여, 고독은 존재의 필연…

아무도 대신할 수 없는 실존인가.

이 실존의 길에서 한 분을 만나

내 실존의 근원이신 분을 만나

그분의 한마디로 극복된 고독

"내가 너와 함께하노라."

아바 아버지 아바 아버지…

이제 고독은 날 일으키는 기도요.

이제 고독은 날 춤추게 하는 찬양이요.

고독은 아버지의 선물이다.

_2017년 추석절, 이동원

"예수께서 이 말씀을 하시고 눈을 들어 하늘을 우러러 이르시되 아버지여 때가 이르렀사오니 아들을 영화롭게 하사 아들로 아버지를 영화롭게 하옵소서 아버지께서 아들에게 주신 모든 사람에게 영생을 주게 하시려고 만민을 다스리는 권세를 아들에게 주셨음이로소이다 영생은 곧 유일하신 참하나님과 그가 보내신 자 예수 그리스도를 아는 것이니이다 아버지께서 내게 하라고 주신 일을 내가 이루어 아버지를 이 세상에서 영화롭게 하였사오니 아버지여 창세전에 내가 아버지와 함께 가졌던 영화로써 지금도 아버지와 함께 나를 영화롭게 하옵소서"(요 17:1-5).

15. 소명

예수님은 그 소명의 과제를 이루시기 위해 다른 어떤 일에도
한눈을 팔지 않으셨습니다.
오직 십자가의 소명, 이것이 그분 삶의 전부였습니다.

만일 저에게 인생을 정의하는 숙제가 주어진다면 저는 주저 없이 '하
나님의 소명을 실현하기 위해 맡겨 주신 삶의 길이'라고 말할 것입니
다. 그렇다면 자연스럽게 인생의 의미는 소명의 실현 여부에 집중되
어야 할 것입니다. 장수라는 관점에서 본다면 예수님의 인생을 성공
이라고 말하기는 어려울 것입니다. 그는 불과 33년밖에 지상에 머물
지 못하셨기 때문입니다. 감투라는 관점에서 볼 때도 그분은 성공자
가 아니었습니다. 이 땅에 머무시는 짧은 시간 동안 그가 누린 어떤
사회적 지위도, 감투도 없었기 때문입니다. 소유의 관점에서 볼 때도
그는 분명 성공한 인생이 아니었습니다.

"여우도 굴이 있고 공중의 새도 집이 있으되 인자는 머리 둘 곳이
없도다"(눅 9:58).

그러나 소명의 관점에서 본다면 우리는 그분의 생애를 다르게 평가해야 할 것입니다.

본문은 예수님이 십자가로 가시기 직전에 자신의 생애를 마무리하는, 소위 대제사장적 기도문이라고 이해됩니다. 이 기도문의 서두에서 그분은 자신의 생애를 어떻게 아버지 하나님에게 보고하고 계십니까?

"아버지께서 내게 하라고 주신 일을 내가 이루어 아버지를 이 세상에서 영화롭게 하였사오니"(요 17:4).

그리고 그는 실제로 십자가에서 마지막 숨을 거두시기 전 "다 이루었다"(요 19:30)는 말씀을 남기셨습니다.

그런 의미에서 저는 시인 윤동주의 예수님에 대한 평가에 동의합니다. 그는 그의 시 〈십자가〉에서 예수님을 가리켜 "괴로웠던 사나이 행복한 예수 그리스도"라고 말하지 않았습니까? 그의 짧은 생애는 무수한 고통으로 점철되어 있었고, 마지막도 십자가의 수난이었습니다. 그러나 소명이라는 관점에서 본다면 그는 행복한 분이셨습니다. 해야 할 일을 하고 가셨기 때문입니다. 소명을 실현하셨기 때문입니다. 그의 제자 바울도 마찬가지였습니다.

"나는 선한 싸움을 싸우고 나의 달려갈 길을 마치고 믿음을 지켰으니 이제 후로는 나를 위하여 의의 면류관이 예비되었으므로 주 곧 의로우신 재판장이 그날에 내게 주실 것이며"(딤후 4:7-8).

그렇다면 정말 중요한 질문이 있습니다. 어떻게 예수를 주로 고백하며 그를 따르는 그의 제자로서 우리도 소명을 실현하는 인생을 살아갈 수 있겠습니까? 소명 실현의 삶을 사는 비밀은 무엇입니까?

때를 의식하며 살라

"예수께서 이 말씀을 하시고 눈을 들어 하늘을 우러러 이르시되 아버지여 때가 이르렀사오니 아들을 영화롭게 하사 아들로 아버지를 영화롭게 하게 하옵소서"(요 17:1).

예수님은 자신을 이 땅에 보내신 하늘 아버지에게 이제 때가 이르렀다고 기도하고 계십니다. 그의 이 땅에 보냄 받은 소명을 이루실 결정적인 시간이 가까웠다는 고백입니다.

요한복음을 읽다 보면 유달리 7이란 숫자가 강조됩니다. 일곱 번에 걸친 기적, 일곱 번에 걸친 예수님의 자기 계시 그리고 때에 대한 일곱 차례의 언급이 기록됩니다.

"예수께서 이르시되 여자여 나와 무슨 상관이 있나이까 내 때가 아직 이르지 아니하였나이다"(요 2:4).

"그들이 예수를 잡고자 하나 손을 대는 자가 없으니 이는 그의 때가 아직 이르지 아니하였음이러라"(요 7:30).

"이 말씀은 성전에서 가르치실 때에 헌금함 앞에서 하셨으나 잡는 사람이 없으니 이는 그의 때가 아직 이르지 아니하였음이러라"(요 8:20).

"예수께서 대답하여 이르시되 인자가 영광을 얻을 때가 왔도다"(요 12:23).

"지금 내 마음이 괴로우니 무슨 말을 하리요 아버지여 나를 구원하여 이때를 면하게 하여 주옵소서 그러나 내가 이를 위하여 이때에 왔나이다"(요 12:27).

"보라 너희가 다 각각 제 곳으로 흩어지고 나를 혼자 둘 때가 오나니 벌써 왔도다 그러나 내가 혼자 있는 것이 아니라 아버지께서 나와 함께 계시느니라"(요 16:32).

"예수께서 이 말씀을 하시고 눈을 들어 하늘을 우러러 이르시되 아버지여 때가 이르렀사오니"(요 17:1).

여기서 때는 그가 인류의 죄를 대신 짊어지고 십자가를 지심으로 인류의 속죄와 구원을 이루시는 그때를 의미합니다. 예수님은 처음부터 늘 이때를 의식하면서 하루하루를 십자가를 향해 다가가는 생애를 살아가신 것입니다.

우리 모두는 한 번밖에 살아갈 수 없는 단 한 번의 인생을 살고 있습니다. 그 단 한 번의 인생의 기회를 잃어버리지 않고 소명을 이루는 것, 그것이 창조주 하나님의 기대입니다. 이런 기독교적 시간관을 가키려 '종말론적 시간관'이라고 부릅니다. 그 종말은 소명을 완성하는 순간이어야 합니다. 그러므로 하루하루 주어진 시간을 낭비하지 않고 사는 것처럼 중요한 일은 없습니다. 우리는 모두 시간의 청지기로 이 땅을 살아가고 있습니다. 그 시간에 하나님이 맡기신 소명을 이루기 위해 우리는 우리가 행하는 모든 일을 소명의 우선순위에 따라 살아갈 필요가 있습니다. 긴급한 일이라고 꼭 중요한 일은 아닙니다. 우리는 대부분 중요하지 않은 긴급한 일에 허둥거리며 살아갑니다. 아무리 긴급해 보여도 중요하지 않은 일에 NO를 선언하고 정말 중요한 일에 우선순위를 두고 살아가는 것, 이것이 시간 관리와 인생 관리의 가장 중요한 초점입니다.

소명의 과제를 확신하라

예수님의 경우 그분의 소명은 인류의 속죄를 위해 십자가를 지는 일이었습니다. 그리고 예수님은 그 소명의 과제를 이루시기 위해 다른 어떤 일에도 한눈을 팔지 않으셨습니다. 정치하신 일도 없고, 사업하신 일도 없고, 사교하신 일도 없으셨습니다. 오직 십자가의 소명, 이것이 그분 삶의 전부였습니다. 예수님은 당신을 따라오는 제자들에게 제자도를 가르치며 이렇게 말씀하셨습니다.

"또 자기 십자가를 지고 나를 따르지 않는 자도 내게 합당하지 아니하니라"(마 10:38).

예수님은 우리에게 '자기의 십자가'를 지라고 말씀하십니다. 이것은 예수님처럼 십자가에 달려야 한다는 말씀입니까? 아닙니다. 예수님은 우리에게 '나(예수님)의 십자가를 지라'고 하지 않으시고 '자기 각자의 십자가를 지라'고 하신 것입니다. 예수님에게는 십자가를 지심이 인류의 속죄를 위해 그에게 맡겨 주신 하나님의 일이었습니다. 그리고 그 십자가 사역의 결과로 많은 사람들이 하나님의 아들이신 예수를 믿고 영생을 얻었습니다.

"아버지께서 아들에게 주신 모든 사람에게 영생을 주게 하시려고 만민을 다스리는 권세를 아들에게 주셨음이로소이다 영생은 곧 유일하신 참하나님과 그가 보내신 자 예수 그리스도를 아는 것이니이다"(요 17:2-3).

이를 위해 십자가를 지심이 하나님을 향한 예수님의 일이었던 것처럼, 이제 우리도 우리 각자를 향하신 하나님이 기대하시는 일이 있는 것입니다. 그것이 우리의 소명입니다. 그리고 중요한 것은, 우리 삶의 마지막에 예수님이 본문 4절에서 말씀하신 것처럼 "아버지께서 내게 하라고 주신 일을 내가 이루어 아버지를 이 세상에서 영화롭게 하였사오니"라고 고백할 수 있어야 합니다.

지난 2017년은 종교 개혁 500주년을 기념하는 해였습니다. 종교 개혁의 중요한 기여 중 하나가 바로 '직업의 소명'을 발견하도록 강조한 것입니다. 모든 직업의 성직성을 선포한 것입니다. 우리는 흔히 교회나 선교에 연관된 전도하는 일, 선교하는 일을 할 때는 거룩한 소명을 느낄 수 있지만, 일상의 직업을 수행할 때는 거룩한 소명을 느끼지 못합니다. 그런데 바울 사도는 이렇게 말합니다.

"무슨 일을 하든지 마음을 다하여 주께 하듯 하고 사람에게 하듯

하지 말라 이는 기업의 상을 주께 받을 줄 아나니 너희는 주 그리스도를 섬기느니라"(골 3:23-24).

성경은 그리스도를 섬기는 거룩한 일이 따로 있는 것이 아니라고 말씀합니다. 무슨 일을 하든지 그 일을 주님이 내게 맡겨 주신 일로 확신하고 주님에게 하듯 하면, 그것이 바로 주의 일이고, 그 일에 대한 상급을 주님이 우리에게 주신다는 것입니다. 그것이 바로 일상의 소명이라고 할 수 있습니다. 그런 의미에서 개혁자들은 모든 직업을 소명이라고 한 것입니다.

사실상 직업에 해당하는 영어 단어 'vocation'은 곧 '소명', '부르심'을 의미합니다. 그럼에도 불구하고 우리는 어떤 직업을 자신의 내면의 열정이나 은사, 적성, 즉 부르심과 상관없이 선택할 수도 있습니다. 예컨대, 주변의 압력에 의해 혹은 돈이나 출세를 목적으로만 직업을 선택할 수도 있습니다. 그럴 경우 그 직업은 소명이라고 하기 어려울 것입니다. 그래서 나에게 주어진 소명의 과제가 무엇인가를 확신할 수 있어야 한다는 것입니다. 직업이 진정한 소명이 되기 위해서 말입니다.

소명의 목적을 확신하라

예수님은 자신의 소명의 실현이 어떤 결과를 가져올 것인가를 명확하게 기대하고 계셨습니다. 그의 기도의 고백 중에 어떤 단어가 강조되는지 보십시오.

"때가 이르렀사오니 아들을 영화롭게 하사 아들로 아버지를 영화롭게 하게 하옵소서"(요 17:1).

"아버지께서 내게 하라고 주신 일을 내가 이루어 아버지를 이 세상에서 영화롭게 하였사오니"(요 17:4).

"아버지여 창세전에 내가 아버지와 함께 가졌던 영화로써 지금도 아버지와 함께 나를 영화롭게 하옵소서"(요 17:5).

무슨 단어가 두드러집니까? 각 절에 공통으로 들어가는 단어가 무엇입니까? '영화'입니다. 그렇습니다. 모든 소명의 목적은 소명을 주신 하나님 아버지를 영화롭게 하고자 하는 것입니다.

영국의 정치가요, 국회의원으로 노예 제도 폐지 운동에 평생을 헌신했던 윌버포스(William Wilberforce)가 여러 장해물로 난관에 부딪쳐 지쳤을 때, 성직자로 전환하고자 하는 마음을 가지고 그가 존경하는 목사님을 찾았을 때 그 목사님은 이렇게 말했다고 합니다.

"목사는 당신이 아니라도 할 사람이 많이 있지만, 내 생각에는 노예 폐지 운동을 할 사람은 당신밖에 없어 보이네. 나는 하나님이 당신을 목사로 부르시는 것으로 보이지 않는다네."

이 충고를 한 사람은 〈나 같은 죄인 살리신〉의 작사자인 존 뉴턴 목사였습니다. 윌버포스는 눈을 감을 때까지 뉴턴 목사의 충고에 감사했다고 합니다. 윌버포스를 통한 노예 제도의 폐지로 하나님이 영광을 받으셨기 때문입니다.

유명한 화가 반 고흐(Vincent van Gogh)는 본래 목사 지망생이었습니다. 목사였던 그의 부친도 그런 기대를 가졌고, 본인도 그런 소원을 가졌습니다. 그러나 목사 자격증을 얻기 위한 고전어(히브리어, 라틴어) 시험에 실패하고, 그래도 포기할 수 없어 탄광촌 전도를 위해 평신도 선교사로 자원하지만, 그것도 신통한 결과를 얻지 못해 고민하다가 그는 그림을 그리기 시작합니다. 비록 탄광촌의 광부들에게 전도를 지속할 순 없었지만 불행한 대우를 받고 있는 탄광촌 광부들의 모습을 화폭에 담기 시작하며 그는 희열과 행복감을 느끼게 됩니다. 그의 동생 테오에게 보내는 편지에서 그는 이런 고백을 남깁니다.

"광부들과 직조공들은 다른 장인들과 다른 대우를 받고 있다. 참으로 딱한 일이다. 언젠가 이 이름 없고 알려지지 못한 이들을 제대로 그림으로 그려 세상에 보여 줄 수 있다면 나는 참 행복할 것이다."

그리고 시간이 지난 후 그는 다시 이런 편지를 동생에게 보냅니다.

"이제 내가 해야 할 일은 분명하다고 생각해. 그것은 그림을 그리기 위해 최선을 다하는 것이지."

평론가 중에는 고흐가 말년에 정신병으로 고생하면서 신앙을 버린 것처럼 말하는 이들이 있는데, 최근 그것은 전혀 근거 없는 낭설로 비평을 받고 있습니다. 그가 말년에 그린 〈별이 빛나는 밤〉이라는 작품이 있습니다. 이 그림을 정신병자의 혼란스러움을 반영한 것으로 보는 사람들이 많은데, 반 고흐를 연구하는 일에 많은 시간을 바친 총신대 라영환 교수는 이 작품에 등장하는 열두 개의 별이 열두 제자의 주님을 향한 신앙의 빛을 반영한 것이라고 말합니다. 그리고 그가 사랑한 〈해바라기〉는 모두가 '주바라기'였다고 말합니다. 그는 그가 더 잘할 수 있는 그림으로 하나님에게 영광을 돌린 것입니다.

고흐가 젊은 날 그의 진정한 소명을 찾아 방황할 때 그는 〈낡은 구두 한 켤레〉라는 그림을 그립니다. 그는 소명을 찾아 걷고 또 걷다가 마침내 화가의 길을 선택하며 그림으로 제자의 길을 걷기로 결심한 것입니다. 이제 정말 중요한 질문입니다. 당신은 지금 소명을 따라 인생을 살고 있습니까?

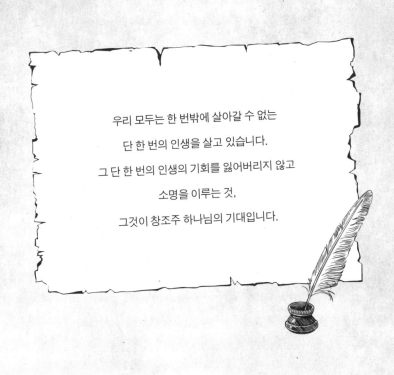

우리 모두는 한 번밖에 살아갈 수 없는

단 한 번의 인생을 살고 있습니다.

그 단 한 번의 인생의 기회를 잃어버리지 않고

소명을 이루는 것,

그것이 창조주 하나님의 기대입니다.

"세상 중에서 내게 주신 사람들에게 내가 아버지의 이름을 나타내었나이다 그들은 아버지의 것이었는데 내게 주셨으며 그들은 아버지의 말씀을 지키었나이다 지금 그들은 아버지께서 내게 주신 것이 다 아버지로부터 온 것인 줄 알았나이다 나는 아버지께서 내게 주신 말씀들을 그들에게 주었사오며 그들은 이것을 받고 내가 아버지께로부터 나온 줄을 참으로 아오며 아버지께서 나를 보내신 줄도 믿었사옵나이다"(요 17:6-8).

16. 가장 위대한 선물

우리는 언제, 어디서, 무슨 일을 만나든지
예수의 이름으로 기도하며 사는 자가 되었습니다.

흘러간 옛 크리스마스 영화 중에 프랭크 카프라(Frank Capra)가 감독하고 제임스 스튜어트(James Stewart)가 주연한 〈멋진 인생〉(It's a wonderful life, 1946)이라는 판타지 영화가 있습니다. 미국에선 해마다 크리스마스가 되면 TV에서 재방되는 영화이기도 합니다.

　이 영화는 본래 필립 반 도렌 스턴(Philip Van Doren Stern)이란 작가의 책《The Greatest Gift》(위대한 선물)란 소설의 줄거리를 각색한 영화입니다. 스토리는 단순합니다. 주인공은 미국 시골 마을에서 착하게 살아가던 조지 베일리라는 이름의 남자입니다. 어려서 연못에 빠진 동생을 구하다가 한쪽 귀의 청각을 상실한 그는 이웃들이 어려움에 처하면 자기 일을 제쳐 놓고 손해를 감수하면서까지 돕던 사람이었습니다. 그러나 늘 남을 돕던 그의 인생이 결국 자신에게는 어떤 좋은 결과도 내지 못하고 마지막으로 그가 기대한 사업마저 삼촌이 빚을 지고 파산하자 그는 크리스마스이브에 동네 어귀에 있던 다리 난간에 올라 흐르는 강물을 바라보며 투신자살을 생각합니다. 그때 누군가가 그 옆에 다가와 '당신, 지금 하는 그런 생각, 하지 말라'고 충고합니다. 자신이 무슨 생각을 하는지 어떻게 아느냐는 그에게 그 사람은 죽을 생각을 하고 있지 않았느냐고 말합니다. 낯선 사람에게 자기의 생각을 들킨 그는 자신은 정말 죽었어야 할 사람이라고, 아니, 이 세상에 태어나지 말았어야 할 사람이라고 실토합니다. 그러자 그 사람은 '그럼 당신이 태어나지 않은 세상을 보여 주겠다'고 말합니다. 나중에 알게 된 사실이지만, 그는 날개 없는 천사로서 마을 사람들의 기도를 듣고 조지를 도울 특별한 미션을 가지고 온 이였습니다. 천사는 그를 데리고 마을로 가서 조지라는 사람이 없는 마을의 상태를 가상으로 보여 줍니다. 조지가 없는 그의 가정, 조지가 없는 그의 직장, 조지가 없는 그의 마을은 지금보다 훨씬 나쁜 세상이었습니다. 그때 비로소 그는 자기가 인생을 헛되이 살지 않았다는 것을 깨닫고 크리스마스이브에 그를 기다리는 가정으로 돌아간다는 해피엔딩 멜로드라마입니다. 왜 원작의 제목이 '위대한 선물'일까요? 우리 각자의 인생 자체가 가장 위대한 선물이라는 것입니다.

물론 우리가 가장 위대한 선물이 무엇이냐는 질문을 받는다면 우리는 예수 그리스도라고 대답해야 할 것입니다.

"하나님이 세상을 이처럼 사랑하사 독생자를 주셨으니"(요 3:16).

그러나 예수님의 제자들을 위한 마지막 기도문에서 그는 그가 우리에게 허락하신 위대한 선물 두 가지를 말씀하십니다. 아마도 이 두 가지 선물은 평소에 우리가 선물로 인식하지 못하고 살아가는 것들일지 모릅니다. 그러나 이 두 가지 위대한 선물이야말로 예수의 제자된 우리 인생을 위대하게 만드는 것입니다. 그렇다면 이 두 가지 위대한 선물이란 무엇일까요?

아버지의 이름

"세상 중에서 내게 주신 사람들에게 내가 아버지의 이름을 나타내었나이다"(요 17:6).

아버지의 이름을 주님이 우리에게 계시해 주셨다는 것이 얼마나 놀라운 특권인가를 우리는 구약 시대에 비추어 생각해 볼 수 있습니다. 구약 시대에 여호와(야훼)라는 하나님의 이름은 너무나 거룩하신 이름이기에 직접 그의 이름을 발음하지 않고 토라 성경을 읽을 때에도 묵음으로 지나가다가 그의 이름을 대치할 단어로 아도나이(Adonay)를 선택해 주님으로 불렀습니다. 그런데 뜻밖에 하나님의 아들로 이 땅에 오신 예수님은 제자들에게 기도를 가르치며 이렇게 말씀하십니다.

"예수께서 이르시되 너희는 기도할 때에 이렇게 하라 아버지여 이름(아버지의 이름)이 거룩히 여김을 받으시오며 나라(아버지의 나라)가 임하시오며"(눅 11:2).

아버지라는 호칭에 하나님의 하나님 되신 속성이 다 들어 있습니다.

"여호와께서 구름 가운데에 강림하사 그와 함께 거기 서서 여호와의 이름을 선포하실새 여호와께서 그의 앞으로 지나시며 선포하시되 여호와라 여호와라 자비롭고 은혜롭고 노하기를 더디 하고 인자와 진실이 많은 하나님이라"(출 34:5-6).

아버지란 호칭보다 이런 여호와 하나님의 자비와 은혜를 더 잘 나타낼 단어가 있을까요?

하나님이 우리의 아버지 되심이 그렇게도 소중하고 복일 수 있는 이유는 무엇입니까?

"거룩하신 아버지여 내게 주신 아버지의 이름으로 그들을 보전하사"(요 17:11).

아버지는 무엇보다 우리를 지켜 주시는 분이기 때문입니다. 아동문학가 이원수의 〈아버지〉란 시가 있습니다.

어릴 때
내 키는 제일 작았지만
구경터 어른들 어깨 너머로
환히 들여다보았었지.
아버지가 나를 높이 안아 주셨으니까.

밝고 넓은 길에선

항상 앞장세우고

어둡고 험한 데선

뒤따르고 하셨지.

무서운 것이 덤빌 땐

아버지는 나를 꼭

가슴속, 품속에 넣고 계셨지.

_이원수, 《너를 부른다》(창작과비평사)

그런데 하늘의 하나님, 곧 절대자요, 전능자이신 분이 내 아버지가 되신다니, 이 놀라운 사실이야말로 복이 아니고 무엇이겠습니까! 자신의 이름을 아버지로 계시하심, 얼마나 위대한 선물인지요! 시편 기자는 시편 96편 2절에서 "그의 이름을 송축하며 그의 구원을 날마다 전파할지어다"라고 우리를 초대합니다. 그런데 이제 아버지의 아들로 오신 예수님은 우리에게 아버지의 이름을 부르듯 아들 예수의 이름을 부르라고 초대하십니다.

"누구든지 주의 이름을 부르는 자는 구원을 받으리라"(롬 10:13).

그리고 그의 이름을 경배하라고 말씀하십니다.

하늘의 모든 특권을 비워 내고 이 땅에 오셔서 자신의 목숨을 내어 주신 그분이야말로 우리의 경배를 받기에 합당하신 분이라고 바울 사도는 증언합니다.

"이러므로 하나님이 그를 지극히 높여 모든 이름 위에 뛰어난 이름을 주사 하늘에 있는 자들과 땅에 있는 자들과 땅 아래에 있는 자들로 모든 무릎을 예수의 이름에 꿇게 하시고"(빌 2:9-10).

이제 우리는 언제, 어디서, 무슨 일을 만나든지 예수의 이름으로 기도하며 사는 자가 되었습니다. 감사하지 않은가요? 그의 이름을 사용할 특권을 주심이!

요한복음 14장 13-14절의 말씀을 다시 묵상해 보십시오.

"너희가 내 이름으로 무엇을 구하든지 내가 행하리니 이는 아버지로 하여금 아들로 말미암아 영광을 받으시게 하려 함이라 내 이름으로 무엇이든지 내게 구하면 내가 행하리라."

이제 우리는 누구든지 만나고 사랑하는 사람들에게 그 이름을 전해야 할 것입니다. 왜냐하면 "천하 사람 중에 구원을 받을 만한 다른 이름을 우리에게 주신 일이 없음"(행 4:12)이기 때문입니다. 그리고 삶의 무력함에 지치고 더 이상 이 땅을 걷지 못하는 이웃들에게 우리는 "은과 금은 내게 없거니와 내게 있는 이것을 네게 주노니 나사렛 예수 그리스도의 이름으로 일어나 걸으라"(행 3:6)고 명할 것입니다.

장애를 가진 시인 송명희 씨는 〈그 이름〉이라는 시를 통해 '그 이름'의 비밀을 절묘하게 노래했습니다.

예수 그 이름 나는 말할 수 없네.
그 이름 속에 있는 비밀을

그 이름 속에 있는 사랑을

그 사랑을 말할 수 없어서

그 풍부함 표현 못해서

비밀이 되었네 그 이름 비밀이 되었네.

사람들 그 이름 건축자의 버린 돌처럼 버렸지만

내 마음에 새겨진 이름은 아름다운 보석

내게 있는 귀한 비밀이라.

내 마음에 숨겨진 기쁨

예수 오 그 이름 나는 말할 수 없네.

그 이름의 비밀을, 그 이름의 사랑을.

그 이름을 우리에게 주심을 감사하십시오!

아버지의 말씀

우리가 감사할 두 번째는 아버지의 말씀입니다. 주님은 우리에게 아
버지의 말씀을 선물로 주심으로 우리의 인생을 위대하게 만들 것을
기대하셨습니다.

"나는 아버지께서 내게 주신 말씀들을 그들에게 주었사오며 그들
은 이것을 받고 내가 아버지께로부터 나온 줄을 참으로 아오며 아버

지께서 나를 보내신 줄도 믿었사옵나이다"(요 17:8).

우리는 이 말씀의 증언으로 예수님이 하나님이 보내신 구주이심을 알았습니다. 그리고 이 말씀으로 그분을 믿었습니다. 그때 우리는 이 말씀으로 우리 인생이 다시 태어나는 특별하고 놀라운 경험을 한 것입니다.

"너희가 거듭난 것은 썩어질 씨로 된 것이 아니요 썩지 아니할 씨로 된 것이니 살아 있고 항상 있는 하나님의 말씀으로 되었느니라"(벧전 1:23).

뿐만 아니라, 우리는 이 말씀을 사모함으로 영적인 성숙을 경험하게 되었습니다.

"갓난아기들같이 순전하고 신령한 젖을 사모하라 이는 그로 말미암아 너희로 구원에 이르도록 자라게 하려 함이라"(벧전 2:2).

우리는 디모데후서 3장 16-17절의 말씀을 잘 알고 있습니다.

"모든 성경은 하나님의 감동으로 된 것으로 교훈과 책망과 바르게 함과 의로 교육하기에 유익하니 이는 하나님의 사람으로 온전하게 하며 모든 선한 일을 행할 능력을 갖추게 하려 함이라."

하나님의 말씀, 성경이 없는 세상을 한 번 상상해 보십시오. 성경을 읽고 행한 모든 선한 일이 없었던 세상을 상상해 보십시오. 하나님의 말씀이 없는 교회, 하나님의 말씀이 없는 성도를 상상해 보십시오.

어려서 가진 신앙을 떠나 방황하던 청년이 있었습니다. 그는 방탕한 쾌락에 몸을 던져 보았고, 심지어 이단에 빠지기도 했습니다. 그러나 거기에 삶의 해답은 없었습니다. 지쳐 있던 어느 날 집밖 마당에서 아이의 목소리로 "톨레 레게, 톨레 레게"(Tolle lege, Tolle lege)라는 소리가 들려왔습니다. 이 말은 '집어서 읽으라'(Pick it up, and read it)는 뜻입니다. '뭘 집으라는 것이지?' 그러다 오랫동안 읽지 않고 묵혀 둔 책상 위의 성경이 눈에 들어왔습니다. 그는 성경을 펴서 로마서 13장 11-14절의 말씀을 읽었습니다.

"또한 너희가 이 시기를 알거니와 자다가 깰 때가 벌써 되었으니 … 밤이 깊고 낮이 가까웠으니 그러므로 우리가 어둠의 일을 벗고 빛의 갑옷을 입자 낮에와 같이 단정히 행하고 방탕하거나 술 취하지 말며 음란하거나 호색하지 말며 다투거나 시기하지 말고 오직 주 예수 그리스도로 옷 입고 정욕을 위하여 육신의 일을 도모하지 말라."

기독교 역사상 가장 위대한 사상가요, 신학자인 성 어거스틴(St. Augustine)이 탄생하는 순간이었습니다. 하나님의 말씀이 그의 인생을 바꾼 것입니다.

미국 역사상 미국인들이 존경하는 부동의 1위는 언제나 에이브러햄 링컨(Abraham Lincoln)입니다. 링컨의 정식 학교 교육은 불과 1년에 불과합니다. 무엇이 그를 만들었을까요? 그가 열 살 때 그의 어머니는 유언과 함께 가보로 물려받은 성경을 그에게 주었습니다. 유언은 이런 내용입니다.

"내 아들아, 이 성경책은 내 부모님께 받은 것이다. 내가 여러 번 읽어 낡았지만 우리 집의 값진 보배다. 엄마는 너에게 100에이커

(12만 평)의 땅을 물려주는 것보다 이 한 권의 성경을 물려주는 것을 더 기쁘게 생각한다. 너는 성경의 사람이 되어 다오. 그리고 하나님과 이웃을 사랑하는 사람이 되어 다오. 이것이 나의 마지막 부탁이다."

링컨은 성경에 손을 얹고 대통령 취임 선서를 한 후 '내가 대통령이 된 것은 이 책 때문'이라는 고백을 남겼습니다. 링컨의 인생을 만든 비밀은 하나님의 말씀, 곧 성경이었습니다.

1517년 10월 31일, 젊은 가톨릭 사제는 자신이 대학교수로 있던 비텐베르크대학 교회 정문에 당시의 교회가 성직 매매, 면죄부 판매 등 성경대로 하지 않던 95개조의 항의문을 매달았습니다. 당시의 가톨릭교회가 베드로성당 건축 자금을 거두어들이기 위해 선행과 헌금이 없이는 하나님 나라에 들어갈 수 없다고 가르치고 있을 때, 루터는 로마서 1장 17절의 말씀을 읽던 어느 날 '이것은 아니다!'라는 확신이 마음속에 불꽃처럼 타올랐습니다.

"복음에는 하나님의 의가 나타나서 믿음으로 믿음에 이르게 하나니 기록된바 오직 의인은 믿음으로 말미암아 살리라."

그리고 '오직 성경'(Sola Scriptura), '오직 믿음'(Sola Fide), '오직 은혜'(Sola Gratia)의 외침과 함께 종교 개혁의 거센 불길이 타오르게 됩니다.

젊은 사제 한 사람으로 당시 거대 교권과 맞서게 한 것은 오직 말씀의 힘이었습니다. 그렇다면 오늘 우리로 거칠고 험한 세상에 맞서 믿음으로 세상을 이기고 살게 하는 힘 또한 말씀이 아닐까요? 이런 말씀을 우리에게 위대한 선물로 주신 주님의 은혜에 감사하시길 바랍니다.

"내가 그들을 위하여 비옵나니 내가 비옵는 것은 세상을 위함이 아니요 내게 주신 자들을 위함이니이다 그들은 아버지의 것이로소이다 내 것은 다 아버지의 것이요 아버지의 것은 내 것이온데 내가 그들로 말미암아 영광을 받았나이다 나는 세상에 더 있지 아니하오나 그들은 세상에 있사옵고 나는 아버지께로 가옵나니 거룩하신 아버지여 내게 주신 아버지의 이름으로 그들을 보전하사 우리와 같이 그들도 하나가 되게 하옵소서 내가 그들과 함께 있을 때에 내게 주신 아버지의 이름으로 그들을 보전하고 지키었나이다 그중의 하나도 멸망하지 않고 다만 멸망의 자식뿐이오니 이는 성경을 응하게 함이니이다 지금 내가 아버지께로 가오니 내가 세상에서 이 말을 하옵는 것은 그들로 내 기쁨을 그들 안에 충만히 가지게 하려 함이니이다 내가 아버지의 말씀을 그들에게 주었사오매 세상이 그들을 미워하였사오니 이는 내가 세상에 속하지 아니함같이 그들도 세상에 속하지 아니함으로 인함이니이다 내가 비옵는 것은 그들을 세상에서 데려가시기를 위함이 아니요 다만 악에 빠지지 않게 보전하시기를 위함이니이다 내가 세상에 속하지 아니함같이 그들도 세상에 속하지 아니하였사옵나이다 그들을 진리로 거룩하게 하옵소서 아버지의 말씀은 진리니이다"

(요 17:9-17).

17. 세상에서 잘 사는 길

기독교 신앙은 결코 역사나 현실로부터의 도피를 가르치지 않습니다.
세상의 현실에 발을 디디고 살면서도
세상에 빠지지 않는 삶을 기대하는 것입니다.

우리는 출가하는 자녀들에게 '잘 살아라'라는 축복을 합니다. 꼭 해
야 할 말입니다. 그러나 '잘 사는 것'이 무엇인가를 우리는 과연 우리
자녀들에게 제대로 가르쳤을까요? '잘 살아라'라는 축복의 노래 같
은 것이 있을까 싶어 인터넷을 클릭했더니 이정현의 〈잘 먹고 잘 살
아라〉라는 노래가사가 떴습니다.

입에 침이나 바르고 그런 소리 하라 그래.
잘난 입놀림에 난 넘어가고 잘 굴러가는 잔머리에 나 헷갈려하다가
순수한 영혼이 떠나가 버렸지 너의 그 연기에
…

뭘 봐 뭘 봐 어디 잘 사나 봐.

니 앞길 잘되나 봐.

잘 살라는 것이 아니라 잘 못 살도록 조롱하는 노래 같아 쓸쓸하기만 했습니다.

《탈무드》에 보면 "잘 살아라, 그것이 최고의 복수다"라는 말이 있습니다. 〈METRO〉라는 잡지에 스물두 살 된 미국 버지니아에 사는 오스틴(Austin)이란 청년의 이야기가 실려 있었습니다. 먹는 것을 너무너무 좋아했던 평범한 학생 오스틴은 친구들에게 'Fat Boy'(뚱보 소년)라는 별명을 얻어 왕따를 당하고 심지어 학교까지 그만두어야 했습니다. 자신의 뚱뚱한 몸이 문제가 되었다고 생각한 오스틴은 새로운 삶을 살겠다고 결심합니다. 1년간의 피나는 운동과 식이요법의 노력 끝에 324파운드(146킬로그램)에서 절반을 줄이는 데 성공해 완벽한 몸매를 갖게 된 그는 여러 뉴스에 출연하며 스포츠 의학을 공부하는 청년이 되었습니다. 그는 "나는 변화가 필요했고, 나에게 그런 계기를 만들어 준 친구들에게 오히려 고맙다"고 말합니다. 그는 잘 사는 것으로 친구들에게 복수한 것입니다. 그러나 정말 어떻게 사는 것이 잘 사는 길일까요?

본문에는 예수님이 제자들과의 작별을 앞두고 그들이 이 땅에서 정말 잘 살아가기를 대신 중보해 주시는 주님의 기도 내용이 기록되어 있습니다. 이 기도문을 통해 우리는 정말 잘 사는 길, 잘 사는 인생이 무엇인가를 알게 됩니다. 잘 사는 인생, 어떻게 사는 것일까요?

세상의 악에서 보전되는 삶을 살라

예수님의 기도에서 계속 강조되는 것은 '보전되는 삶'입니다.

"나는 세상에 더 있지 아니하오나 그들은 세상에 있사옵고 나는 아버지께로 가옵나니 거룩하신 아버지여 내게 주신 아버지의 이름으로 그들을 보전하사 … 내가 그들과 함께 있을 때에 내게 주신 아버지의 이름으로 그들을 보전하고 지키었나이다"(요 17:11-12).

그런데 여기서 강조된 보전은 도대체 무엇으로부터의 보전일까요? 본문 15절을 보십시오.

"내가 비옵는 것은 그들을 세상에서 데려가시기를 위함이 아니요 다만 악에 빠지지 않게 보전하시기를 위함이니이다."

자, 무엇으로부터의 보전입니까? '악으로부터의 보전'입니다. 그래서 주님은 또한 제자들에게 기도를 가르치시며 "다만 악에서 구하시옵소서"(마 6:13)라고 기도하라고 말씀하십니다. 우리가 생각하는 것보다 악의 세력은 이 세상에서 무섭게 기승을 부리고 있습니다. 그리고 이 모든 악의 배후에는 악마가 날뛰고 있습니다. 만일 우리가 악에 빠져 살아간다면 어떻게 그런 인생을 잘 사는 인생이라고 할 수 있겠습니까?

인간의 가장 중요한 생존 본능의 하나는 우리가 이 땅에서 되도록 오래 보전되며 사는 일입니다. 그래서 우리가 부르는 애국가에서조차 우리는 "대한 사람 대한으로 길이 보전하세"라고 애절한 기원을 드립니다. 그러나 오래 보전만 되는 것, 그것이 무슨 의미가 있겠습니까? 누군가가 오래 이 땅에 살며 악만 행한다면 그것이 과연 바람직한 생존일까요? 저는 하나님 앞에 가면 꼭 묻고 싶은 질문이 있습니다. 그것은 '저 백성들을 도탄에 빠뜨리며 고생만 시키는 북의 지도자들이 왜 대를 이어 오래 잘 살도록 버려두십니까?'라는 물음입니다. 악한 지도자, 악인의 장수는 결코 세상에 플러스가 아니지 않습니까? 어느 날 아침, QT하면서 그런 질문을 품고 잠언을 읽고 있는데 주님이 주신 말씀이 잠언 24장이었습니다. 1절은 "너는 악인의 형통함을 부러워하지 말며 그와 함께 있으려고 하지도 말지어다", 그리고 19절은 "너는 행악자들로 말미암아 분을 품지 말며 악인의 형통함을 부러워하지 말라"고 말씀합니다. 그리고 이어지는 20절에서 "대저 행악자는 장래가 없겠고 악인의 등불은 꺼지리라"고 말씀합니다. 속으로 저는 '언제 그렇게 되는데요?'라고 반문했습니다. 그때 다시 주신 말씀이 시편 37편 1-3절의 말씀이었습니다.

"악을 행하는 자들 때문에 불평하지 말며 불의를 행하는 자들을 시기하지 말지어다 그들은 풀과 같이 속히 베임을 당할 것이며 푸른 채소같이 쇠잔할 것임이로다 여호와를 의뢰하고 선을 행하라 땅에 머무는 동안 그의 성실을 먹을거리로 삼을지어다."

한마디로 그날 아침 제가 주님으로부터 받은 응답은 무엇입니까? '악인들이 오래 살고 악을 행하는 것으로 인해 불평 말고 너나 선을 행하라'는 말씀이었습니다.

분명한 것은 이것입니다. 잘 사는 인생, 그것은 악으로부터 보전되는 인생입니다. 그렇다면 당신의 자녀들이 악이나 죄에 빠지지 않고 보전되도록 기도해야 하지 않겠습니까? 아니, 당신 자신을 위해서도 그렇게 기도해야 하지 않겠습니까? 악에서 보전되는 인생을 살게 해 달라고 말입니다. 잘 사는 인생을 위해서 말입니다.

세상에서 주님의 기쁨을 충만히 누리며 살라

잘 사는 인생이 죄 안 짓고 악을 행하지 않는, 이것도 안 하고 저것도 안 하는 소극적 인생만을 의미하는 것은 아닙니다. 이는 너무 재미없는 인생입니다. 본문 13절의 말씀에서 예수님의 기도 속에 들어 있는, 그분이 기대하시는 삶의 모습을 보십시오.

"지금 내가 아버지께로 가오니 내가 세상에서 이 말을 하옵는 것은 그들로 내 기쁨을 그들 안에 충만히 가지게 하려 함이니이다."

그것은 바로 기쁨이 충만한 인생을 사는 것이었습니다.

우리는 흔히 죄 안 짓고 악을 행하지 않으려면, 빨리 이 세상을 떠나야 가능한 것이 아닌가라는 생각을 할 수 있습니다. 그러나 그것은 결코 주님이 의도하신 삶의 모습이 아닙니다. 본문 15절을 보십시오.

"내가 비옵는 것은 그들을 세상에서 데려가시기를 위함이 아니요 다만 악에 빠지지 않게 보전하시기를 위함이니이다."

그런 의미에서 기독교 신앙은 결코 역사나 현실로부터의 도피를 가르치지 않습니다. 세상의 현실에 발을 디디고 살면서도 세상에 빠지지 않는 삶을 기대하는 것입니다. 그래서 기독교는 도피주의도 아니지만 세속주의도 아닙니다. 16절을 보십시오.

"내가 세상에 속하지 아니함 같이 그들도 세상에 속하지 아니하였사옵나이다."

그러면 그런 삶을 어떻게 살 수 있단 말입니까? 세상에 살면서도 세상의 악에 빠지지 않고 보전되는 삶, 세속화를 극복하는 삶을 말입니다. 그 대답이 바로 17절의 말씀입니다.

"그들을 진리로 거룩하게 하옵소서 아버지의 말씀은 진리니이다."

아버지의 말씀을 붙들고 살 때 우리는 자신을 세속으로부터 지킬 수 있단 말입니다. 그리고 이 말씀을 붙들고 사는 사람에게는 세상이 알 수 없는 놀라운 주님의 기쁨이 약속되어 있다는 말입니다. 우선 아버지의 말씀으로 우리는 구원의 기쁨을 체험하게 됩니다. 예수를 내 구주와 주님으로 영접하고 믿는 순간, 말씀은 우리가 구속, 곧 죄 사함 받은 것을 선언합니다. 그러면 우리는 이런 찬송을 부르게 될 것입니다.

내 죄 사함 받고서 예수를 안 뒤 나의 모든 것 다 변했네.
지금 나의 가는 길 천국 길이요 주의 피로 내 죄를 씻었네.
나의 모든 것 변하고 그 피로 구속 받았네.

하나님은 나의 구원 되시오니 내게 정죄함 없겠네.

_새찬송가 421장

구원의 기쁨을 노래하는 것입니다. 그뿐 아니라, 죄 사함 받고 구원받은 그날부터 우리는 우리를 구원하신 주님과 동행하는 기쁨을 누립니다. 이것 또한 세상은 알 수 없는 기쁨입니다. 그때 우린 이런 찬송을 부를 것입니다.

저 장미꽃 위에 이슬 아직 맺혀 있는 그때에
귀에 은은히 소리 들리니 주 음성 분명하다.
주님 나와 동행을 하면서 나를 친구 삼으셨네.
우리 서로 받은 그 기쁨은 알 사람이 없도다.

_새찬송가 442장

이런 찬송은 어떻습니까?

내 영혼이 은총 입어 중한 죄 짐 벗고 보니
슬픔 많은 이 세상도 천국으로 화하도다.
할렐루야 찬양하세 내 모든 죄 사함 받고
주 예수와 동행하니 그 어디나 하늘나라.

_새찬송가 438장

주와 동행하며 우리의 모든 삶의 현장에서 주의 다스림과 인도를
경험하는 놀라운 기쁨의 삶, 이보다 더 잘 사는 인생이 있을까요? 그
러나 주의 제자들은 더 나아가 성령님을 통해 아버지 하나님과 교통
하는 기쁨을 누립니다.

"그때에 예수께서 성령으로 기뻐하시며 이르시되 천지의 주재이
신 아버지여"(눅 10:21).

여기 주님이 누리시던 성령을 통한 아버지와의 교통의 기쁨, 이것
이 바로 성령의 기쁨이 아니겠습니까? 그런데 예수의 제자 된 우리도
이 동일한 기쁨을 누리며 살 수 있다는 것입니다. 예수의 이름으로 기
도할 때마다, 사랑하는 우리 하나님을 '아버지여!'라고 부를 때마다,
기도의 응답을 경험할 때마다 그리고 성령의 인도를 경험할 때마다
우리는 이런 하늘의 기쁨을 누립니다. 이렇게 사는 것보다 더 복된 인
생, 더 잘 사는 인생이 있습니까?

아버지 하나님의 것, 그의 자녀가 되어 살라

그런데 본문은 이런 놀라운 인생, 즉 세상의 악에 빠지지 않고 주님의
기쁨을 누리는 삶은 이 세상 모든 사람이 누리는 것이 아니라 아버지
의 자녀 된 사람만이 누릴 수 있는 특권이라고 가르칩니다.

"내가 그들을 위하여 비옵나니 내가 비옵는 것은 세상을 위함이

아니요 내게 주신 자들을 위함이니이다 그들은 아버지의 것이로소이다 내 것은 다 아버지의 것이요 아버지의 것은 내 것이온데 내가 그들로 말미암아 영광을 받았나이다"(요 17:9-10).

우리는 모두 내 것을 본능적으로 보전하고 아낍니다. 그러니 우리가 주님의 것이 되면 주님이 우리를 자연스럽게 보전하고 인도하시지 않겠습니까?

"야곱아 너를 창조하신 여호와께서 지금 말씀하시느니라 이스라엘아 너를 지으신 이가 말씀하시느니라 너는 두려워하지 말라 내가 너를 구속하였고 내가 너를 지명하여 불렀나니 너는 내 것이라"(사 43:1).

그가 우리를 창조하시고, 그가 우리를 구속(대가를 지불하셔서 회복)하시고, 그가 우리를 지명해서 부르셨기 때문에 그는 우리를 그의 것이라고, 내 것이라고 선포하십니다.

이제 중요한 것은, 그가 우리를 부르고 초대하실 때 우리가 응답하는 일입니다. 이것이 그가 우리를 지명해서 그의 것으로 삼아 주시는 구원의 절차입니다. 예수님은 이렇게 말씀하십니다.

"영접하는 자 곧 그 이름을 믿는 자들에게는 하나님의 자녀가 되는 권세를 주셨으니"(요 1:12).

우리가 예수 그리스도를 마음에 구주와 주님으로 영접하는 순간 우리는 합법적으로 그의 것, 하나님의 자녀, 예수 그리스도의 제자가 되는 것입니다. 요한복음과 함께 요한계시록을 기록한 주의 제자 요한은 요한계시록에서 이렇게 예수님의 초대를 전달합니다.

"볼지어다 내가 문 밖에 서서 두드리노니 누구든지 내 음성을 듣고 문을 열면 내가 그에게로 들어가 그와 더불어 먹고 그는 나와 더불어 먹으리라"(계 3:20).

이제 그가 우리의 마음 문을 두드리십니다. 우리의 책임은 마음의 문을 여는 것입니다. 누군가가 우리 집 문을 두드릴 때 우리는 물을 것입니다. '누구세요?' '어떻게 오셨어요?' 이제 그의 음성을 들어 보십시오. 그는 이렇게 말씀하십니다. '나는 너를 구원하고 네 인생을 인도할 너의 구주와 주인이다.' '나를 영접해서 내 인도를 받으면 이제 넌 진짜 인생 잘 사는 길로 인도함을 받을 것이다.' '더 이상 세상의 악에 빠지지 않고 내 기쁨을 네 안에서 누리는 놀라운 삶을 네게 선물하고 싶다.' 마음의 문을 열고 바로 이분 예수를 당신 삶의 주인으로 영접하지 않으시겠습니까?

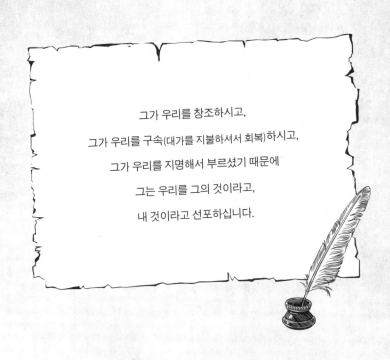

그가 우리를 창조하시고,

그가 우리를 구속(대가를 지불하셔서 회복)하시고,

그가 우리를 지명해서 부르셨기 때문에

그는 우리를 그의 것이라고,

내 것이라고 선포하십니다.

"내가 비옵는 것은 이 사람들만 위함이 아니요 또 그들의 말로 말미암아 나를 믿는 사람들도 위함이니 아버지여, 아버지께서 내 안에, 내가 아버지 안에 있는 것같이 그들도 다 하나가 되어 우리 안에 있게 하사 세상으로 아버지께서 나를 보내신 것을 믿게 하옵소서 내게 주신 영광을 내가 그들에게 주었사오니 이는 우리가 하나가 된 것같이 그들도 하나가 되게 하려 함이니이다 곧 내가 그들 안에 있고 아버지께서 내 안에 계시어 그들로 온전함을 이루어 하나가 되게 하려 함은 아버지께서 나를 보내신 것과 또 나를 사랑하심같이 그들도 사랑하신 것을 세상으로 알게 하려 함이로소이다 아버지여 내게 주신 자도 나 있는 곳에 나와 함께 있어 아버지께서 창세전부터 나를 사랑하시므로 내게 주신 나의 영광을 그들로 보게 하시기를 원하옵나이다 의로우신 아버지여 세상이 아버지를 알지 못하여도 나는 아버지를 알았사옵고 그들도 아버지께서 나를 보내신 줄 알았사옵나이다 내가 아버지의 이름을 그들에게 알게 하였고 또 알게 하리니 이는 나를 사랑하신 사랑이 그들 안에 있고 나도 그들 안에 있게 하려 함이니이다"(요 17:20-26).

18. 세상을 변화시키는 길

우리가 보아야 할 큰 그림은 사랑입니다.
사랑은 우리의 모든 사소한 생각의 차이를
뛰어넘게 할 수 있습니다.

현대사의 가장 논쟁적인 사상가 칼 마르크스(Karl Heinrich Marx)가 남긴 명언 중에 이런 말이 있습니다.

"철학자들은 세상을 여러 가지로 해석해 왔다. 그러나 중요한 것은 세상을 변화시키는 일이다."

그래서 그는 철학자가 되기보다 혁명가를 자처했습니다. 그러나 그가 세상을 얼마나 긍정적으로 변화시켰는지는 정말 해석이 다양할 것입니다. 분명한 것은, 그가 주장한 공산주의 혁명 이론으로 세상은 훨씬 더 격한 갈등과 피 흘림의 역사를 경험했다는 것입니다. 그의 유명한 공산당 선언에서 그는 노동자들에게 "그대들에게 잃을 것은 쇠사슬뿐이고 얻을 것은 세상이다. 만국의 노동자들이여 단결하라"고 외쳤습니다. 그러나 그의 이분법적 인간관, 곧 유산자와 무산자, 자본가와 노동자, 가진 자와 못 가진 자의 미움의 대립 구조는 무산자와 노동자를 해방한 것이 아니라, 그들로 하여금 분배를 구실로 소수의 노동자 지배 계층을 옹립해서 자본가보다 더 잔인한 독재 체제를 만들고, 마르크스의 이념을 따라 통치되는 세상을 그가 예언한 것과 거꾸로 인권을 착취하는 쇠사슬과 감옥으로 가득한 세상으로 만들었던 것입니다.

불세출의 영웅이었던 나폴레옹(Napoléon Bonaparte)은 세인트헬레나에 유배된 채 마지막 순간을 기다리며 이런 말을 남겼습니다.

"알렉산더와 시저, 샤를마뉴 대제 그리고 나는 힘으로 제국을 건설했다. 그러나 지금 그들에게는 아무도 친구가 없다. 세인트헬레나 섬에 던져진 내게도 친구가 어디에 있단 말인가? 그러나 예수 그리스도는 사랑으로 그의 제국을 건설했다. 지금도 수백만의 그의 제자들은 그를 위해 기꺼이 죽고자 한다. 나의 비참함과 그리스도의 영원한 왕국 사이에는 얼마나 큰 심연의 차이가 존재하는가! 지금도 여전히 사랑받고 경배 받고 세상을 지배하는 그는 도대체 누구인가? 나는 이제 말할 수 있다. 그는 하나님이시다!"

요한복음 17장은 그런 예수님이 세상을 떠나시기 전 소위 대제사장적 기도를 드리신 기도문으로서, 마지막 대목에서 예수님은 세상을 변화시키는 다른 길을 제시하고 계십니다. 그러면 예수님을 삶의 주인으로 모시고 따르는, 예수님의 제자들이 기대할 수 있는 세상을 변화시키는 길은 무엇일까요?

성도의 하나 됨

본문은 예수님이 당시의 제자들만이 아닌, 당시의 제자들의 말씀 선포로 예수님을 믿게 될 미래의 제자들을 위한 기도임을 20절에서 알 수 있습니다.

"내가 비옵는 것은 이 사람들만 위함이 아니요 또 그들의 말로 말미암아 나를 믿는 사람들도 위함이니."

그리고 이어지는 21절의 기도에서 주님이 세상을 위해 기도하시기에 앞서, 먼저 우리는 그분의 관심이 어디에 있는지를 알 수 있습니다.

"아버지여, 아버지께서 내 안에, 내가 아버지 안에 있는 것같이 그들도 다 하나가 되어 우리 안에 있게 하사 세상으로 아버지께서 나를 보내신 것을 믿게 하옵소서."

성도가 하나 되게 해 달라는 기도는 22절과 23절에서도 반복되고 있습니다. 오늘 우리가 사는 세상은 여러 가지 이유로 분열된 세상입니다. 이념으로 분열되고, 인종으로 분열되고, 탐욕으로 분열된 세상입니다. 그리고 종교로 분열된 세상이기도 합니다. 그런데 예수님은 자기를 믿는 제자들만이라도 하나가 되어야 한다고, 내가 그것을 위해서 기도한다고 말씀하십니다. 그래야 세상이 하나 된 우리의 모습을 보고 우리가 증거하는 예수를 믿을 수 있지 않느냐는 것입니다. 오늘의 교회는 그런 하나 된 모습을 보이고 있습니까?

역사적으로 교회들은 이 하나 됨을 성취하기 위해서 여러 연합 기관을 만들어 주님의 이런 기대에 부응하고자 했습니다. WCC(World Council of Churches, 세계 교회 협의회) 같은 기관의 출현이 그것입니다. 그러나 이런 조직이 만들어지는 순간 그 조직을 반대하는 다른 기관, 다른 조직을 만들어 우리는 갈등의 역사를 증폭시켜 왔습니다. 저는 이런 우리의 실패는 우선적으로 예수님이 말씀하신 하나 됨 혹은 일치(unity)의 본질을 오해한 데서 비롯되었다고 생각합니다. 주님이 본문에서 말씀하신 일치는 결코 조직적인 교회 기구의 일치가 아닙니다. 그것은 본질적으로 영적인 일치 혹은 인격적인 일치를 의미합니다.

본문에서 예수님은 우선 일치의 모델로 성자이신 자신과 그를 이 땅에 보내신 성부 하나님과의 일치를 제시하고 계십니다. 우리는 성부와 성자가 각각의 다른 인격을 갖고 계심을 잘 알고 있습니다. 우리는 성부와 성자에 성령을 포함해 삼위일체를 믿는다고 고백합니다. 삼위가 다른 인격을 갖고 계시지만 본질적인 속성, 지향하는 사역 그리고 성취하는 목적에 있어서는 전적으로 하나이신 한 분 하나님을 우리는 믿습니다. 그것이 바로 삼위일체(trinity, Tri[셋]+unity[일치])

입니다. 삼위 하나님은 위격에서 각각 아버지, 아들, 성령으로 구별되어 있지만, 인격적으로 그리고 영적으로 하나이십니다. 예수님은 "아버지께서 내 안에, 내가 아버지 안에 있는 것같이"(요 17:21) 이런 영적 일치를 본받아 우리도 영적으로 하나가 되어야 한다고 말씀하시는 것입니다. 그리고 이런 일치를 이룰 때 비로소 우리는 세상을 변화시키는 자가 될 수 있다는 것입니다. 기독교 내부의 분열과 불일치에도 불구하고 영적인 일치를 이룬 그리스도인들과 초교파적인 복음적인 교회들, 선교 단체들의 자발적 협력과 헌신으로 우리는 세상의 변화를 추구해 왔습니다.

아버지의 사랑을 알게 하라

세상이 가장 안타깝게 갈망하는 것이 있다면 무엇일까요? 순전한 사랑, 비이기적인 사랑입니다. 아버지 하나님이 아들 하나님이신 예수님을 이 땅에 보내 주신 사랑, 십자가에 그 아들을 내어 주신 우리를 향한 사랑, 그 사랑 없이 세상은 변화될 수 없습니다. 그 사랑을 알게 하는 것, 그것이 바로 세상 변화의 길입니다.

"곧 내가 그들 안에 있고 아버지께서 내 안에 계시어 그들로 온전함을 이루어 하나가 되게 하려 함은 아버지께서 나를 보내신 것과 또 나를 사랑하심같이 그들도 사랑하신 것을 세상으로 알게 하려 함이로소이다"(요 17:23).

24절에서도 예수님은 창세전부터 아버지가 나를 사랑하신 그 사랑을 통해 내게 주신 나의 영광을 그들(우리)도 보게 되기를 원한다고 기도하십니다. 참된 하나님의 사랑을 경험한 사람들만이 세상을 변화시킬 수 있기 때문입니다. 그리고 이런 참된 사랑을 나누는 곳에서 그리스도의 제자들은 언제나 진정한 일치를 경험할 수 있었습니다.

저는 평생의 사역을 통해, 소위 초교파적 사역을 하면서 교파나 조직적 기구를 떠나 그리스도인들이 순수한 목적으로 섬기는 곳에서 언제나 놀라운 하나 됨을 경험할 수 있었습니다. 우리는 이미 하나 됨을 경험할 수 있었습니다. 그러나 순수하지 못한 요소가 개입되는 순간 이런 영적 일치가 순간적으로 깨어짐을 동시에 경험하기도 했습니다. 그리고 그런 순간은 예외 없이 사랑으로 서로를 용납하지 못하는 상황의 발생이었습니다. 그때마다 생각나는 말씀이 있습니다.

"모든 겸손과 온유로 하고 오래 참음으로 사랑 가운데서 서로 용납하고 평안의 매는 줄로 성령이 하나 되게 하신 것을 힘써 지키라"(엡 4:2-3).

여기서 바울 사도는 그리스도인들은 이미 성령이 하나 되게 하신 사람들이라고 말합니다. 그리고 그 하나 되게 하심을 지켜 나갈(keep the unity) 책임이 있다고 말합니다. 그렇게 되기 위해 필요한 인격적 덕목으로 겸손, 온유, 오래 참음 그리고 사랑의 용납을 제시합니다. 우리가 서로 하나 되지 못하는 이유는 우리 중 누군가가 겸손하지 못했거나, 온유하지 못했거나, 오래 참지 못했기 때문에 그리고 우리 중 누군가가 사랑으로 용납하지 못했기 때문일 것입니다. 그때 우리에게 무엇보다 필요한 것은 큰 그림을 보는 일입니다. 우리의 일처리 방향과 생각은 언제나 서로 다를 수 있습니다. 그러나 큰 그림은 사랑입니다. 사랑은 우리의 모든 사소한 생각의 차이를 뛰어넘게 할 수 있습니다. 부부가 서로 다른 기질을 갖고 있으면서도 사랑으로 모든 것을 이해하고 하나 되어 가정을 끌어가는 것을 생각하면 됩니다. 무엇보다 나의 연약함과 부족함을 다 아시고도 나를 용서하고, 용납하고, 나를 품어 주신 예수님의 사랑을 기억하면 됩니다. 그런 사랑만이 세상을 변화시키는 동력인 것입니다. 그리고 그런 사랑이 바로 세상을 변화시켜 온 복음의 능력이었습니다.

아버지의 이름을 알게 하라

세상의 변화를 위해 예수님이 기도하신 마지막 기도 제목은 아버지의 이름을 세상에 알게 하는 일이었습니다.

"내가 아버지의 이름을 그들에게 알게 하였고 또 알게 하리니 이는 나를 사랑하신 사랑이 그들 안에 있고 나도 그들 안에 있게 하려 함이니이다"(요 17:26).

이것이 바로 선교입니다. 선교는 하늘 아버지의 이름을 세상에 알게 하는 일입니다. 구주이신 예수님의 이름을 세상에 알게 하는 일입니다. 우리가 믿는 그분이 바로 세상의 창조자이시고 세상의 구세주이심을 알게 하는 일입니다. 우리 믿는 자들이 하나 되어 서로를 참으로 사랑할 때, 그 사랑을 증거할 때, 세상은 하나님의 이름을 높이고 그 이름을 경배하게 될 것입니다.

그래서 예수님의 마지막 명령은 "그러므로 너희는 가서 모든 민족 (족속, ethne/종족)을 제자로 삼아 아버지와 아들과 성령의 이름으로 세례 (침례)를"(마 28:19) 베풀라는 것이었습니다. 현재 전 세계 인구는 약 75억 명으로 추산됩니다. 오늘날 이 세상의 종족 집단은 약 11,500여 개에 달합니다. 그들 중 제대로 복음을 접하지 못한 종족 집단은 6,800여 종족에 달하며, 지구상에 복음을 제대로 접하지 못한 사람은 아직도 37억 명에 달합니다. 결국 세계 인구의 절반은 아직도 복음의 소식을 접하지 못하고 있습니다.

신학자 제임스 패커(James Packer)는 우리가 아직도 복음 선교에 헌신하지 못하는 두 가지 이유를 지적합니다. 하나는 하나님을 충분히 사랑하지 못하기 때문에, 또 하나는 하나님의 영광에 대한 불충분한 갈망 때문이라고 말합니다. 이 세상 모든 사람들이 그분의 사랑을 경험하게 되기를 원한다면 그리고 이 세상 모든 사람들이 주의 영광을 보게 되기를 원한다면, 우리는 다시 위대한 사명, 위대한 지상 명령의 성취를 위한 헌신을 결단할 필요가 있습니다.

잊지 마십시오! 열한 명으로 시작된 예수님의 제자들이 오늘날 세상에서 가장 영향력 있는 공동체가 된 이유는 선교 명령에 대한 지속적인 순종이었습니다. 그들은 '가라'는 명령을 잊지 않고 있었습니다. 우리의 선배들은 이렇게 고백했습니다.

"날아갈 수 없다면 달려야 합니다. 달릴 수 없다면 걸어야 합니다. 걸을 수 없다면 기어서라도 가야 합니다. 중요한 것은 앞으로 가는 것입니다."

때로 복음이 한 지역에서 얼마간 지체할 수는 있습니다. 복음의 영광을 가로막는 일들도 여기저기에서 계속 일어날 것입니다. 그러나 역사적·세계적으로 볼 때 복음은 결코 후퇴한 일이 없습니다(한 통계에 의하면 주후 1000년에 복음적 그리스도인은 1퍼센트, 1700년에는 2퍼센트, 1960년에는 4퍼센트, 1980년에는 6퍼센트, 1993년에는 10퍼센트, 2000년에는 12퍼센트… /기독교 총량 인구 21억/31퍼센트).

중국에서 기독교 박해가 극심할 때 중국 공안이 한 가정 교회 지도자에게 "당신이 전도를 계속한다면 나는 당신들의 집이 예배 처소가 못 되도록 압류할 것이오"라고 하자, 그는 "그러면 저 들판과 산이 우리의 예배 처소가 될 것이오"라고 했다고 합니다. 공안이 다시 "그러면 우리는 당신을 감옥에 가둘 수밖에 없소"라고 하자, 그는 "그러면 감옥이 우리의 예배 처소가 될 것이고, 감옥 사람들은 복음의 소식을 듣고 자유하게 될 것이오"라고 대답했다고 합니다. 그러자 공안은 "그러면 우리는 당신들이 입을 놀리지 못하도록 혀를 끊을 수 있소"라고 하자, 그는 "그러면 우리의 영이 기도함으로 주님의 복음의 능력을 나타내도록 할 것이오"라고 대답했다고 합니다. 공안이 다시 "그러면 우리는 당신의 목숨을 가져갈 수밖에 없소"라고 하자 그는 "그러면 우리는 천국에서 주님과 함께 이 땅에서의 복음 전파를 중보할 것이오"라고 대답했다고 합니다. 이런 헌신이 복음을 통한 세상의 변화를 가능하게 한 힘이요, 길이었습니다.

세상을 변화시키는 길에 참여하고자 한다면 우리 각자에게 물어야 할 세 가지 질문이 있습니다.

첫째, 우리는 복음 안에서 하나 될 수 있는가?

둘째, 우리는 진지하게 사랑을 결단할 수 있는가?

셋째, 다시 복음 선교의 명령을 지상 명령으로 순종하고자 하는가?

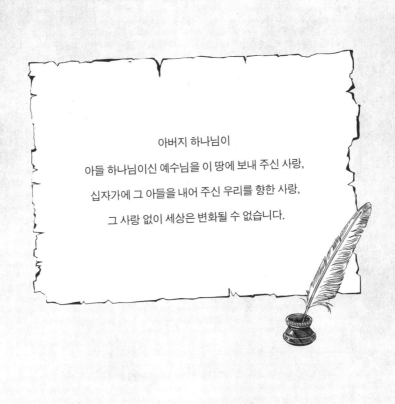

아버지 하나님이

아들 하나님이신 예수님을 이 땅에 보내 주신 사랑,

십자가에 그 아들을 내어 주신 우리를 향한 사랑,

그 사랑 없이 세상은 변화될 수 없습니다.

"예수께서 이 말씀을 하시고 제자들과 함께 기드론 시내 건너편으로 나가시니 그곳에 동산이 있는데 제자들과 함께 들어가시니라 그곳은 가끔 예수께서 제자들과 모이시는 곳이므로 예수를 파는 유다도 그곳을 알더라 유다가 군대와 대제사장들과 바리새인들에게서 얻은 아랫사람들을 데리고 등과 햇불과 무기를 가지고 그리로 오는지라 예수께서 그 당할 일을 다 아시고 나아가 이르시되 너희가 누구를 찾느냐 대답하되 나사렛 예수라 하거늘 이르시되 내가 그니라 하시니라 그를 파는 유다도 그들과 함께 섰더라 예수께서 그들에게 내가 그니라 하실 때에 그들이 물러가서 땅에 엎드러지는지라 이에 다시 누구를 찾느냐고 물으신대 그들이 말하되 나사렛 예수라 하거늘 예수께서 대답하시되 너희에게 내가 그니라 하였으니 나를 찾거든 이 사람들이 가는 것은 용납하라 하시니 이는 아버지께서 내게 주신 자 중에서 하나도 잃지 아니하였사옵나이다 하신 말씀을 응하게 하려 함이러라 이에 시몬 베드로가 칼을 가졌는데 그것을 빼어 대제사장의 종을 쳐서 오른편 귀를 베어버리니 그 종의 이름은 말고라 예수께서 베드로더러 이르시되 칼을 칼집에 꽂으라 아버지께서 주신 잔을 내가 마시지 아니하겠느냐 하시니라"(요 18:1-11).

19. 나사렛 예수

예수는 누구십니까?
그는 전지하실 뿐 아니라
전능하신 절대자이십니다.

우리 시대 가장 영향력 있는 설교자의 한 사람인 존 오트버그(John Ortberg)는 《예수는 누구인가?》(두란노 역간)라는 매우 인상적인 책을 썼습니다. 이 책의 목차들인 각 장의 주제들을 살펴보면 예수님에 대해 다시 생각하게 합니다.

"B.C.와 A.D. 사이에 서 있는 한 사람, 품위라고는 없는 인생을 살았던 고귀한 사람, 사랑 때문에 분노한 이율배반적인 긍휼의 사람, 여자의 마음을 안 완벽한 남자, 세상의 교육을 바꾼 목수, 스스로 노예의 수건을 두른 윗사람, 원수를 이웃으로 삼은 용서의 사람, 황제의 세계를 허문 식민지인, 인간은 누구나 위선자임을 깨닫게 한 철학자, 열두 명으로 세상을 영원히 바꾸어 놓은 한 사람, 결혼에 신성을 부여한 독신남, 온 세상에 영

감을 불어넣은 유대인, 스스로에게 사형 선고를 내린 유대인의 왕, 무덤
과 사망과 지옥 속에 누운 하나님의 아들, 약속대로 죽음을 이기고 돌아
온 그리스도."

본문은 그를 나사렛 예수라고 부르고 있습니다. 그는 도대체 누구
인가를 본문으로 묵상하고자 합니다. 본문에서 사도 요한이 증언하
는 나사렛 예수, 도대체 그는 누구십니까?

전지하신 분

"유다가 군대와 대제사장들과 바리새인들에게서 얻은 아랫사람들을
데리고 등과 횃불과 무기를 가지고 그리로 오는지라 예수께서 그 당
할 일을 다 아시고 나아가 이르시되 너희가 누구를 찾느냐"(요 18:3-4).
　본문 4절에 주목할 말씀이 있습니다. 예수님은 당할 일을 미리
'다'(panta, all) 알고 계셨다는 것입니다. 여기 그분의 전지성의 증언을
보십시오. 그는 지금 십자가의 고난이 본격화되는 시점인 겟세마네
동산으로 들어가시며 그분의 마지막 사역을 준비하셔야 했던 것입니
다. 그분에게 십자가의 고난은 우연한 사건의 전개가 아니었습니다.
그분은 십자가가 하나님이 예비하신 인류 구원 계획의 피할 수 없는
여정임을 명확하게 인지하고 계셨습니다.

사실 이런 그분의 신적 전지성은 사도 요한이 요한복음 1장에서부터 일관성 있게 증언하고 있었던 사실입니다. 1장에서 예수님이 제자 나다나엘을 만나시던 장면을 기억할 것입니다. 비록 나다나엘은 나사렛 사람들에 대한 편견을 가지고 있었지만, 그럼에도 불구하고 예수님은 "이는 참으로 이스라엘 사람이라 그 속에 간사한 것이 없도다"(요 1:47)라고 말씀하셨습니다. 그리고 이어 48절에서 "네가 무화과나무 아래에 있을 때에 보았노라"고 말씀하셨습니다. 그는 한 사람의 내면을 통찰하고 계셨고, 그가 심지어 나무 그늘 아래서 무엇을 하고 있었는지를 알고 계셨습니다.

오늘 우리가 믿고 마음에 모시고 따르는 예수님이 전지하신 분이라는 것은 우리에게 어떤 의미가 있습니까? 최근 사회적으로 몰카 문제가 크게 이슈가 되고 있습니다만, 전지하신 예수님, 하나님이신 예수님은 그런 기계의 도움 없이도 우리의 모든 것을 꿰뚫어 보시는 분, 우리는 실로 아무것도 그분 앞에서 숨길 수 없다는 사실을 생각해 보셨습니까? 그래서 칼뱅을 위시한 종교 개혁자들이 자신들의 삶의 방식을 '코람데오'(Coram Deo), 곧 '하나님 앞에서 산다'고 고백한 것입니다.

그렇다면 예수 그리스도의 전지성은 그의 제자들에게 두려운 사실이기도 하지만, 또 다르게 생각하면 놀라운 위로가 아닐 수 없습니다. 세상 모든 사람이 내 고통을, 내 억울함을, 내 슬픔을, 내 가슴앓이를 모른다 해도 정확하고 공평하게 알고 계신 한 분이 존재하신다는 것은 얼마나 놀라운 위로요, 기쁨인지요!

바울 사도가 얼마나 하나님과 그리스도의 임재를 의식하며 살았는지를 바울 서신을 통해 알 수 있습니다. 바울은 자신을 변호하며 갈라디아서 1장 20절에서 "보라 내가 너희에게 쓰는 것은 하나님 앞에서 거짓말이 아니로다"라고 말합니다.

"하나님과 그리스도 예수와 택하심을 받은 천사들 앞에서 내가 엄히 명하노니"(딤전 5:21).

"하나님 앞과 살아 있는 자와 죽은 자를 심판하실 그리스도 예수 앞에서 그가 나타나실 것과 그의 나라를 두고 엄히 명하노니"(딤전 4:1).

우리가 한순간도 잊지 말아야 할 것은, 우리가 예수님, 곧 모든 것을 아시는 전지하신 분 앞에 살고 있다는 사실입니다.

전능하신 분

본문 4절에서 예수님은 자신을 잡으러 온 군인들에게 "너희는 누구를 찾느냐"고 물으십니다. 그들은 무엇이라 대답합니까?

"대답하되 나사렛 예수라 하거늘 이르시되 내가 그니라 하시니라 그를 파는 유다도 그들과 함께 섰더라"(요 18:5).

이어지는 반응은 무엇입니까?

"예수께서 그들에게 내가 그니라 하실 때에 그들이 물러가서 땅에 엎드러지는지라"(요 18:6).

평범한 반응은 아닙니다. 평범하게 예측할 수 있는 반응은 '아, 네가 나사렛 예수냐? 너 우리와 함께 좀 가야겠다'가 아닙니까? 그런데 그들이 물러가 땅에 엎드러졌다고 기록합니다. 이 표현은 신적 존재에 대한 반응임을 잊지 마십시오. 중요한 것은 예수님이 자신이 누구인가를 밝히면서 하신 말씀의 표현입니다.

"내가 그니라"(I am he, 요 18:5).

원문은 요한복음에서 주의 신성을 표현하기 위해 사용된 '에고 에이미'(ego eimi)입니다. 스스로 계시고, 모든 것을 할 수 있는 분이라는 것입니다. 이는 구약에서 '나에게 이스라엘 백성을 인도하라고 명하시는 당신은 도대체 누구십니까?'라는 모세의 물음 앞에 처음으로 계시된 여호와 하나님의 자기 선언, 곧 자기표현입니다. 'Ego eimi'가 선언되는 순간, 순간이지만 그 자리에 있었던 모든 이들이 신적 현존을 느끼고 땅에 엎드린 것입니다. 그들은 한순간 절대자, 전능자 앞에 선 것을 느낀 것입니다.

예수는 누구십니까? 그는 전지하실 뿐 아니라 전능하신 절대자이십니다. 이 고백이 실제로 우리 일상의 삶에 어떤 의미를 지니는 것일까요? 우리가 우리 안에 모시고 계신 예수님이 전능하신 하나님이시라면, 세상에 참 힘겹고 어려운 일들이 많지만 전능자가 나와 함께하신다면 두려워할 것도, 좌절할 것도, 절망할 것도 없지 않겠습니까? 비록 삶의 마당에서 넘어짐이 있다 해도 전능자가 함께하신다면 다시 일어설 수 있지 않겠습니까?

"그날에 사람이 예루살렘에 이르기를 두려워하지 말라 시온아 네 손을 늘어뜨리지 말라 너의 하나님 여호와가 너의 가운데에 계시니 그는 구원을 베푸실 전능자이시라 그가 너로 말미암아 기쁨을 이기지 못하시며 너를 잠잠히 사랑하시며 너로 말미암아 즐거이 부르며 기뻐하시리라 하리라"(습 3:16-17).

예수님이 이 땅에 오셨을 때 천사는 그의 이름을 임마누엘이라고 할 것이라 하셨습니다. 임마누엘의 뜻이 무엇입니까? '전능하신 하나님이 우리와 함께 계시다'는 뜻입니다. 교회력은 예수님이 이 땅에 오신 것을 기념하는 4주 전부터를 대림절(Advent)이라고 부릅니다. 성탄의 절기, 대림절의 의미가 무엇입니까? 전능하신 하나님이 우리와 함께하고자 오신 것을 기념하는 절기입니다. 예수, 그는 도대체 누구십니까? 그는 우리와 함께하고자 오신 전능자이십니다.

고난을 자취하신 분

겟세마네 동산에 들이닥친 유다와 대제사장들이 동원한 군대가 예수의 체포를 위해 그에게 손을 대자 시몬 베드로가 대제사장의 종의 귀를 베어 버리는 사고가 일어납니다.

"이에 시몬 베드로가 칼을 가졌는데 그것을 빼어 대제사장의 종을 쳐서 오른편 귀를 베어 버리니 그 종의 이름은 말고라"(요 18:10).

이때 예수님의 반응이 무엇이었습니까?

"예수께서 베드로더러 이르시되 칼을 칼집에 꽂으라 아버지께서 주신 잔을 내가 마시지 아니하겠느냐"(요 18:11).

나사렛 예수는 이미 고난의 잔을 마시기로 작정하신 것입니다. 그래서 그의 전능하신 권세로 이 군대를 얼마든지 제압할 수 있었지만, 그는 고난의 길을 스스로 선택하고 아무런 저항 없이 체포되신 것입니다. 왜 그렇게 하셨습니까? 그분의 고난이 우리의 구원이 될 것을 아신 까닭입니다.

"이는 아버지께서 내게 주신 자 중에서 하나도 잃지 아니하였사옵나이다 하신 말씀을 응하게 하려 함이러라"(요 18:9).

전지하고 전능하신 그분이 십자가의 고난의 잔을 마시기로 작정하신 이유는 그의 백성을 구원하시기 위함이었습니다.

예수는 누구십니까? 스스로 고난 받기 위해 오신 속죄의 주님이십니다. 그가 고난 받으심으로 우리가 구원을 얻고, 우리가 새 삶을 얻었습니다. 이것이 성탄입니다.

"시몬 베드로와 또 다른 제자 한 사람이 예수를 따르니 이 제자는 대제사장과 아는 사람이라 예수와 함께 대제사장의 집 뜰에 들어가고 베드로는 문 밖에 서 있는지라 대제사장을 아는 그 다른 제자가 나가서 문 지키는 여자에게 말하여 베드로를 데리고 들어오니 문 지키는 여종이 베드로에게 말하되 너도 이 사람의 제자 중 하나가 아니냐 하니 그가 말하되 나는 아니라 하고 그때가 추운 고로 종과 아랫사람들이 불을 피우고 서서 쬐니 베드로도 함께 서서 쬐더라 … 시몬 베드로가 서서 불을 쬐더니 사람들이 묻되 너도 그 제자 중 하나가 아니냐 베드로가 부인하여 이르되 나는 아니라 하니 대제사장의 종 하나는 베드로에게 귀를 잘린 사람의 친척이라 이르되 네가 그 사람과 함께 동산에 있는 것을 내가 보지 아니하였느냐 이에 베드로가 또 부인하니 곧 닭이 울더라"

(요 18:15-18, 25-27).

20. 시몬 베드로의 겨울

우리는 거짓말을 할 때 그것이 자신을 지키는
안전한 자기 방어의 수단이라고 생각할 뿐,
결국 그것이 궁극적으로 우리를 파괴시키고 있음을 알지 못합니다.

스티브 잡스(Steve Jobs)가 세상을 떠났을 때 미국의 한 코미디언이 이런 유머를 말했다고 합니다.

"우리는 2000년대에 와서 이미 두 사람의 거인을 잃어버렸다. 자니 캐시(Johnny Cash)를 잃고 밥 호프(Bob Hope)를 잃었다. 거기다가 최근 스티브 잡스(Steve Jobs)까지 떠났으니 우리는 이제 Job도 없고 Cash도 없고 모든 Hope를 상실했다."

이 말은 물론 말장난이지만 어쩐지 우리 시대의 슬픈 겨울 풍경을 상징하는 듯합니다. 오늘 이 땅 한반도에서도 청년들은 직업 상실의 추위를 겪고 있고, 장년들은 희망 상실의 추위를 겪고 있고, 노년들은 현금이 없는 추위를 겪고 있습니다. 그런데 이보다 더한 추위가 있다면, 우리 시대의 사람들이 신앙을 상실하거나 신앙이 차가워지는 영적 겨울을 맞이하고 있다는 사실입니다.

가톨릭에서는 고해성사도, 교회 출석도 안 하는 사람들을 '냉담자'라고 말합니다. 요즈음 한국 개신교에서는 신앙은 있는데 교회 출석을 중지한 사람들을 '가나안 교인'(안 나가 교인)이라고 부릅니다. 냉담자와 가나안 교인의 증가는 우리 시대가 영적 겨울을 지나고 있다는 보편적 증거일지 모릅니다. 더 오랜 옛날 한 영성가는 더 이상의 구체적인 믿음의 표현을 잃어버리고 사는 신자들을 향해 '영혼의 어두운 밤을 지난다'고 말했습니다. 또 어떤 이는 '영혼의 겨울을 지나고 있다'고 말하기도 했습니다. 최근 우리 주변에서는 이런 영혼의 어두운 밤을 지나고 있는 성도들을 쉽게 만나게 되고, 그들의 영적 겨울을 지나는 그 오싹한 한기가 우리 모두에게도 전달되고 있습니다.

우리는 본문에서 그런 영혼의 겨울을 지나고 있는 예수님의 한 제자를 만납니다. 그는 바로 베드로입니다. 한때는 영적인 열정을 불태우며 예수님의 수제자로 섬기던 베드로가 자신의 영적 여정에서 가장 춥고 추운 겨울밤을 맞이하고 있습니다. 그가 인생에서 이런 혹독한 영적 겨울을 맞이한 원인은 무엇일까요?

멀찍이 예수를 따름

본문 15절은 "시몬 베드로와 또 다른 제자 한 사람이 예수를 따르니"

라고 기록하고 있습니다. 그런데 같은 사건을 기록하고 있는 마가복음을 보면 "베드로가 예수를 멀찍이 따라"(막 14:54)라고 기록합니다. 누가복음 또한 "예수를 잡아끌고 대제사장의 집으로 들어갈새 베드로가 멀찍이 따라가니라"(눅 22:54)고 기록합니다. 마가나 누가는 다 같이 베드로가 예수님을 멀찍이 따르고 있었음을 주목하고 기록했다는 사실입니다.

예수님이 체포되어 심문을 위해 들어가신 대제사장 집에 도착한 후에도 그는 한동안 대제사장 집 문 밖에서 서성거리고 있었던 것으로 보입니다. 본문 16절은 "베드로는 문 밖에 서 있는지라"라고 기록합니다. 이미 사태가 예수님에게 불리하게 작용하는 것을 판단한 그는 예수님을 가까이함이 곧 자신에게 손해가 될 것으로 판단했을지 모릅니다. 그래서 그는 무의식적으로 예수님과 자신 사이에 거리를 두고자 했을 것입니다. 예수님을 가까이 따르는 성도들에게도 신앙이 시험받는 위기를 극복한다는 것은 쉬운 일이 아닙니다. 그런데 예수님을 멀찍이 따르던 성도들이 이런 태도로 이런 위기의 때를 극복할 수 있겠습니까?

1800년대 영국에 사라 애덤스란 여배우가 있었습니다. 그녀는 인기의 절정에 셰익스피어의 희곡 〈맥베스〉에서 맥베스 부인 역을 맡기도 했습니다. 그러나 무리한 활동으로 쓰러진 이 여인은 자신의 건강보다 다시는 무대에 설 수 없다는 좌절감으로 깊은 절망에 사로잡혔습니다. 그런데 창세기 28장을 읽으며 좌절했던 믿음의 조상 야곱을 꿈을 통해 만나 주신 하나님을 묵상하다가 갑자기 펜을 들어 시한 편을 써 내려가기 시작합니다. 그 시는 이내 세계적인 찬송이 되었습니다.

내 주를 가까이하게 함은 십자가 짐 같은 고생이나
내 일생 소원은 늘 찬송하면서 주께 더 나가기 원합니다.

내 고생하는 것 옛 야곱이 돌베개 베고 잠 같습니다.
꿈에도 소원이 늘 찬송하면서 주께 더 나가기 원합니다.

천성에 가는 길 험하여도 생명 길 되나니 은혜로다.
천사 날 부르니 늘 찬송하면서 주께 더 나가기 원합니다.

_새찬송가 338장

그녀는 불과 43세의 나이에 세상을 떠났지만, 이 찬송은 역사를 통해 위기에 처한 성도들을 주님에게 가까이 나아오게 하는 위대한 도구가 되었습니다. 그 유명한 타이타닉호의 침몰 현장에서 본래부터 이 찬송을 좋아했던 밴드마스터 윌리스 하틀리(Wallace Hartley)는 이 찬송을 마지막 배가 침몰하는 순간까지 연주함으로 그날 수많은 영혼들을 주님에게로 가까이 인도할 수 있었습니다. 2013년 2월, 32세의 나이로 우리 곁을 떠난 밴드 '울랄라 세션'의 리더 임윤택 씨가 산소 호흡기를 달고 마지막으로 부른 찬송도 이 찬송이었습니다. 그에게는 마지막 순간 주님을 가까이함이 가장 중요했던 것입니다. 그렇다면 오늘 우리는 어떻습니까? 주님을 가까이 따르고 있습니까, 아니면 시몬 베드로처럼 멀찍이 따르고 있습니까?

육신적인 위로만을 구함

시몬 베드로가 영의 겨울을 맞이한 또 하나의 원인이 있습니다.

"그때가 추운 고로 종과 아랫사람들이 불을 피우고 서서 쬐니 베드로도 함께 서서 쬐더라"(요 18:10).

잠시 후 예수님을 부인하게 될 이 현장에서 제자 베드로에게 유일한 위로가 있었다면 불 쪼임이었습니다. 물론 추운 날씨에 불을 쬔 것을 잘못이라고 할 수는 없습니다. 누구라도 그렇게 했을 것입니다. 육체를 지닌 인간이 육적 편리를 추구하는 것은 비난할 수 없는 인지상정입니다. 하지만 문제는 육신적인 위로만을 구했다는 것입니다. 자기의 식어지는 믿음에 불을 붙일 생각은 안 하고 있었다는 것입니다.

바울 사도는 그의 제자인 디모데에게 편지하며 그가 주의 제자로서 그에게 존재해야 할 우선순위를 이렇게 권면합니다.

"그러므로 내가 나의 안수함으로 네 속에 있는 하나님의 은사를 다시 불 일 듯하게 하기 위하여 너로 생각하게 하노니"(딤후 1:6).

육신의 필요보다 더 중요한 것은 영적 필요임을 상기시켜 주는 장면입니다. 오늘날 문명의 발달과 함께 우리는 점점 더 육신의 안위를 도모하는 상황을 추구하게 되었습니다. 그러나 이상하게 우리의 육신이 편하면 편할수록, 따뜻하면 따뜻할수록 우리 신앙의 열정은 오히려 식어 가는 역설을 경험하고 있습니다. 옛날 난방도 냉방도 변변하지 못했던 시절, 한반도 곳곳 산골 기도원마다 나라를 위해 기도하는 소리가 계곡을 메아리치던 때가 있었습니다. 우리는 그 영적 야성을 다시 회복할 필요가 있습니다. 베드로에게 정말 필요한 것은 잠시 그의 육신의 추위를 녹이고자 대제사장의 하인들과 어울려 불 쪼이는 일이 아니었습니다. 한때 그 안에 주님만 생각해도 불타오르던 믿음의 불꽃을 되살리는 일이었습니다.

구약의 요나서에 보면 요나란 이름의 선지자가 자신이 하나님의 말씀을 증거한 니느웨 성을 바라보며 아마 산등성에 앉아 있었을 때 해가 떠오르며 그의 머리를 가리던 박 넝쿨 그늘이 없어지자 불평하는 장면이 나옵니다. 그러면서 요나서의 마지막 레슨이 요나에게 전달됩니다.

"여호와께서 이르시되 네가 수고도 아니하였고 재배도 아니하였고 하룻밤에 났다가 하룻밤에 말라 버린 이 박 넝쿨을 아꼈거든 하물며 이 큰 성읍 니느웨에는 좌우를 분변하지 못하는 자가 십이만여 명이요 가축도 많이 있나니 내가 어찌 아끼지 아니하겠느냐"(욘 4:10-11).

자기 머리 위에 그늘을 만드는 박 넝쿨은 아끼면서 니느웨 성읍의 생명의 가치를 망각한 그를 하나님이 꾸짖으시는 것으로 요나서는 막을 내립니다. 이 요나가 오늘의 요 '나'와 닮지 않았나요? 오늘 우리도 육신적 위로에 집착한 나머지 자신과 이웃의 영적 필요를 망각하고 있는 것은 아닌지 모르겠습니다. 베드로의 추운 겨울, 그것은 그가 육신적 위로에만 매달리고 있었을 때 찾아온 것임을 잊지 말아야 합니다.

비겁한 거짓말

베드로가 겨울을 만난 또 하나의 원인은 무엇일까요? 본문에 보면 베드로는 예수님이 예언하신 그대로 닭 울기 전 세 차례에 걸쳐 예수님과의 연관을 부인하게 됩니다. 첫 번째는 문 지키는 여종 앞에서입니다.

"문 지키는 여종이 베드로에게 말하되 너도 이 사람의 제자 중 하나가 아니냐 하니 그가 말하되 나는 아니라 하고"(요 18:17).

두 번째는 불 쪼이던 사람들 앞에서입니다.

"시몬 베드로가 서서 불을 쬐더니 사람들이 묻되 너도 그 제자 중 하나가 아니냐 베드로가 부인하여 이르되 나는 아니라"(요 18:25).

세 번째는 대제사장의 종 앞에서입니다.

"대제사장의 종 하나는 베드로에게 귀를 잘린 사람의 친척이라 이르되 네가 그 사람과 함께 동산에 있는 것을 내가 보지 아니하였느냐"(요 18:26).

이제 27절을 보십시오.

"이에 베드로가 또 부인하니 곧 닭이 울더라."

한 번이라면 어느 정도 이해받을 실수겠으나 세 차례의 실수는 완벽한 실패가 아닙니까?

제자 베드로는 도대체 왜 이렇게 비겁한 거짓말쟁이가 되었단 말입니까? 그것은 이미 지적한 것처럼 주님을 가까이 따르지 못한 데서 비롯되었습니다. 그리고 그 순간 그는 마귀의 미혹에 사로잡히고 있었습니다. 예수님은 요한복음 8장 44절에서 마귀를 가리켜 "거짓말쟁이요 거짓의 아비"라고 말씀하셨습니다. 제자 베드로가 주님을 가까이 따르고 주님을 닮아 갔다면 그는 거짓말을 할 수가 없었을 것입니다. 왜입니까? 하나님은 거짓말을 못 하는 신실한 분이기 때문입니다. 그러나 그는 아직도 주님을 온전히 닮지 못한 것입니다.

베드로가 비겁하게 거짓을 말한 또 하나의 원인이 있었다면 사람에 대한 두려움이라고 생각합니다.

"사람을 두려워하면 올무에 걸리게 되거니와 여호와를 의지하는 자는 안전하리라"(잠 29:25).

우리는 거짓말을 할 때 그것이 자신을 지키는 안전한 자기 방어의 수단이라고 생각할 뿐, 결국 그것이 궁극적으로 우리를 파괴함을 알지 못합니다. 우리를 지키는 것은 거짓이 아니라 진실입니다. 바울은 에베소서 6장에서 우리의 영적 무장을 설명하며 진리의 허리띠를 말합니다. 진리의 허리띠만이 우리를 지키는 가장 확실한 무장입니다. 우리가 진실할 때 우리의 안전은 여호와 하나님이 보장하십니다. 하지만 사람에 대한 두려움에 사로잡힌 베드로는 비겁하게 거짓을 말하고 있습니다.

그러나 훗날 이 동일한 제자 베드로가 오순절에 성령으로 충만해서 변화된 모습을 기억하십시오. 그가 감옥에서 풀려나와 다시 복음을 담대하게 증언하다가 체포되어 공회에서 재판을 받을 때 그는 이렇게 말합니다.

"베드로와 사도들이 대답하여 이르되 사람보다 하나님께 순종하는 것이 마땅하니라"(행 5:29).

얼마나 커다란 변화입니까? 베드로는 실패자였으나 영원한 실패자는 아니었습니다. 그는 닭 울기 전에 주님의 말씀을 기억하고 회개함으로 다시 주님에게로 돌아온 것입니다.

예루살렘 시온 산 언덕에는 베드로의 통곡의 회개를 기념하는 갈리칸투교회가 있습니다(교회당 꼭대기에 닭이 있음). 여기서 회개한 베드로는 눈물로 자신의 비겁함을 뉘우치고 성령 충만한 주의 제자가 되어 다시 주를 가까이 따를 수 있었던 것입니다. 이제는 우리가 부르는 한 복음성가의 가사처럼 그에게는 실패까지도 아름다운 추억이 될 수 있었습니다.

아름다웠던 지난 추억들

사랑했었던 많은 친구들

멀고도 험한 고난의 길을

나 이제 말없이 주님을 위하여 떠나야지.

지난 유월절 저녁 성찬 때

주님과 함께 마시던 핏잔

그 일이 문득 생각이 나면

어느새 내 뺨에 주르르 눈물만이 흐릅니다.

새벽닭 울 때 난 괴로웠어.

풍랑이 일면 난 무서웠어.

하지만 이젠 두렵지 않아.

이 세상 끝까지 주님을 위하여 죽을 텐데

(후렴) 수없이 많은 사람들 위해

당신이 바친 고귀한 희생

영원히 당신과 함께 있고파

사랑의 십자가를 맞이하네.

_다윗과 요나단, 〈친구의 고백〉

우리도 그렇게 할 수 있을까요? 이 겨울 추운 방황의 자리에서 일어나기 위해 우리도 다시 말씀을 붙들고, 회개와 믿음으로 십자가를 지고 주님을 더 가까이 따르기로 결심할 수 있을까요? 새벽닭이 울기 전에 말입니다.

"빌라도가 이르되 진리가 무엇이냐 하더라 이 말을 하고 다시 유대인들에게 나가서 이르되 나는 그에게서 아무 죄도 찾지 못하였노라 유월절이면 내가 너희에게 한 사람을 놓아 주는 전례가 있으니 그러면 너희는 내가 유대인의 왕을 너희에게 놓아 주기를 원하느냐 하니 그들이 또 소리 질러 이르되 이 사람이 아니라 바라바라 하니 바라바는 강도였더라"

(요 18:38-40).

21. 바라바와 예수

본래 십자가에 못 박혀야 마땅했던 죄인,
그가 바로 바라바였습니다.
그리고 그가 바로 우리입니다.

인류는 창조와 타락이라는 두 개의 위대한 화두로 시작됩니다.

"태초에 하나님이 천지를 창조하시니라"(창 1:1).

이보다 더 위대한 사건이 어디 있겠으며 이보다 더 놀라운 신비가 어디 있겠습니까? 그러나 하나님의 놀라운 창조의 영광은 곧 그의 피조물인 인생의 타락으로 그 영광이 훼손된 것을 보여 줍니다. 이 모든 사건의 전개는 창세기 1장에서 불과 석 장이 지나지 않아 이루어집니다. 바울 사도는 로마서 1장 23절에서 태초에 있었던 이 불행한 사건의 전개를 이런 증언으로 요약합니다.

"썩어지지 아니하는 하나님의 영광을 썩어질 사람과 새와 짐승과 기어다니는 동물 모양의 우상으로 바꾸었느니라."

이 불행한 인류 타락의 원인은 단 하나의 단어로 설명됩니다. 그것은 바로 '그릇된 선택'(wrong choice)입니다.

인류를 하나님을 닮은 존재로 지으시고 에덴의 동산을 선물로 주신 창조주는 처음 사람에게 단 하나의 금지령을 주셨습니다.

"동산 각종 나무의 열매는 네가 임의로 먹되 선악을 알게 하는 나무의 열매는 먹지 말라 네가 먹는 날에는 반드시 죽으리라"(창 2:16-17).

그들에게 하나님을 닮은 자유를 주시면서 그러나 그 자유로 모든 것을 할 수 있는 것은 아님을, 하지 말아야 할 것이 있음을 가르치시기 위함이었습니다. 선악과, 그것은 인생이 선택하는 모든 것이 선한 것이 아니라 악한 것도 있음을 보여 주는 열매였던 것입니다. 그런데 처음 사람은 하나님의 말씀을 불신하고, 불순종하고, 선악을 알게 하는 열매를 먹습니다. 그는 이제 악을 알고, 악을 행하는 존재로 살게 됩니다. 이것이 바로 원죄의 본질입니다. 그리고 그 후 아담의 후손으로 태어나는 모든 인생은 이런 선과 악 사이에서 악한 선택을 되풀이하게 됩니다.

서구 사람들은 인생을 설명할 때 '인생은 BCD!'라고 말합니다. B는 birth, 탄생을 의미하고, D는 death, 곧 죽음을 의미합니다. 그런데 B와 D 사이에 존재하는 것이 바로 C입니다. 탄생(B)과 죽음(D) 사이에 존재하는 C는 바로 인생의 모든 날을 상징하는 choice, 곧 선택이라는 것입니다. 우리는 죽음의 날까지 선택을 되풀이합니다. 우리의 선택이 우리의 인생을 만드는 것입니다. 아침에 눈을 뜨자마자 우리는 오늘 아침 무엇을 먹을 것인가, 오늘은 무슨 옷을 입을 것인가

하고 선택을 고민합니다. 그리고 오늘 나는 무슨 일을 할 것인가, 누구를 만날 것인가를 계속해서 고민합니다. 이처럼 인생은 이런 무수한 선택으로 만들어지는 것입니다. 그리고 그 선택 중 대부분은 우리를 후회하게 하는 그릇된 선택들인 것을 우리는 잘 알고 있습니다. 본문은 인류의 가장 어리석은 선택의 한 장면을 보여 주고 있습니다. 그러나 물론 하나님은 이 어리석은 선택조차 결국은 하나님의 선을 이루시도록 역사하십니다. 이것이 바로 바라바 사건입니다.

예수님이 이 땅에서 보내시는 마지막 유월절에 죄인 한 사람을 석방하는 당시의 전례에 따라 당시 유대 총독 빌라도는 죄가 없어 보이는 예수를 석방하고자 그를 유대 민중 앞에 세우고는 이렇게 말합니다.

"내가 유대인의 왕을 너희에게 놓아 주기를 원하느냐"(요 18:39).

그런데 본문 40절의 무리들의 외침을 보십시오.

"그들이 또 소리 질러 이르되 이 사람이 아니라 바라바라 하니 바라바는 강도였더라."

그들은 석방되어야 할 자는 예수가 아니라고 말합니다. 그들은 십자가에 못 박아야 할 사람으로 죄 없는 예수를 지목한 것입니다. 그래서 결국 강도 바라바는 석방되고 죄 없는 예수님은 십자가에 못 박히십니다. 이 어이없는 선택의 사건이 가르치는 레슨은 무엇일까요?

레슨 1: 세상은 진리가 뒤집힌 곳

본문이 시작되는 38절에서 빌라도는 예수님에게 유명한 질문을 합니다.

"빌라도가 이르되 진리가 무엇이냐 하더라."

빌라도가 이런 고백, 이런 질문을 한 배경에는 앞 절에서 예수님이 "내가 … 곧 진리에 대하여 증언하려 함이로라 무릇 진리에 속한 자는 내 음성을 듣느니라"(요 18:37)고 말씀하셨기 때문입니다. 물론 빌라도는 진리에 대한 어떤 진지한 가르침을 받고자 이런 질문을 한 것은 아니었습니다. 그러나 예수의 무죄만은 확신한 것으로 보입니다. 그리고 그가 많은 사람들에게 영향을 끼치는 선한 교훈의 전파자라는 것만은 이해하고 있었던 것으로 보입니다.

요한복음을 기록한 요한의 증언을 살펴보면 예수님은 여러 정황 속에서 그가 이미 진리 그 자체이심을 증거하고 계셨습니다. 진리는 거짓의 반대로, 마귀가 거짓의 아비였다면 그는 진리의 아들이셨습니다. 예수님은 요한복음 8장 32절에서 "진리를 알지니 진리가 너희를 자유롭게 하리라"고 말씀하십니다. 그리고 이어지는 36절에서 "그러므로 아들이 너희를 자유롭게 하면 너희가 참으로 자유로우리라"고 말씀하십니다. 그분이 바로 우리를 죄에서 자유하게 하기 위해 오신 진리 그 자체임을 증언하신 것입니다. 그러나 요한복음 8장 45절에서 그는 "내가 진리를 말하므로 너희가 나를 믿지 아니하는도다"라고 한탄하십니다. 이것이 바로 불신의 세상의 본질입니다. 예수님은 진리를 진리로 믿지 못하고 오히려 진리를 왜곡하는 세상의 본질을 이미 선행하는 구절에서 지적하십니다.

"너희는 너희 아비 마귀에게서 났으니 … 그는 처음부터 살인한 자요 진리가 그 속에 없으므로 진리에 서지 못하고 거짓을 말할 때마다 제 것으로 말하나니 이는 그가 거짓말쟁이요 거짓의 아비가 되었음이라"(요 8:44).

요한복음 16장에 가면 예수님은 그를 가리켜 '이 세상 임금'이라고 말씀하십니다. 그러나 이 세상 임금은 예수님으로 말미암아 결국은 심판되리라고 말씀하십니다.

오늘날 세상에서 진리가 왜곡된 이유는 바로 이 세상 임금, 어둠의 왕 때문입니다. 이런 진리가 왜곡된 세상의 모습 중 하나가 지금 우리 사회의 뜨거운 이슈가 되어 가고 있는 동성애/동성 결혼 같은 현상입니다.

"그러므로 하나님께서 그들을 마음의 정욕대로 더러움에 내버려 두사 그들의 몸을 서로 욕되게 하게 하셨으니 이는 그들이 하나님의 진리를 거짓 것으로 바꾸어 … 이 때문에 하나님께서 그들을 부끄러운 욕심에 내버려 두셨으니 곧 그들의 여자들도 순리대로 쓸 것을 바꾸어 역리로 쓰며 그와 같이 남자들도 순리대로 여자 쓰기를 버리고 서로 향하여 음욕이 불 일 듯하매 남자가 남자와 더불어 부끄러운 일을 행하여"(롬 1:24-27).

이 분명한 말씀에 무슨 다른 해석이 요구된단 말입니까? 그러나 이런 분명한 성경의 증언에도 불구하고 오늘의 세상은 '성 소수자의 인권'이란 이름으로 진리를 뒤집기에 혈안이 되고 있습니다. 세계적인 추세는 얼마 가지 않아 성경에 근거해서 동성애/동성 결혼을 반대하는 모든 이들을 인권의 이름으로 단죄하는 세상이 될 것으로 보입니다. 묻고 싶습니다. 세상이 동성애/동성 결혼을 지지하는 다수의 세상이 될 때에라도 우리는 과연 진리의 편에 설 수 있을까요? 우리가 박해를 받더라도 말입니다. '동성애자들을 놓으소서! 저 반동성애자들을 십자가에 못 박으소서!' 할 때에라도 말입니다. 바라바의 석방이 교훈하는 진리는, 이 세상은 진리가 거꾸로 뒤집힌 곳이라는 레슨입니다.

레슨 2: 우리가 바로 강도 바라바

본래 십자가에 못 박혀야 마땅했던 죄인, 그가 바로 바라바였습니다. 그리고 그가 바로 우리입니다. 바라바는 본래 아람어 bar(son)와 abbas(father)의 합성어로 '아버지의 아들'이란 뜻을 갖습니다. 그는 누군가 한 아버지의 아들로 태어나 우리처럼 평범한 인생을 시작한 사람이었습니다. 그러나 자신의 인생의 어떤 사연으로 그는 요한의 증언처럼 강도가 되었습니다.

마태는 마태복음 27장 16절에서 그를 '유명한 죄수'라고 부릅니다. 아마도 세상을 떠들썩하게 하는 어떤 사회적 범죄를 저지른 주인공일 수 있습니다. 마가는 마가복음 15장 7절에서 그를 가리켜 '민란을 꾸미고 그 민란 중에 살인하고 체포된 자'라고 말합니다. 누가는 누가복음 23장 19절에서 "이 바라바는 성 중에서 일어난 민란과 살인으로 말미암아 옥에 갇힌 자러라"고 기록합니다. 여하튼 그는 강도하고 살인한 자로 이웃에게 민폐를 끼친 존재였습니다. 그는 십계명을 깨뜨리고 율법을 범한 사람이었습니다. 이 사람이야말로 십자가에 못 박혀야 마땅한 인생이었습니다.

"누구든지 온 율법을 지키다가 그 하나를 범하면 모두 범한 자가 되나니 간음하지 말라 하신 이가 또한 살인하지 말라 하셨은즉 네가 비록 간음하지 아니하여도 살인하면 율법을 범한 자가 되느니라 너희는 자유의 율법대로 심판 받을 자처럼 말도 하고 행하기도 하라"(약 2:10-12).

이 기준에 의하면 바라바는 명백하게 율법을 범한 심판 받을 자가 아닙니까? 아니 바라바만 그렇습니까? 우리도 그렇게 율법을 범하고 깨뜨린 자로 심판 받을 자가 아니겠습니까?

"무릇 율법 행위에 속한 자들은 저주 아래에 있나니 기록된바 누구든지 율법 책에 기록된 대로 모든 일을 항상 행하지 아니하는 자는 저주 아래에 있는 자라 하였음이라"(갈 3:10).

성경은 율법, 곧 '하라'와 '하지 말라'는 계명 중 단 하나만 깨뜨려도 우리는 저주 받아 마땅한 자라고 말씀합니다. 이 완벽한 하나님의 율법의 기준에 의하면 바라바뿐 아니라 우리 모두가 심판받고 저주받아 마땅한 자가 아니겠습니까? 그런 의미에서 바라바는 바로 우리인 것입니다. 우리가 곧 바라바입니다.

레슨 3: 우리가 바로 사면 받은 바라바

그런데 이상하고 놀라운 사건이 일어났습니다. 군중들은 '바라바를 놓으소서! 대신 예수를 십자가에 못 박으소서!'라고 소리쳤습니다. 죄 있는 강도요, 살인자는 석방하라 하면서 죄 없는 예수는 십자가에 못 박으라고 한 것입니다. 빌라도도 고백하지 않았습니까? 그는 본문 38절에서 "나는 그에게서 아무 죄도 찾지 못하였노라"고 말했습니다. 그러나 무리들은 계속해서 소리칩니다.

"예수를 보고 소리 질러 이르되 십자가에 못 박으소서 십자가에 못 박으소서"(요 19:6).

그래서 예수님은 십자가에 못 박히십니다. 이 사건을 바울은 어떻게 증언합니까?

"그리스도께서 우리를 위하여 저주를 받은바 되사 율법의 저주에서 우리를 속량하셨으니 기록된바 나무에 달린 자마다 저주 아래에 있는 자라 하였음이라"(갈 3:13).

그래서 바라바가 달려야 할 나무 십자가에 예수님이 대신 매달리신 것입니다. 바울 사도는 우리의 '속량'(exagorasso, redeem)을 위해서라고 말합니다. 대가를 지불하고 우리에게 참된 자유를 주시기 위해서라고 말합니다. 바라바는 예수님이 십자가에 못 박히는 모습을 보고나서 어떤 생각을 했을까요? '저 십자가는 내가 달렸어야 하는 십자가인데, 나 대신 저 십자가에 달린 예수님 때문에 내가 용서받고, 내가 자유 얻고 살게 되었구나!'

1900년대 초 미국에서 낮에는 회사에서 일하고 저녁에는 노래를 좋아해 자기를 초대하는 곳에 달려가 노래하던 청년이 있었습니다. 하루는 시카고의 주점에서 노래하는 그를 보던 한 손님이 그가 예수님을 알고 예수님에게 그의 재능을 바치면 얼마나 좋을까 해서 그를 무디 전도대회에 초대합니다. 거기서 예수님을 만난 그는 '예수님이 나 대신 십자가 지심'을 주제로 여러 찬송들을 작사하고 작곡하기 시작합니다. 그러다 그는 아예 모든 사업을 형에게 맡기고 전도 집회 찬양 사역자로 섬기게 됩니다. 여러 곳을 다니다 보니 작은 오르간이 있으면 좋을 듯해서 접을 수 있는 소형 오르간을 만들게 됩니다. 오늘날도 볼 수 있는 작은 오르간에 보면 'Bilhorn Brothers Organ Co.,'라는 회사 로고가 새겨져 있습니다. 빌혼은 오르간 사업으로 크게 성공했으나 그 모든 수익을 주님에게 드리며 평생을 찬양으로 섬기게 됩니다. 그가 가장 좋아한 찬송이 〈우리를 죄에서 구하시려〉입니다.

우리를 죄에서 구하시려 주 예수 십자가 지셨으니
기쁘게 부르세 할렐루야 나 구원 얻었네.

우리를 주께서 구했으니 이전에 행하던 악한 일과
추하고 더러운 모든 죄를 온전히 버렸네.

나 지금 죄에서 사함 받아 거룩한 백성이 되었으니
이 육신 장막을 벗을 때도 겁날 것 없겠네.

(후렴) 찬송하세 찬송하세 주님 나를 구하셨네.
찬송하세 찬송하세 주가 구원하셨네.

_새찬송가 260장

이 찬양의 가사가 바로 바라바의 간증이요, 우리의 간증이 아니겠
습니까! 우리가 바로 사면 받고 구원받은 바라바입니다.

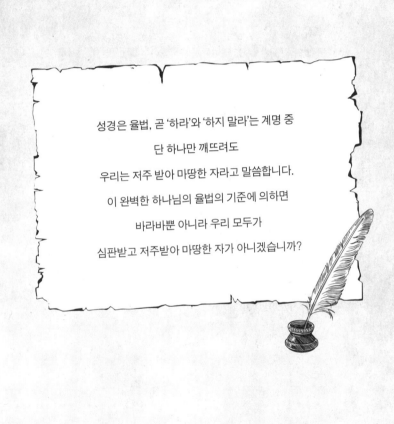

성경은 율법, 곧 '하라'와 '하지 말라'는 계명 중

단 하나만 깨뜨려도

우리는 저주 받아 마땅한 자라고 말씀합니다.

이 완벽한 하나님의 율법의 기준에 의하면

바라바뿐 아니라 우리 모두가

심판받고 저주받아 마땅한 자가 아니겠습니까?

"이에 빌라도가 예수를 데려다가 채찍질하더라 군인들이 가시나무로 관을 엮어 그의 머리에 씌우고 자색 옷을 입히고 앞에 가서 이르되 유대인의 왕이여 평안할지어다 하며 손으로 때리더라 빌라도가 다시 밖에 나가 말하되 보라 이 사람을 데리고 너희에게 나오나니 이는 내가 그에게서 아무 죄도 찾지 못한 것을 너희로 알게 하려 함이로라 하더라 이에 예수께서 가시관을 쓰고 자색 옷을 입고 나오시니 빌라도가 그들에게 말하되 보라 이 사람이로다 하매 대제사장들과 아랫사람들이 예수를 보고 소리 질러 이르되 십자가에 못 박으소서 십자가에 못 박으소서 하는지라 빌라도가 이르되 너희가 친히 데려다가 십자가에 못 박으라 나는 그에게서 죄를 찾지 못하였노라 … 이에 예수를 십자가에 못 박도록 그들에게 넘겨주니라"(요 19:1-6, 16).

22. 보라 이 사람이로다

우리가 견디기 어려운 고통과 씨름할 때
성령은 우리에게 이렇게 말씀하십니다.
'보라, 이 사람을. 이 사람 예수를!'

현대 선교 운동사를 공부하다 보면 19세기에 촉발된 개신교 선교 운동을 자극한 18세기 독일 경건주의 운동을 만나게 됩니다. 독일 경건주의의 아버지라 불리던 지도자 중에 친첸도르프(Zinzendorf)란 분이 계십니다. 그의 나이 19세에 학교 졸업 여행을 하던 중 뒤셀도르프 미술관을 들렀다가 자신의 인생을 바꾼 한 그림을 만나게 됩니다. 이 그림의 작가는 이탈리아 화가 도메니코 페티(Domenico Feti)였습니다. 그가 그린 한 작품 앞에서 그는 발을 떼지 못한 채 응시하고 있었습니다. 이 그림의 제목은 〈에케 호모〉(Ecce Homo, '보라 이 사람이로다') 입니다. 이 그림 아래에는 다음과 같은 글이 적혀 있었습니다.

"난 너를 위해 목숨을 버렸건만 넌 나를 위해 무엇을 주느냐?"

이 그림과 글 앞에 그는 마음의 무릎을 꿇고 자신의 인생을 하나님 앞에 드리게 됩니다.

'보라 이 사람이로다'(에케 호모)는 본문 5절에서 빌라도가 한 말입니다.

"이에 예수께서 가시관을 쓰고 자색 옷을 입고 나오시니 빌라도가 그들에게 말하되 보라 이 사람이로다."

이스라엘 성지순례를 가 보면 예루살렘 스데반 문(사자 문)을 지나 소위 비아 돌로로사(Via Dolorosa, 슬픔의 길)가 시작되는 지점에 이 '에케 호모' 아치가 세워져 있는 것을 볼 수 있습니다. 빌라도는 죄가 없었다고 생각한 그분, 그러나 바라바를 사면하고 그를 십자가에 못 박아야 한다고 유대인들이 소리치고 있었던 바로 그분, 그분을 마지막 재판정으로 끌고 나가면서 소리쳤던 말입니다.

"보라 이 사람이로다."

빌라도가 무의식적으로 한 이 말은 지금까지 수많은 인류를 깨우는 영적인 메시지가 되어 왔습니다. 성경의 저자이신 성령은 지금도 우리를 향해, 인류를 향해 이 메시지를 전달하고 계십니다.

"보라 이 사람이로다. 이 사람을 보라."

그렇다면 빌라도가 외쳤던 그분은 당시의 상황에서 도대체 누구였습니까? 그리고 지금 우리의 상황에서 그는 누구십니까? 그가 도대체 누구시기에 우리는 그를 아직도 주목해야 하는 것입니까?

채찍에 맞으신 예수

"이에 빌라도가 예수를 데려다가 채찍질하더라"(요 19:1).

말이 채찍질이지 이것은 상상을 불허하는 최악의 고문의 성격을 지닙니다. 3세기의 역사가 에우세비우스(Eusebius)는 이 형벌에 대해 이런 기록을 남겼습니다.

"이 채찍질을 당하는 사람은 정맥이 밖으로 튀어나오고 근육과 창자의 일부가 노출되곤 했다."

왜냐하면 세 겹 이상으로 엮어진 가죽 채찍에는 무수한 뼛조각들이 박혀 있고, 39가닥으로 엮은 쇠구슬도 달려 있었다고 합니다. 이런 채찍으로 기둥에 묶어 놓은 채 어깨에서 허리까지 사정없이 내리쳐 죽기 직전까지 실신 상태를 만들었던 것입니다. 이는 너무 잔인해서 로마 시민들에게는 제외했던 형벌이었습니다. 이런 채찍을 맞으시고 그 무거운 십자가를 지고 그 길을 넘어짐 없이 걸어가신다는 것은 상상할 수 없는 일입니다. 유대인들은 이런 채찍질을 39번으로 제한했지만 로마인들에게는 이런 제한도 없이 죽기 직전까지 내리치는 벌이었다고 합니다. 한마디로 인간이 경험할 수 있는 극한의 고통을 당하신 것입니다.

도대체 왜 예수님이 이런 채찍질의 고문을 당하셔야 했습니까? 신약성경에서 채찍질을 한 번 더 언급하고 있는 베드로전서 2장 24절의 말씀이 그 이유를 우리에게 전하고 있습니다.

"친히 나무에 달려 그 몸으로 우리 죄를 담당하셨으니 이는 우리로 죄에 대하여 죽고 의에 대하여 살게 하려 하심이라 그가 채찍에 맞음으로 너희는 나음을 얻었나니."

우리는 곧바로 이 대목에서 이사야 선지자의 예언을 떠올리게 됩니다. 이 말씀은 바로 이사야 예언의 성취였던 것입니다.

"그가 찔림은 우리의 허물 때문이요 그가 상함은 우리의 죄악 때문이라 그가 징계를 받으므로 우리는 평화를 누리고 그가 채찍에 맞으므로 우리는 나음을 받았도다"(사 53:5).

그가 이런 극한의 고통을 당하심은 바로 우리의 치유를 위해서였다는 것입니다. 우리가 세상을 살면서 어떤 고통을 당할 때 우리는 때로 '누가 이런 내 고통을 이해하겠는가?'라는 물음을 갖게 됩니다. 이때 어떤 경우라도 꼭 한 분만은 내 고통을 이해하신다는 것을 기억하십시오. 그가 바로 우리를 위해, 우리의 허물과 죄악 때문에 우리 대신 채찍질당하신 예수 그리스도이십니다.

우리가 견디기 어려운 고통과 씨름할 때 성령은 우리에게 이렇게 말씀하십니다. '보라, 이 사람을. 이 사람 예수를!' 그는 당신보다 더한 채찍의 고통을 받으셨음을 기억하십시오. 그리고 그분은 이 세상에 계실 때 고통당하는 사람들을 결코 외면하지 않으셨음을 기억하십시오. 그는 우리를 불쌍히 여기시며 때로는 말씀으로, 때로는 그의 손을 얹어 우리를 치유해 주신 분입니다. 성경은 우리의 고통을 이해하고 그 고통을 담당하신 그분 예수에게 나아와 그에게 손을 대는 자마다 다 나음을 얻었다고 증언합니다. 그가 채찍에 맞으시고 고통당하신 이유는 우리의 치유를 위해서입니다.

조롱당하신 예수

"군인들이 가시나무로 관을 엮어 그의 머리에 씌우고 자색 옷을 입히고 앞에 가서 이르되 유대인의 왕이여 평안할지어다 하며 손으로 때리더라"(요 19:2-3).

지금 이들은 무엇을 하고 있습니까? 예수님을 조롱하고 있는 것입니다. 머리에 씌운 가시관과 자색 옷은 다 예수를 왕으로 조롱하기 위한 장치들이었습니다. '네가 과연 유대인의 왕이로구나!' 이런 조롱으로 예수님은 육체적으로 극심한 고통을 당하셨을 뿐만 아니라, 극한 상황의 정신적인 고통까지 감내하신 것입니다. 마태는 이들의 행동이 분명한 조롱의 의도가 있음을 밝히고 있습니다.

"그와 같이 대제사장들도 서기관들과 장로들과 함께 희롱하여 이르되 그가 남은 구원하였으되 자기는 구원할 수 없도다 그가 이스라엘의 왕이로다 지금 십자가에서 내려올지어다 그리하면 우리가 믿겠노라"(마 27:41-42).

조롱과 모욕처럼 우리의 자존감을 짓밟는 사건이 어디 있겠습니까? 그가 왜, 무엇 때문에 이런 조롱의 대상이 되어야 한단 말입니까?

그 이유는 명백합니다. 우리가 조롱받지 않기 위해서입니다. 우리가 예수 믿고 누리는 가장 현저한 축복 중의 하나는 자존감의 회복입니다.

"네가 내 눈에 보배롭고 존귀하며 내가 너를 사랑하였은즉"(사 43:4).

이 음성을 들었기 때문입니다. 그렇다면 이제부터 우리의 삶은 세상에서도 조롱당하지 않는 당당한 삶이어야겠습니다. 그런데 과연 우리는 그런 삶을 살고 있을까요?

19세기, 스페인 사라고사의 한 성당에 화가 엘리아스 가르시아 마르티네스(Elias Garcia Martinez)란 이에 의해 도메니코 페티의 그림 제목과 같은 〈에케 호모〉라는 그림이 프레스코 벽화로 그려졌습니다. 그런데 세월이 지나가며 습기 등으로 그림이 훼손되자 이것을 안타깝게 여긴 80대의 할머니 성도 세실리아 히메네스(Cecillia Gimenez)란 분이 이것을 원래 그대로 복원하겠다고 덧칠을 해서는 오히려 이 벽화를 완전히 훼손시키는 결과를 초래했습니다. 그림 솜씨도 별로였지만 프레스코 벽화의 특성을 이해 못한 탓에 그림을 망치고 만 것입니다. 덧칠 후에 이 그림은 예수님이 아니라 원숭이처럼 보이게 되었습니다. 사람들은 그때부터 이 그림을 〈에케 호모〉(보라 이 사람이로다)가 아니라, 〈에케 모노〉(Ecce Mono, 보라 원숭이로다)라고 말하게 되었다고 합니다.

예수 믿고 예수를 주인으로 영접하며 사는 우리가 예수님의 아름다운 모습이 아닌, 예수님을 왜곡한 원숭이 같은 인생으로 전락한 채하루하루를 살아가고 있지는 않은지요? 우리로 조롱당하지 않도록 십자가에서 우리 대신 조롱받으신 예수님이 다시 우리의 잘못 덧칠한 인생으로 인해 조롱받고 계신 것은 아닌지요? 예수님, 그는 누구십니까? 그는 우리로 인해 아직도 조롱받고 계신 예수 그리스도이십니다.

십자가에 죽으신 예수

"이에 예수를 십자가에 못 박도록 그들에게 넘겨주니라"(요 19:16).

마침내 나사렛 예수는 십자가에 못 박혀 돌아가셨습니다. 두 강도 사이에서(요 19:17-18 참조) 범죄자 중 한 사람으로 돌아가셨습니다. 그러나 우리는 이사야 선지자의 도움으로 이런 예수님의 죽으심이 바로 하나님이 계획하신 예언의 성취이며 우리를 대신한 죽음이었음을 알게 됩니다.

"이는 그가 자기 영혼을 버려 사망에 이르게 하며 범죄자 중 하나로 헤아림을 받았음이니라 그러나 그가 많은 사람의 죄를 담당하며 범죄자를 위하여 기도하였느니라"(사 53:12).

그렇습니다. 그가 왜 죽으셨습니까? 우리를 살리시기 위해서였습니다. 우리로 그분의 십자가를 바라보며 의의 길을 걷도록, 새 생명 가운데 행하도록 하기 위해서였습니다. 사도 베드로는 이렇게 말합니다.

"이를 위하여 너희가 부르심을 받았으니 그리스도도 너희를 위하여 고난을 받으사 너희에게 본을 끼쳐 그 자취를 따라오게 하려 하셨느니라"(벧전 2:21).

세월이 지난 후 도메니코 페티의 〈에케 호모〉를 보고 인생이 바뀐 또 한 사람이 있습니다. 1836년 영국에서 태어난 프랜시스 리들리 하버갈(Frances Ridley Havergal)이란 여인입니다. 그녀는 성공회 목사의 2남 4녀 중 막내딸로 태어납니다. 행복한 가정에서 행복하게 자라났지만 어머니가 병으로 별세하는 계기로 그녀는 열다섯 살 되던 해에 자신의 부친과 재혼할 여인을 만나 신앙을 이야기하다가 '지금 네가 예수님을 믿지 못할 어떤 이유라도 있느냐?'는 도전을 받고 예수님을 영접하게 됩니다. 그리고 그다음 해에 부친이 병 요양을 위해 독일 뒤셀도르프로 갈 때 동행하게 됩니다.

그녀는 독일 학교에서 잠시 공부하게 된 어느 날 미술관에서 도메니코 페티의 유명한 그림 〈에케 호모〉를 만나게 됩니다. 그림도 그림이지만 그림 아래 쓰인 글이 그녀의 폐부를 찌르게 됩니다.

"난 너를 위해 목숨을 버렸건만 넌 나를 위해 무엇을 주느냐?"

그녀는 수첩을 꺼내어 그 글을 베끼고는 숙소로 돌아와 그 글을 묵상하며 자신의 인생을 온전히 주님에게 드리기로 결단하게 됩니다. 그 후 그녀는 도메니코 페티의 말로 한 편의 시를 만들고자 시도

했지만 시가 완성되지 않아 어느 날 그 미완성의 시를 벽난로 불에 던졌다고 합니다. 그런데 그 종이가 바람에 날려 다시 벽난로 밖으로 나오자 이 시를 간직해야 할 것 같은 마음이 생겨 보관합니다.

영국으로 다시 돌아온 어느 날, 부친에게 그 시를 보여 주자 아버지는 그 시를 완성해 보라고 격려합니다. 그래서 탄생한 시가 〈내 너를 위하여〉입니다.

내 너를 위하여 몸 버려 피 흘려
네 죄를 속하여 살길을 주었다.
널 위해 몸을 주건만 너 무엇 주느냐.
널 위해 몸을 주건만 너 무엇 주느냐.

아버지 보좌와 그 영광 떠나서
밤 같은 세상에 만백성 구하려
내 몸을 희생했건만 너 무엇 하느냐.
내 몸을 희생했건만 너 무엇 하느냐.

죄 중에 빠져서 영 죽을 인생을
구하여 주려고 나 피를 흘렸다.
네 죄를 대속했건만 너 무엇 하느냐.
네 죄를 대속했건만 너 무엇 하느냐.

한없는 용서와 참사랑 가지고

세상에 내려와 값없이 주었다.

이것이 귀중하건만 너 무엇 주느냐.

이것이 귀중하건만 너 무엇 주느냐.

_새찬송가 311장

그때 이후 그녀는 찬송 작시자의 길을 걷게 되었고, 불과 43세의 짧은 생을 살았지만 수백 편의 찬송시를 작사합니다. 우리 찬송가에만도 일곱 편의 시가 실려 있습니다.

이 사람을 보십시오. 십자가에 고난 받고 죽으신 예수를 보십시오! 그는 오늘도 물으십니다.

"난 너를 위해 목숨을 버렸건만 넌 나를 위해 무엇을 주느냐?"

어떤 경우라도 꼭 한 분만은

내 고통을 이해하신다는 것을 기억하십시오.

그가 바로 우리를 위해, 우리의 허물과 죄악 때문에

우리 대신 채찍질당하신 예수 그리스도이십니다.

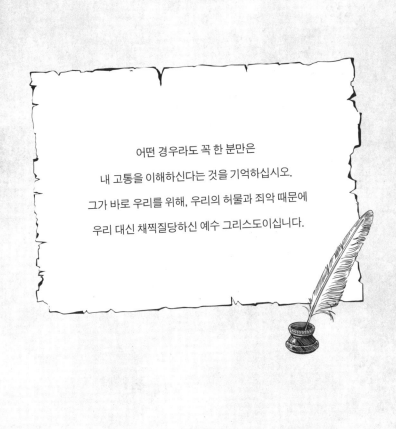

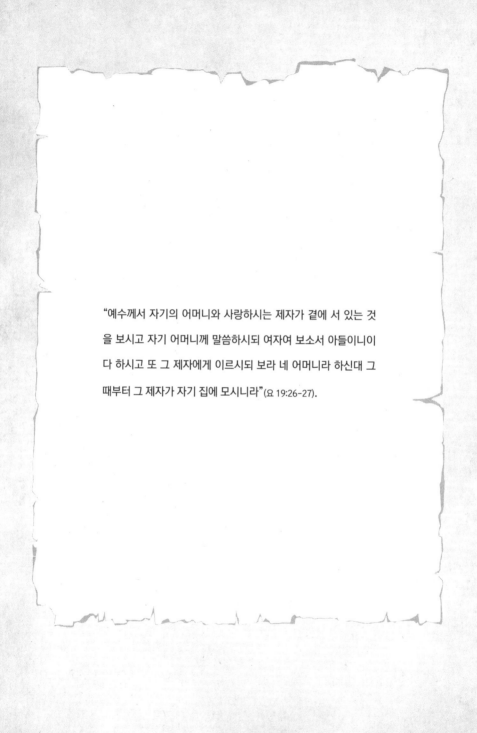

"예수께서 자기의 어머니와 사랑하시는 제자가 곁에 서 있는 것

을 보시고 자기 어머니께 말씀하시되 여자여 보소서 아들이니이

다 하시고 또 그 제자에게 이르시되 보라 네 어머니라 하신대 그

때부터 그 제자가 자기 집에 모시니라"(요 19:26-27).

23. 엄마 아빠를 부탁해

우리가 태어날 때부터 지금까지 우리 믿음의 부모들은
우리를 위해 기도를 쉰 적이 없습니다.
이제는 우리가 기도할 차례입니다.

제목이 어쩐지 낯익게 다가오지 않습니까? 아는 사람이라면 즉각적
으로 수년 전 우리 문학계의 베스트 소설, 200만 부를 돌파하고 영
어로도 번역되어 세계적으로 화제가 된 작가 신경숙의《엄마를 부탁
해》(창비)를 떠올릴 것입니다. 이 소설이 국경을 넘으면서까지 이 시
대 수많은 마음에 어필한 이유는 무엇일까요? 이것은 단순히 엄마에
대한 회상 때문만이 아닌, 인류의 생의 근원이며 희생의 보편적 모델
이요, 그 무엇으로도 대신할 수 없는 사랑의 유일한 가치인 어머니를
우리로 다시 발견하게 만들었기 때문일 것입니다. 이 소설은 지하철
역에서 아버지의 손을 놓치고 실종된 어머니의 흔적을 찾아가는 가
족들의 이야기로 시작됩니다. 엄마는 사라짐으로써 가족들에게 새롭
게 다가오는 존재가 된 것입니다. 전단지를 붙이고 광고를 내면서 엄

마를 찾아 헤매는 자식들, 그들은 잃어버린 엄마를 찾아 헤매면서 잃어버리고 살았던 엄마에 대한 기억을 다시 복원해 가는 것입니다.

큰아들은 실로 오랜만에 아들의 졸업 증명서를 들고 난생 처음 기차를 타고 서울에 올라와 아들의 숙소에 머물며 이야기하던 엄마의 목소리를 기억해 냅니다. 앞만 바라보고 성공가도를 달려오느라 정작 정성으로 자신을 키운 엄마의 존재를 잊고 지내온 자신의 어리석음과 이제는 사라지고 없는 엄마의 빈자리를 보며 통한의 눈물을 흘립니다.

딸의 기억도 다르지 않았습니다. 어린 소녀 시절의 꿈도 잊은 채 일찍 시집와서 줄줄이 다섯 아이를 낳고 자식들을 위해 오직 희생으로 점철되었던 엄마의 생애. 엄마라고 그렇게 희생만 하고 살고 싶었을까. 엄마는 그동안 얼마나 외롭고 힘든 시간을 버티어 냈을까. 누구에게도, 심지어 가족에게도 이해되지 못한 채 오로지 희생만 해야 했던 그런 부당한 일을 어떻게 견디어 냈을까 생각하며 미처 못다 한 말을 소리 내어 외칩니다. "아무도 기억해 주지 않는 엄마의 일생을 난 정말 사랑한다고. 존경한다고" 말입니다.

이 소설이 우리에게 주는 감동은 이 소설 속의 어머니가 우리 모두의 어머니와 크게 다르지 않다는 사실 때문입니다. 그래서 이 소설 속의 엄마는 이 소설을 읽는 독자들에게 지난날의 모든 상처와 슬픔을 끌어안고 고생한 '내 엄마'의 모습으로 우리에게 돌아와 묻고 있는 것입니다. "그래, 그래서 넌 네 엄마인 나를 어떻게 할 것인데?" 끝

내 엄마를 찾지 못한 소설 속의 화자는 마지막으로 이탈리아 여행 중에 만난 바티칸의 〈피에타〉(Pieta), 예수님의 시체를 안고 울고 있는 어머니 마리아 앞에서 "엄마를 부탁해"라고 절규합니다. 그리고 미켈란젤로(Michelangelo Buonarroti)의 이 〈피에타〉상의 영감의 원천이 바로 본문 말씀입니다. 달라진 것은 예수님이 마지막 십자가의 죽음을 앞두고 십자가에 달리신 채로 자신과 작별하는 어머니 마리아를 바라보며 그 옆에 있던 자신의 제자 요한에게 '엄마를 부탁해'라고 말씀하고 계신 것입니다.

우리는 이 익숙한 본문 앞에서 '그러면 우리는 우리의 어머니, 아버지를 어떻게 할 것인가?'를 물어야 합니다. 본문은 적어도 두 가지로 우리의 결심을 촉구합니다. 무엇일까요?

할 수 있는 최선으로 부모를 모시라

우리가 예수님을 따르는 그의 제자라면 그분의 모범을 따르는 것은 지극히 당연한 일이 아니겠습니까? 사람이 고통을 느끼면 그 고통 외에는 다른 아무것도 생각하지 못하게 된다고 합니다. 그런데 예수님은 그 십자가의 엄청난 고통 속에서도 자신을 바라보고 아파하는 어머니를 바라보며 어머니를 부르십니다.

"예수께서 자기의 어머니와 사랑하시는 제자가 곁에 서 있는 것을 보시고 자기 어머니께 말씀하시되 여자여 보소서 아들이니이다 하시고"(요 19:26).

그리고 홀로 땅에 남겨질 어머니를 어떻게 할 것인가를 생각하십니다. 그래서 어머니 곁에 있던 사랑하는 제자 요한을 부르시고 그에게 '네 어머니로 모셔 다오'라고 부탁하신 것입니다.

"또 그 제자에게 이르시되 보라 네 어머니라 하신대 그때부터 그 제자가 자기 집에 모시니라"(요 19:27).

이것이 예수님이 이 상황에서 할 수 있으셨던 최선이었습니다.

때로는 우리가 부모에게 할 수 있는 최선이 아주 미미하고 작은 일일지도 모릅니다. 그러나 그 작은 효도가 우리에게 필요한 것입니다. 우리 부모의 엄청난 희생에 비하면 우리 사랑의 표현은 너무나 작고 소소한 것일지 모릅니다. 그런데 그 작은 사랑의 표현을 경험하고 감동받는 부모의 모습을 보십시오. 자녀의 작은 것 하나에도 감동하고 감격해하는 것이 바로 부모라는 존재입니다.

예수님의 마지막 관심은 부모님이었습니다. 그래서 바울 사도도 그의 마지막 편지에서 그의 후계 디모데에게 이렇게 가르칩니다.

"누구든지 자기 친족 특히 자기 가족을 돌보지 아니하면 믿음을 배반한 자요 불신자보다 더 악한 자니라"(딤전 5:8).

할 수 있는 기도로 부모를 주님에게 부탁하라

본문을 읽으면서 일어나는 의문이 하나 있습니다. 왜 하필이면 주님이 자신의 어머니를 제자 요한에게 부탁하셨을까입니다. 다른 제자들도 거기에 있지 않았겠습니까? 그리고 예수님에게는 다른 동생들(마 13:55 참조)도 있지 않았습니까? 사실 본문에는 요한이 아닌 "사랑하시는 제자"(요 19:26)라고 기록했을 따름입니다. 그러나 성경학자들은 요한복음의 저자 요한이 요한복음에서 자신을 호칭하는 방법이었다고 거의 일치하게 증언합니다. 이 표현은 요한복음에 네 차례 등장합니다. 실제로 요한은 자신이 주님의 다른 어떤 제자들보다 사랑받고 있다고 느꼈기 때문이었을 것입니다. 그렇다면 그런 주님이 누구보다 사랑하는 제자에게 자신의 어머니를 맡기는 것이 가장 효율적인 처방이 아니겠습니까? 그리고 실제로 결과론적이지만, 제자들 중 요한이 가장 오래, 적어도 95세 이상을 살았습니다. 터툴리안(Tertulian)이라는 교부는 그가 100세를 누린 바로 다음 날 A.D. 106년경에 그가 어머니 마리아를 잘 모시다가 에베소에서 세상을 떠났다고 증언합니다. 지금의 터키 에베소에는 요한이 어머니 마리아를 모시던 집이 성지로 보존되어 있습니다. 주님은 이것을 정확하게 알고 계셨습니다. 그가 바로 하나님이신 까닭입니다. 주님은 누가 자신의 어머니를 가장 잘 돌볼 것인가를 아신 것입니다.

그렇다면 우리도 우리의 부모님을 이런 주님에게 부탁드림이 가장 좋은 효도의 비방이 아니겠습니까? 우리가 아무리 최선을 다해 모신다 해도 우리의 최선은 언제나 한계를 가질 수밖에 없습니다. 그리고 유한한 우리는 언제 어디서나 부모와 함께할 수도 없습니다. 그렇다면 '내가 세상 끝 날까지 언제 어디서나 함께하겠다'고 약속하신 그분에게 우리의 부모를 기도로 의탁하는 것보다 더 효율적인 섬김이 어디 있겠습니까? 이처럼 사랑하는 사람들을 위해 기도하는 것을 우리는 중보기도한다고 말합니다. 그리고 우리 중보의 우선순위는 바로 우리의 부모여야 합니다. 왜입니까? 우리 그리스도인 자녀들은 그 부모의 중보기도에 빚진 자들이기 때문입니다. 그들이 우리를 기도로 길렀습니다. 이제는 우리가 그들을 위해 기도로 섬길 차례입니다.

우리는 부모가 늙어 가면서 다시 아이처럼 되어 간다고 말합니다. 사실입니다. 이것은 노화 현상에서 일어나는 일종의 퇴행입니다. 그래서 흥미로운 것은, 자녀가 어린 시절 부모로부터 듣던 말을 이제는 거꾸로 자녀들이 하게 된다는 것입니다. 우리가 어릴 땐 부모님이 우리에게 "길 조심해라", "밥 거르지 말고 챙겨 먹어라", "건강 챙기며 쉬엄쉬엄 일해라"라고 말씀하셨습니다. 그런데 이제는 우리가 부모님을 걱정하며 말합니다. "길 조심해서 가세요", "식사 거르지 말고 꼭 하세요", "제발 나이 생각하시고 건강 좀 챙기세요"라고 말입니다.

우리가 태어날 때부터 지금까지 우리 믿음의 부모들은 우리를 위한 기도를 쉰 적이 없으십니다. 문자 그대로 그들은 우리를 기도로 기르셨습니다. 그 기도가 우리를 살린 것입니다. 그러면 이제는 우리가 기도할 차례입니다. 우리가 중보기도할 차례입니다. 부모님이 기도로 우리를 살린 것처럼, 이제는 우리가 기도로 부모님을 살릴 차례입니다. 기도로 우리 부모님을 주님에게 부탁할 차례입니다. 다른 것은 못해도 기도는 할 수 있지 않습니까? 모든 것을 다 아시고 모든 것을 다 하실 수 있는 주님에게 부모님을 부탁할 수 있지 않겠습니까?

이제야말로 우리 엄마, 우리 아빠, 우리 자녀, 우리 가정을 주님에게 기도로 부탁할 때입니다.

"아리마대 사람 요셉은 예수의 제자이나 유대인이 두려워 그것을 숨기더니 이 일 후에 빌라도에게 예수의 시체를 가져가기를 구하매 빌라도가 허락하는지라 이에 가서 예수의 시체를 가져가니라 일찍이 예수께 밤에 찾아왔던 니고데모도 몰약과 침향 섞은 것을 백 리트라쯤 가지고 온지라 이에 예수의 시체를 가져다가 유대인의 장례법대로 그 향품과 함께 세마포로 쌌더라 예수께서 십자가에 못 박히신 곳에 동산이 있고 동산 안에 아직 사람을 장사한 일이 없는 새 무덤이 있는지라 이날은 유대인의 준비일이요 또 무덤이 가까운 고로 예수를 거기 두니라"(요 19:38-42).

24. 커밍아웃

우리는 어떻게 두려움을 극복하고 당당하게 커밍아웃할 수 있을까요?
그 대답은 의외로 단순합니다.
여호와 하나님을 경외하면 됩니다.

최근 뉴스에서 우리는 종종 '커밍아웃'이란 말을 듣게 됩니다. 커밍아웃의 사전적 정의는 "성소수자가 자신의 성적 지향이나 정체성을 공개적으로 드러내는 일"(두산백과)을 의미합니다. 단순하게 '아웃팅'이라고도 합니다. 주로 게이, 레즈비언, 양성애자라고 밝히는 것을 뜻하는 말입니다. 하지만 본래 이 단어는 '벽장 속에서 나오다'(coming out the closet)라는 뜻에서 유래한 것으로, 광의(廣義)로는 자신의 사상이나 지향점을 밝히는 행위로 폭넓게 쓰이기도 합니다. 저는 이 단어를 신앙 고백과 관련해서 사용하고자 합니다. 즉 예수를 자신의 구주와 주님으로 믿으면서도 그 사실이 알려질 경우 그가 받을 손실을 생각해서 그리스도인으로서 자신의 정체성을 은폐하고 살아온 사람들의 공개적 자기 선언을 의미하는 것입니다.

본문에서 그런 커밍아웃을 선택한 예수의 제자가 바로 아리마대 요셉입니다.

"아리마대 사람 요셉은 예수의 제자이나"(요 19:38).

우리는 이 사람을 흔히 아리마대 요셉이라고 부릅니다. 그런데 이렇게 부르면 성이 요셉이고 이름은 아리마대인가 착각할 수도 있습니다. 아리마대는 지명입니다. 이름 앞에 지명을 붙인 이유는 요셉이라는 이름이 유대 나라에서 아주 흔했기 때문입니다. 유대의 거리에서 '요셉아!' 부르면 서너 사람이 대답할 수도 있습니다.

아리마대는 유대 나라 중앙 산지 예루살렘 서북쪽으로 한 100킬로미터 올라가면 존재하는 작은 마을로, 본래는 라마다임소빔이라고 호칭되던 마을이며, 선지자 사무엘의 고향이기도 합니다. 이 마을에 살던 아리마대 사람 부자 요셉이 이야기의 주인공입니다. 그는 본문의 증언처럼 본래 예수의 제자이나, 예수의 제자임을 숨기고 살아온 007제자, 숨어 사는 간첩 같은 제자였습니다. 그런데 그에게 커밍아웃의 시간이 도래했습니다. 그의 커밍아웃의 레슨이 갖는 의미는 무엇입니까?

두려움을 극복한 커밍아웃

"아리마대 사람 요셉은 예수의 제자이나 유대인이 두려워 그것을 숨기더니 이 일 후에 빌라도에게 예수의 시체를 가져가기를 구하매 빌라도가 허락하는지라 이에 가서 예수의 시체를 가져가니라"(요 19:38).

여기 '예수의 제자이나'라는 단어의 뉘앙스가 흥미롭지 않습니까? 그가 예수의 제자임을 숨기고 있었다는 것입니다. 왜입니까? 두려움 때문이었습니다. 구체적으로는 자신의 동족 유대인에 대한 두려움 때문이라고 했습니다. 아마도 동족의 공동체에서 소외됨, 곧 왕따 됨을 두려워했기 때문이었을 것입니다. 그런데 이것이 과연 아리마대 요셉만의 문제일까요?

수년 전 잘 알려진 모 그룹 신우회를 이끌고 있는 한 분을 만날 기회가 있었습니다. 그분을 만나자 그 회사 임원으로 있는 우리 교회 집사님이 생각나 그분을 아느냐고 물었더니 그분이 정말 목사님 교회에 나가시냐는 반문이 돌아왔습니다. 그러면서 그분이 그리스도인인 줄 몰랐다는 의외의 대답이 돌아왔습니다. 그때 저는 얼굴이 화끈거려 땅속에라도 기어 들어가고 싶었습니다. 그분이 왜 그랬을까요? 혹시 자기 승진에 지장이 있을까 봐? 아니면 신우회 나가는 믿음의 사람들에게 무언가를 지시하는 것이 어려워질까 봐? 원인이 무엇이든, 분명한 것은 그분 안에 있는 어떤 두려움 때문이었을 것입니다.

우리는 어떻게 이런 두려움을 극복하고 당당하게 커밍아웃할 수 있을까요? 그 대답은 의외로 단순합니다. 여호와 하나님을 경외하면 됩니다. 잠언에 얼마나 자주 강조되는 말씀입니까?

"여호와를 경외하는 것이 지식의 근본이거늘"(잠 1:7).

"여호와를 경외하며 악을 떠날지어다"(잠 3:7).

그런데 여기 '경외'라는 단어가 영어로는 'fear'입니다. 여호와를 두려워하라는 말입니다. 여호와를 경외함은 가장 크고 고상한 두려움입니다. 이 두려움이 있으면 다른 작은 두려움은 절로 사라집니다. 하나님을 두려워하는 자는 사람을 두려워할 필요가 없습니다.

"여호와를 경외하는 자에게는 견고한 의뢰가 있나니 그 자녀들에게 피난처가 있으리라 여호와를 경외하는 것은 생명의 샘이니 사망의 그물에서 벗어나게 하느니라"(잠 14:26-27).

아리마대 요셉은 마침내 이 두려움을 극복한 것입니다. 무엇이 계기가 되었을까요? 추측입니다만 십자가를 둘러싼 어떤 사건이 그런 계기를 만들었을 것입니다. 십자가상에서 "아버지 저들을 사하여 주옵소서 자기들이 하는 것을 알지 못함이니이다"(눅 23:34) 하시던 예수님의 기도에서 그의 마음을 돌이켰을지도 모릅니다. 혹은 마지막 십자가상에서 회개하는 강도의 용기 있는 고백과 그를 향해 "오늘 네가 나와 함께 낙원에 있으리라"(눅 23:43)는 그분의 말씀이 그의 마음을 바꾸게 했는지도 모릅니다. 아니면 십자가에 어둠이 내리고 태양이 빛을 잃는 순간 로마의 백부장조차 "이는 진실로 하나님의 아들이었도다"(마 27:54)라고 고백하는 순간, 아마도 아리마대 요셉은 이제 더 이상 그가 예수의 제자임을 숨길 필요가 없다고, 이젠 아무것도 두려워할 것 없다고 마음먹었을지 모릅니다. 중요한 것은, 더 늦기 전에 커밍아웃해야겠다고 결심한 것입니다. 이 결단이 오늘 당신에게도 필요한 것은 아닌가요?

선한 영향을 끼친 커밍아웃

"일찍이 예수께 밤에 찾아왔던 니고데모도 몰약과 침향 섞은 것을 백 리트라(327그램)쯤 가지고 온지라"(요 19:39).

　아리마대 요셉의 커밍아웃이 누구에게 영향을 주었습니까? 맞습니다. 니고데모입니다. 성경은 '니고데모도'라고 기록합니다. 그리고 '일찍이 예수께 밤에 찾아왔던 니고데모'라고 말합니다. 성경은 그가 예수님을 처음 찾아왔을 때가 밤이었음을 잊지 않고 기록합니다.

　니고데모는 본래 유대인 공의회의 관원(산헤드린 70명의 의회원의 일원)이었습니다. 그는 이런 자신의 사회적 지위와 체면을 의식한 나머지 감히 낮 시간에 예수님을 만나지 못하고 밤에 찾아와 거듭남의 길에 대한 레슨을 받은 것입니다. 저는 니고데모가 그날 밤 예수님이 메시아이심을 믿고 돌아갔을 것이라고 생각합니다. 그러나 그날 이후 자신이 예수의 제자가 된 것을 공개적으로는 밝히지 못한 채로 살아간 듯 보입니다. 그런데 이제 그도 커밍아웃의 결단 앞에 선 것입니다.

　"아리마대 사람 요셉이 와서 당돌히 빌라도에게 들어가 예수의 시체를 달라 하니 이 사람은 존경받는 공회원이요 하나님의 나라를 기다리는 자라"(막 15:43).

이때 니고데모가 받았을 충격을 상상해 보십시오. 자기와 같은 공회원(산헤드린) 멤버인 아리마대 요셉이 예수의 제자임을 밝히고 그의 장례를 치르겠다고 나서는 모습을 보고 자신도 이제 밀실의 신앙인에서 광장의 신앙인으로 커밍아웃, 아웃팅한 것입니다. 예수의 장례 행렬에 공개적으로 가담한 것입니다.

당신은 일터에서 당신이 그리스도인인 것을 공개합니까? 아니, 일터 동료들과 어울리는 점심 식사 시간에 기도한 후 먹습니까? 혹시 속으로만 아멘하든지, 눈만 깜빡하고 식사하는 건 아닙니까? 공개적인 기도가 꺼려진다면 어떻게 전도의 기회를 갖겠습니까? 그리스도인인 것이 알려지면 그리스도인답게 더 정직하고 더 책임감 있게 살아갈 부담이 생길 것입니다. 신앙의 사람인 것을 알리지 않은 채 이웃에게 믿음의 선한 영향을 끼치기는 쉽지 않습니다. 내 믿음을 공개하는 것은 부담이지만, 이는 동시에 기회이기도 합니다.

가끔 운전하다 보면 차량에 물고기 표시라든지 교회 스티커가 붙어 있는 것을 봅니다. 저는 이들이 담대한 신앙인이라고 생각합니다. 그런데 그런 표시를 부착하고 다니면서 교통신호를 안 지킨다든지 끼어들기를 하면 예수님 욕보이고 교회를 욕보인다는 거, 아시죠? 저는 그럴 바엔 차라리 아무 표시를 안 하는 것이 낫겠다고 생각되는 때가 많습니다. 표시를 하지 말라는 것이 아닙니다. 하십시오. 그러나 거기에는 책임이 따른다는 것을 잊지 마십시오. 교통신호 철저히 지키고 다른 운전자에게 양보하고 예절을 지킨다면, 그것은 곧바로 선한 영향을 끼치는 것입니다.

사업장의 경우도 마찬가지입니다. 예컨대, 식당 운영을 하면서 일터에 성구라든지 교인 된 흔적을 공개하는 성도들이 많습니다. 그럴수록 그 식당은 더 친절하고, 더 정직하고, 더 좋은 음식의 맛을 내어 '과연 그리스도인은 다르구나'라고 말할 수 있도록 하는 것, 그것이 바로 선한 영향력의 확산입니다. 이는 커밍아웃의 긍정적 결과라고 할 만합니다.

아리마대 요셉의 커밍아웃은 동료 니고데모 의원의 커밍아웃을 자극하는 선한 결과를 가져왔습니다. 우리도 그렇게 할 수 있을까요?

최선의 헌신을 드린 커밍아웃

이제는 아리마대 요셉과 니고데모가 커밍아웃을 통해 주님에게 드린 헌신을 생각해 보고자 합니다. 우선 39절에서 니고데모가 드린 헌신을 생각해 보십시오. 몰약과 침향 섞은 것 100리트라를 드렸다고 했습니다. 유대인의 장례 풍습은 애굽과 달라서 시체로 미라를 만들거나 방부 처리를 하지 않았습니다. 그들은 시신을 깨끗하게 씻은 다음 향유나 향료가 스며든 천으로 시신을 쌌습니다. 이는 특히 존귀한 신분의 사람, 곧 왕이나 랍비에게 행해졌는데, 니고데모는 이를 위해 몰약과 침향 섞은 것을 100리트라쯤 가지고 온 것입니다. 그것은 적지 않은 양이었고, 금액도 상당했을 것입니다. 니고데모는 이제라도 최선을 다한 정성으로 자신에게 복음을 전해 준 분에 대한 예를 표하고 싶었던 것입니다.

요셉은 어떻게 했습니까?

"예수께서 십자가에 못 박히신 곳에 동산이 있고 동산 안에 아직 사람을 장사한 일이 없는 새 무덤이 있는지라"(요 19:41).

이 말씀을 마태복음 말씀과 비교해 보십시오.

"바위 속에 판 자기 새 무덤에 넣어 두고 큰 돌을 굴려 무덤 문에 놓고 가니"(마 27:60).

'자기 새 무덤'이라고 했습니다. 요셉은 한 번도 쓰지 않은 새 무덤에 그분을 안장하고 싶어 했던 것입니다. 자신이 할 수 있는 최선의 헌신으로 그분의 마지막 가시는 길을 전송하고 싶어 한 것입니다.

유대 문화에서는 사람이 할 수 있는 최고의 선행을 죽은 사람을 돕는 일이라고 믿습니다. 죽은 사람을 돕는 것은 보상을 기대할 수 없는 선행이기 때문입니다. 그래서 사람이 죽었을 때 그가 살던 동네에서는 '헤브라 카디샤'(Holy Brotherhood)라고 불리는 장례위원회가 조직되는데, 여기에 이름이 들어가는 것을 최고의 명예로 여겼다고 합니다. 그런 의미에서도 아리마대 요셉과 니고데모가 보여 준 헌신은 최고, 최선의 헌신이었던 것입니다. 그러면 우리는 어떻습니까? 이런 최고, 최선의 헌신으로 하나님 나라를 위해 헌신하고 있습니까?

마가복음 15장 43절은 아리마대 요셉을 가리켜 "존경받는 공회원이요 하나님의 나라를 기다리는 자"라고 기록하고 있습니다. 우리나라 초대 교회에서 우리의 선배들은 자신의 자녀들에게 토요일 다음 날인 주일 준비를 할 때 새 봉투와 새 돈으로 정성을 다해 주일 헌금을 준비하게 하고 일찍 자게 해 성수주일을 준비하게 하는 습관이 있었습니다. 경제적인 여유가 없는 성도들은 '날 연보'라고 해서 돈 대신 시간을 바쳐 하루 온종일 전도하고 봉사하는 습관이 있었습니다. 영국 케임브리지의 크리켓 선수로 영국 최우수 선수였고 최우등을 했으며 촉망받는 장래를 보장받고 있었던 C. T. 스터드(C. T. Studd)라는 이가 졸업 후 뜻밖에 중국 선교를 자원하고 떠나자 주변에서 너무 안타까운 일이라며 예수 믿는다고 그렇게까지 희생할 필요가 있느냐고 말했을 때 그가 남긴 유명한 고백이 있습니다.

"예수님이 정말 하나님이시고 그가 나를 위해 죽으신 것이 사실이라면, 내가 그를 위해 드리는 어떤 희생도 지나친 것은 아니다"(If Jesus is God and died for me, then no sacrifice can be too great for me to make for Him).

이런 최고, 최선의 헌신으로 여생을 주님에게 드릴 사람들은 어디에 있습니까?

"안식 후 첫날 일찍이 아직 어두울 때에 막달라 마리아가 무덤에 와서 돌이 무덤에서 옮겨진 것을 보고 시몬 베드로와 예수께서 사랑하시던 그 다른 제자에게 달려가서 말하되 사람들이 주님을 무덤에서 가져다가 어디 두었는지 우리가 알지 못하겠다 하니 베드로와 그 다른 제자가 나가서 무덤으로 갈새 둘이 같이 달음질하더니 그 다른 제자가 베드로보다 더 빨리 달려가서 먼저 무덤에 이르러 구부려 세마포 놓인 것을 보았으나 들어가지는 아니하였더니 시몬 베드로는 따라와서 무덤에 들어가 보니 세마포가 놓였고 또 머리를 쌌던 수건은 세마포와 함께 놓이지 않고 딴 곳에 쌌던 대로 놓여 있더라 그때에야 무덤에 먼저 갔던 그 다른 제자도 들어가 보고 믿더라 (그들은 성경에 그가 죽은 자 가운데서 다시 살아나야 하리라 하신 말씀을 아직 알지 못하더라) 이에 두 제자가 자기들의 집으로 돌아가니라"(요 20:1-10).

25. 부활의 증인들

그는 오늘도 살아 계셔서 우리를 생각으로,
꿈으로 만나 주시고,
우리를 부활의 증인으로 부르십니다.

구도자로서 신앙의 문을 두드릴 때 제일 큰 걸림돌이 있다면 예수 부활의 사건일 것입니다. 사람들은 예수님의 위대한 죽음은 얼마든지 믿을 수 있다고 말합니다. 결국 인간은 다 죽어야 하는 것이기에 말입니다. 하지만 부활을 어떻게 믿을 수 있느냐는 것입니다. 그런데 성경을 읽고 연구해 보면 부활을 믿지 않고는 참된 그리스도인이 될 수 없습니다. 복음은 예수님이 죽으신 사실뿐 아니라, 그가 죽음에서 다시 부활하신 사실을 포함합니다.

바울은 복음을 선포함으로 로마서의 서문을 열고 있습니다.

"이 복음은 하나님이 선지자들을 통하여 그의 아들에 관하여 성경에 미리 약속하신 것이라"(롬 1:2).

하나님의 아들이신 그리스도가 복음의 실체라고 말합니다. 이어지는 말씀을 보십시오.

"그의 아들에 관하여 말하면 육신으로는 다윗의 혈통에서 나셨고 성결의 영으로는 죽은 자들 가운데서 부활하사 능력으로 하나님의 아들로 선포되셨으니 곧 우리 주 예수 그리스도시니라"(롬 1:3-4).

예수 그리스도는 부활하심으로 하나님의 아들임을 증명하셨고 우리의 복음이 되셨다는 말입니다.

"내가 받은 것(복음, 고전 15:1 참조)을 먼저 너희에게 전하였노니 이는(복음은) 성경대로 그리스도께서 우리 죄를 위하여 죽으시고 장사 지낸바 되셨다가 성경대로 사흘 만에 다시 살아나사"(고전 15:3-4).

그렇습니다. 복음은 그리스도의 죽으심과 부활입니다.

"네가 만일 네 입으로 예수를 주로 시인하며 또 하나님께서 그를 죽은 자 가운데서 살리신 것을 네 마음에 믿으면 구원을 받으리라"(롬 10:9).

예수 부활을 믿지 않고는 구원받을 수 없다는 것입니다. 왜 부활까지 믿어야 합니까?

"예수는 우리가 범죄한 것 때문에 내줌(십자가의 죽으심)이 되고 또한 우리를 의롭다 하시기 위하여 살아나셨느니라"(롬 4:25).

그가 우리의 죄를 대신 짊어지고 대신 죗값을 치르고자 죽으심으로 우리는 죄 사함을 받게 되었습니다. 그리고 그는 죄 문제의 해결뿐만 아니라, 죄인이었던 우리가 의롭다 함을 받고 의 가운데 새 삶을 살아가도록 우리의 인도자가 되고자 다시 부활하셨습니다. 이것이 복음입니다.

본문인 20장 서두에는 예수님의 두 제자인 사도 베드로와 요한 그리고 막달라 마리아가 등장합니다. 그들은 모두 예수 부활을 신앙 하기에 이르렀고, 예수 부활의 증인이 되었습니다. 그러나 그들이 부 활 신앙에 도달하는 길은 조금 달랐습니다. 우리는 본문을 통해 부활 신앙에 도달하는 두 가지 접근의 길을 함께 살펴보고자 합니다. 부활 신앙에 도달하는 두 가지 접근의 길, 무엇일까요?

이성적 접근의 길

본문에서 사도 베드로와 요한이 보여 준 부활 신앙은 이성적 접근의 길이었다고 할 수 있습니다. 사건은 막달라 마리아가 먼저 예수의 무덤을 찾았다가 무덤 돌이 옮겨진 것을 보고 누군가가 예수의 시체를 훔쳐 간 것이라 여겨 예수의 제자 중 리더의 역할을 하던 두 제자 베드로와 요한에게 달려가 그 사실을 알린 것입니다. 물론 본문은 요한이라고 하지 않고 '예수께서 사랑하시던 그 다른 제자'라고 기록합니다. 그러나 우리는 요한복음을 계속 연구하며 요한복음의 저자인 사도 요한이 자신을 표현하는 방식으로 그렇게 기록했음을 알고 있습니다.

"시몬 베드로와 예수께서 사랑하시던 그 다른 제자에게 달려가서 말하되 사람들이 주님을 무덤에서 가져다가 어디 두었는지 우리가 알지 못하겠다 하니"(요 20:2).

그러자 4절에 의하면 두 제자가 함께 예수님의 무덤으로 달려갔다고 기록합니다. 물론 계속된 증언은 요한이 조금 먼저 그리고 베드로가 조금 나중에 무덤에 도달했다고 기록합니다.

"그때에야 무덤에 먼저 갔던 그 다른 제자도 들어가 보고 믿더라"(요 20:8).

무슨 말입니까? 베드로도 요한도 바위 석굴로 된 무덤에 들어가 보고 예수의 부활을 믿게 되었다는 말입니다. 어떻게 믿게 되었단 말입니까? 두 가지 사건이 그들로 예수 부활을 믿도록 한 것입니다. 그것은 빈 무덤과 수의였습니다. 특별히 수의의 정리된 모습 때문이었을 것입니다. '왜 무덤은 비었을까?' '왜 수의, 특히 수건은 저렇게 단정하게 개어져 있을까?' 그들은 잠시지만 이성적으로 사고하다가 마침내 예수 부활의 결론에 도달한 것이었다고 할 수 있습니다.

무슨 뜻일까요? 사건을 좀 더 세부적으로 체크해 보겠습니다. 4절에 보면 무덤에 먼저 도착한 것은 요한이었습니다. 그다음 5절을 보십시오.

"구부려 세마포 놓인 것을 보았으나 들어가지는 아니하였더니."

이 구절에 사용된 '보았으나'의 원어는 '블레포'(blepo, 피상적으로 단순하게 흘낏 보다)라는 단어입니다. 무덤에 들어가지는 않고 밖에서 흘낏 예수의 몸을 쌌던 세마포가 빈 고치 모양으로 있는 것을 보고 아마 막달라 마리아의 보고처럼 누군가가 예수의 시체를 도둑질한 것으로 판단했을 것입니다. 신중하고 사려 깊었던 요한은 스승의 무덤이라 그 안으로 들어가는 것도 조심스러웠을 것입니다.

그런데 다혈질에 모험적인 베드로의 행동은 요한과는 달랐습니다.

"시몬 베드로는 따라와서 무덤에 들어가 보니 세마포가 놓였고 또 머리를 쌌던 수건은 세마포와 함께 놓이지 않고 딴 곳에 쌌던 대로 놓여 있더라"(요 20:6-7).

우선 이 구절에 사용된 '보니'의 원어는 요한이 '보았다'는 '블레포'가 아니라 '테오레오'(theoreo, 주의 깊게 보다)입니다. 베드로는 무덤에 들어가 주의 깊게 관찰한 것입니다. 그래서 예수의 몸을 싼 세마포는 세마포대로 빈 고치 모양이고, 다른 쪽에 예수의 머리를 싼 수건이 '개켜 있는'(그냥 놓여 있는 것이 아니라 잘 정리되어 있는 모습, 표준새번역 개정판[entulisso/folded up]) 모습을 보고 이것은 도둑질의 상황이 아니라고 판단한 것입니다. 도둑질을 하려면 시신을 세마포로 꽁꽁 싼 채로 그리고 머리를 싼 수건까지 들고 나갔을 것이고, 만일 시신만 목표로 했다면 세마포를 찢고 머리 수건을 던져 버린 후 무덤 밖으로 나갔을 것입니다. 그런데 세마포에서 잠자듯 몸만 빠져나간 상황, 그리고 질서 있게 잘 개켜 있는 수건의 모습은 기적이 개입한 사건이 아니고는 설명할 수 없는 상황이었습니다.

"그때에야 무덤에 먼저 갔던 그 다른 제자(요한)도 들어가 보고 믿더라"(요 20:8).

여기 다시 등장하는 '보고'에는 또 다른 동사인 '에이돈'(eidon, 이해하게 된 마음으로 보다)이 사용됩니다. 그때서야 요한도 이 사건의 정황은 예수의 부활이라고 이성적으로 판단했다는 것입니다. 그리고 그 후에 그들은 다시 성경으로 그 믿음을 확인받게 됩니다.

"그들은 성경에 그가 죽은 자 가운데서 다시 살아나야 하리라 하신 말씀을 아직 알지 못하더라"(요 20:9).

먼저 이성적 접근의 판단으로 부활을 확신하고, 나중에 성경 말씀을 통해 부활을 더 확신하게 되었다는 말입니다. 그 상황에 대한 이성적이고 논리적 결론이 예수의 부활이었던 것입니다.

우리 시대에 이런 이성적 접근을 통해 예수 부활의 확신에 도달한 한 사람이 있습니다. 영국의 탁월한 저널리스트였던 프랭크 모리슨(Frank Morrison)은 예수 부활은 허구적 신화에 불과하다고 생각했고, 그것을 증명하기 위해 예수 재판에서부터 그의 종말에 이르기까지 역사적·고고학적·법률적·문서적으로 리서치하기 시작하며 그 책의 제목을 《누가 돌을 옮겼는가?》(생명의말씀사 역간)로 정했습니다. 그런데 무덤 돌이 옮겨지고 예수의 시신이 없어진 상황을 수년간 연구하다가 내린 이성적 결론은 예수는 부활하셨다는 고백이었습니다. 그의 책 제1장의 제목은 '집필되지 못한 책'(The book that refused to be written)입니다. 이 책은 당시 영국 최고의 지성이었던 T. S. 엘리엇과 G. K. 체스터턴(G. K. Chesterton) 같은 불후의 작가들을 감동시킨 예수 부활의 최고의 고전적 변증서가 되었습니다. 부활은 있을 수 없다고 가정하지 말고 이성적으로 왜 성경이 예수의 부활을 증거하는지를 연구해 보십시오. 틀림없이 당신도 두 제자와 프랭크 모리슨과 같은 이성적 결론에 도달할 것입니다.

체험적 접근의 길

본문에 처음 등장한 사람은 막달라 마리아였습니다.

"안식 후 첫날(주일) 일찍이 아직 어두울 때에 막달라 마리아가 무덤에 와서 돌이 무덤에서 옮겨진 것을 보고"(요 20:1).

2절에 보면 베드로와 요한 두 제자에게 달려가 예수님의 무덤에서 시신이 없어진 것을 알렸습니다. 그 후 이 여인은 어떻게 되었을까요? 본문에 이어지는 요한복음 20장 11-18절에 보면 이 여인은 부활하신 예수님을 직접 만나게 됩니다. 많은 예수님의 제자들이 이성적 접근을 통해 예수 부활 신앙에 도달하는가 하면, 본문의 막달라 마리아처럼 부활하신 예수님을 체험으로 만나는 사람들도 있습니다.

대개 부활 신앙을 비판하는 사람들은 예수의 제자들이 그의 부활을 심리적으로 기대했기 때문에 그들의 마음속에 경험된 어떤 심리적 현상을 부활로 착각한 것이라고 말합니다. 그런데 본문이 보여 주는 사실은 두 제자도 막달라 마리아도 예수의 부활을 기대하지 않았다는 것입니다. 막달라 마리아도 처음엔 누군가가 예수의 무덤에서 그 시신을 훔쳐 간 것으로 생각했습니다. 그리고 부활하신 주님이 그녀에게 나타나셨을 때도 그를 부활하신 예수로 전혀 생각하지 않았습니다.

"예수께서 이르시되 여자여 어찌하여 울며 누구를 찾느냐 하시니 마리아는 그가 동산지기인 줄 알고 이르되 주여 당신이 옮겼거든 어디 두었는지 내게 이르소서 그리하면 내가 가져가리이다"(요 20:15).

그녀는 부활하신 예수님을 동산지기로 생각하고 있었습니다. 그러나 다음 예수님의 한마디로 그녀는 그가 부활하신 예수님이심을 알았습니다. "마리아야!" 주님이 그녀의 이름을 부르고 계셨습니다. 지금까지 어두운 죄 속에 살던 막달라 마리아는 이 일로 예수의 부활을 증거하는 첫 제자가 되었습니다. 주님은 막달라 마리아에게 '가서 전하라'(요 20:17 참조)고 하셨고, 그녀는 받은 말씀대로 '가서 전했다'(요 20:18 참조)고 성경은 기록합니다.

우리가 사는 시대에 부활의 증거가 가장 놀랍게 이루어지고 있는 곳이 어디인지 아십니까? 무슬림 세계입니다. 우리가 느끼기에 전 세계에서 가장 전도하기 힘든 곳이 무슬림 세계 같지만, 그들을 상대로 선교하는 분들의 증언에 의하면 지난 1,400년간 회심해서 그리스도인이 된 무슬림보다 더 많은 무슬림들이 최근 10년 동안 주님에게 돌아왔다고 합니다. 그들이 어떤 방법으로 주님을 만나게 되었을까요? 막달라 마리아에게 부활하신 주님이 나타나신 것처럼, 그들은 대부분 꿈과 환상 속에서 부활하신 주님을 체험적으로 만나고 주님에게로 돌아오고 있다고 합니다. 무슬림 전도자 중에 톰 도일(Tom Doyle)이란 목사님이 계신데 최근 그가 쓴 《꿈과 환상》(순교자의소리 역간)이란 책이 무슬림을 대상으로 선교하는 사람들에게 큰 주목을 받고 있습니다. 이 책의 첫머리에 소개된 이야기 하나만 소개하고자 합니다.

이집트 카이로에서 일어난 사건입니다. 올드 카이로(Old Cairo) 지역에서 위험에 직면한 채 2년째 복음을 전하고 있는 하산(Hassan)이란 전도자가 어느 날 마스크를 쓰고 총을 든 사람에 의해 납치를 당했습니다. 길에서 죽지 않으려거든 아무 소리 말고 따르라는 말을 듣고 그에게 끌려가며 그는 이제까지 쿠란을 공부하며 무슬림들에게 선교하려고 준비한 일이 다 헛수고가 되는구나 생각했다고 합니다. 한참 동안 골목길로 끌려간 그가 도착한 곳은 아무도 안 쓰는 채로 버려진 낡은 창고였습니다. 들어가 보니 열 명의 건장한 사내들이 가운데 촛불을 켜고 둘러서 있었습니다. 여기서 이들이 형을 집행하나 보다 생각했는데 그중 리더로 보이는 자가 '이렇게 당신을 놀라게 하며 여기에 데려온 것을 사과한다'고 말을 꺼내더니 안심하라고 하더랍니다. 그리고 이어 말하기를, 그들은 카이로 알아즈하르(Al Azhar) 대학에서 무슬림 성직자 과정을 공부하던 이맘들인데, 쿠란을 공부하던 그들이 모두 각자 개인적으로 꿈에서 부활하신 예수님을 만나 예수의 비밀 제자가 되어 이곳에서 일주일에 세 번씩 모여 기도하며 어떻게 예수의 제자로 살 것인가를 토의하던 중 그의 존재를 알게 되어 데려온 것이라고, 그러면서 자신들에게 성경을 가르쳐 달라고 하더랍니다.

할렐루야! 그는 오늘도 살아 계셔서 우리를 생각으로, 꿈으로 만나 주시고, 우리를 부활의 증인으로 부르십니다.

"이날 곧 안식 후 첫날 저녁 때에 제자들이 유대인들을 두려워하여 모인 곳의 문들을 닫았더니 예수께서 오사 가운데 서서 이르시되 너희에게 평강이 있을지어다 이 말씀을 하시고 손과 옆구리를 보이시니 제자들이 주를 보고 기뻐하더라 예수께서 또 이르시되 너희에게 평강이 있을지어다 아버지께서 나를 보내신 것같이 나도 너희를 보내노라 이 말씀을 하시고 그들을 향하사 숨을 내쉬며 이르시되 성령을 받으라 너희가 누구의 죄든지 사하면 사하여질 것이요 누구의 죄든지 그대로 두면 그대로 있으리라 하시니라"

(요 20:19-23).

26. 부활하신 주의 선물

'오라'는 것은 구원에의 초대입니다.
그러나 '가라'는 것은 사명에의 초대입니다.

선물은 사회를 훈훈하고 따뜻하게 합니다. 그러나 뇌물은 사회를 부패하고 타락하게 합니다. 선물과 뇌물의 차이를 아십니까? 인터넷에 이런 유머가 떠돌아다닙니다.

"서서 받으면 선물이지만, 앉아서 받으면 뇌물. 웃고 받으면 선물이지만, 그냥 받으면 뇌물. 받고 악수하면 선물이지만, 받고 악수 안 하면 뇌물. 받고 잠이 잘 오면 선물이지만, 받고 잠을 설치면 뇌물. 받고 기대함이 없으면 선물이지만, 받고 기대함이 있으면 뇌물."

여기에 성경적 해석을 첨가한다면, 선물의 근원은 하나님이고, 뇌물의 근원은 마귀입니다.

"너는 뇌물을 받지 말라 뇌물은 밝은 자의 눈을 어둡게 하고 의로운 자의 말을 굽게 하느니라"(출 23:8).

뇌물은 하나님의 의도가 아닙니다. 그러나 창세기 30장 20절에 보면 레아가 자녀를 얻고 기뻐하며 고백합니다.

"하나님이 내게 후한 선물을 주시도다."

하나님은 뇌물은 경고하시고, 선물은 약속하십니다.

"온갖 좋은 은사와 온전한 선물이 다 위로부터 빛들의 아버지께로부터 내려오나니 그는 변함도 없으시고 회전하는 그림자도 없으시니라"(약 1:17).

그렇습니다. 성경의 하나님은 선물 주기를 기뻐하는 하나님이십니다.

창세기 24장에 보면 믿음의 조상 아브라함이 아들 이삭의 신붓감을 구할 목적으로 자신의 고향으로 자기가 제일 신임하는 종을 보내어 그 미션을 수행하게 합니다. 흥미로운 것은 하나님의 인도하심을 따라 중매의 단계가 진행될 때마다 그 종이 선물 보따리를 풀고 있다는 것입니다. 맨 처음 리브가에게 물을 달라 할 때 낙타에게까지 물을 마시게 하는 것을 보고 인도를 확신한 종은 금 코걸이 한 개와 금 손목고리 한 쌍을 그녀에게 건넵니다. 그 후 그녀의 부모의 허락을 받자 다시 은금 패물과 의복을 선물하고 그녀의 오라버니와 어머니에게도 선물을 건넵니다.

성도의 인생도 그렇습니다. 우리가 예수님을 만나고 제일 먼저 받는 선물은 믿음의 선물, 그리고 믿음으로 얻는 구원의 선물입니다.

"너희는 그 은혜에 의하여 믿음으로 말미암아 구원을 받았으니 이것은 너희에게서 난 것이 아니요 하나님의 선물이라"(엡 2:8).

그러나 이것은 선물의 끝이 아니라 시작입니다. 아브라함의 종이 리브가를 위해 준비한 선물들처럼 말입니다. 부활하신 예수님은 제일 먼저 당신의 부활의 임재를 막달라 마리아에게 나타내셨습니다. 그리고 다음으로 제자들의 모임 중에 나타나셨습니다. 왜입니까? 선물을 주시고자 함이었습니다. 물론 제자들에게 예수님의 부활 그 자체보다 더 큰 선물은 없었을 것입니다. 그러나 부활하신 주님은 당시 제자들의 입장과 상황에서 가장 필요한 세 가지 선물을 또한 준비하셨습니다. 부활하신 주님의 세 가지 선물은 무엇일까요?

평강

때는 부활의 날 저녁이었습니다. 막달라 마리아에게 주 부활의 소식을 접한 예수의 제자들은 아직 반신반의하며 혼란과 당황 속에 빠졌습니다. 무엇보다 예수를 십자가에 처형한 유대인들의 적대감이 두려웠던 제자들은 늘 모이던 장소에서 대책을 숙의하고자 문을 꼭 닫고 두려움에 사로잡혀 있었습니다. 그때 부활하신 예수님이 그들 중에 나타나시어 말씀하십니다.

"이날 곧 안식 후 첫날 저녁 때에 제자들이 유대인들을 두려워하여 모인 곳의 문들을 닫았더니 예수께서 오사 가운데 서서 이르시되 너희에게 평강이 있을지어다"(요 20:19).

그러나 본문 20절은 아직도 그의 현현을 현실로 수용하지 못하던 제자들에게 십자가에 못 박히실 때의 상흔, 곧 손과 옆구리를 보이시니 비로소 제자들이 기뻐했다고 기록합니다. 그리고 예수님은 다시 한 번 "너희에게 평강이 있을지어다"(요 20:21)라고 말씀하십니다. 두려움에 사로잡힌 제자들에게 두 번씩 약속하신 것이 평강(평화)이었습니다. 그들에게 이 순간 무엇보다 필요했던 그 평화를 선물로 주신 것입니다.

앞선 장에서 무슬림 전도자 톰 도일 목사님의《꿈과 환상》이라는 책을 소개하며 예수님이 무슬림들에게 꿈과 환상으로 찾아오신 사례를 소개한 바 있습니다. 한 가지 사례를 더 소개하고자 합니다. 금요일 아침 8시경, 카말 아산(Kamal Assan)이란 예수님의 제자가 성경을 읽으며 경건의 시간을 갖던 중 갑자기 시장으로 나가고 싶은 강한 충동을 받습니다. 후세인 모스크 옆 시장(Souk)으로 길을 들어서자 갑자기 검은 히잡을 두른 무슬림 여인이 "당신이 바로 그 사람이군요"라고 소리쳤습니다. 여인에게 지목당한 카말이 당황하고 있을 때 그녀는 다시 "맞아요, 당신이에요" 하고 말했습니다. 만일 이 여인의 남편이 근처에 있었더라면 큰 봉변을 당할 수도 있어 두려움이 찾아왔다고 합니다. 그때 그녀가 다시 말했습니다. "어젯밤 당신이 제 꿈에 나타났어요. 그분과 함께!" 카말은 목소리를 낮추며 물었습니다. "그분이라니요?" 여인도 목소리를 낮추더니 "예수님 말이에요. 지금 당신이 입은 그 옷을 입고 당신은 예수와 함께 있었어요." 비로소 그가 시장에 나온 것이 주의 인도하심임을 알아차린 카말은 "그렇군요. 그런데 당신의 남편은 여기 같이 나오지 않았나요?" 하고 물었습니다. 그러자 그녀가 말했습니다. "저는 남편의 셋째 아내인데 최근에 저의 남편은 네 번째 아내를 얻어 그녀에게 빠져 있답니다. 그건 걱정하지 마세요." 카말이 다시 물었습니다. "꿈에서 예수님이 당신에게 무엇을 말씀하셨나요?" 그러자 그녀가 대답했습니다. "저는 그분과 호숫가를 한동안 거닐었습니다. 그분은 저에게 '내가 너를 사랑한단다. 너를 위해 죽었다가 다시 살아났단다. 내일 아침 일찍 시장에 나가면 네가 무엇을 할지 여기 나와 함께 있는 이가 인도할 거다'라고 말씀하셨어요. 당신이 바로 그 사람이에요!" 카말이 지금 두렵지 않느냐고 묻자 그녀는 이렇게 대답했습니다. "나는 어젯밤에 그분을 만난 후 남편이 주지 못했던 사랑을 느끼고 있었고, 이제 그 무엇도 두렵지 않은 평화가 내 맘에 찾아왔어요."

그런데 이것은 대부분의 무슬림이 그리스도인이 될 때의 공통된 고백입니다. 아니, 과거 유교적 억압에서 예수님을 만난 우리 선배들의 공통된 고백이기도 했습니다. 부활하신 주의 첫째 선물은 평강입니다. 요한복음 14장 27절에서 "평안을 너희에게 끼치노니 곧 나의 평안을 너희에게 주노라" 하신 그대로입니다.

사명

"예수께서 또 이르시되 너희에게 평강이 있을지어다 아버지께서 나를 보내신 것같이 나도 너희를 보내노라"(요 20:21).

신약성경에는 예수님의 두 가지 중요한 명령이 동사형으로 등장합니다. 하나는 '오라'(come)이고, 또 하나는 '가라'(go)입니다. '오라'는 것은 구원에의 초대입니다. 예수님 앞에 '와서' 그를 구주와 주님으로 믿고 고백하면 우리는 구원을 받습니다. 그러나 '가라'는 것은 사명에의 초대입니다. 너희가 이제부터 가서 할 일이 있다는 것입니다. 본문에서 예수님은 '가라'는 말 대신에 '보낸다'(send)고 그분의 입장에서 말씀하십니다. 그들이 가서 할 일이 있기에 보낸다는 것입니다. 부활하신 예수님의 제자들을 향한 첫째 선물인 '평화'는 아무 일도 안 하는 무위도식의 평화가 아닙니다. 예수님을 통해 참평화를 경험한 이들은 이제 그 평화를 심기 위해 가야 한다는 것입니다. 히브리인들에게 '평화'(Shalom)란 말은 실상 하나님과 인간과의 바른 관계를 포함한 가장 이상적인 삶의 질서의 회복입니다. 그 평화를 실현하기 위해 그들은 가야 하고, 예수님은 그들을 보내시는 것입니다.

예수님은 '아버지께서 나를 보내신 것같이'라고 말씀하십니다. 예수님도 아버지로부터 '보냄 받아 오신 분'(sent one)이십니다. 헬라어로는 그런 상태를 '사도'(apostolos), 라틴어로는 '선교사'라고 불렀습니다. 선교사를 뜻하는 영어의 missionary는 missio(보냄)라는 라틴어 단어에서 유래한 말입니다. 선교사는 보냄 받은 사람입니다. 예수님은 이 땅에 선교사로 보냄 받아 오신 것입니다. 그리고 그 예수님이 이제 당신의 제자들을 다시 선교사로 보내고자 하십니다. 광의(廣義)에서는 모든 예수님의 제자들이 다 선교사입니다. 우리 모두는 이 땅에 어떤 할 일, 곧 사명(使命, 시키시는 명령)을 이루고자 보냄 받은 사람들입니다. 그리고 그 사명은 하나님의 선물, 곧 예수님의 선물인 것입니다. 그러므로 인생을 살아가면서 자신의 사명을 빨리 발견할수록 그는 인생의 시간적 낭비를 예방하게 될 것입니다. 오스 기니스는 그의 명저《소명》에서 소명의 발견을 위해 참고할 세 가지로 첫째, 공공선과의 연관, 둘째, 자신의 재능, 셋째, 하나님의 인도가 중요하다고 말합니다.

누구보다 많은 천재적 재능이 있었지만 행복하지 못했던 천재로 오스 기니스는 레오나르도 다 빈치(Leonardo da Vinci)를 예로 들고 있습니다. 깊은 우울증으로 고생하고 있었던 말년의 어느 날, 그는 종이 한 장을 들고 낙서하듯 작은 직사각형들을 그려 나가고 있었다고 합니다. 도미노처럼 직사각형 위에 직사각형이 연달아 넘어지는 그림을, 하나가 또 다른 것을 쓰러뜨리는 모습을 말입니다. 그는 너무 재능이 많은 나머지 어떤 일에도 집중하지 못하고 초점 잃은 인생을 살면서 항상 "시간은 너무도 적고 할 일은 너무도 많다"고 말했다고 합니다. 그는 마지막 노트에 "우리는 불가능한 것을 원해서는 안 된다"는 글을 남깁니다. 그의 젊은 시절에 적은 노트의 고백이 그의 인생의 대답이었던 것입니다. "할 수 없는 것을 포기하고 할 수 있는 것을 하려고 하라. 할 수 있는 능력이 없는 것을 하려고 하는 것은 어리석은 일이다." 주님이 불러 맡기신 사명을 발견했습니까? 그럼 집중하십시오.

성령

부활하신 예수님이 제자들에게 나타나 한 가지 더 주신 선물이 있습니다. 그것은 바로 성령입니다.

"이 말씀을 하시고 그들을 향하사 숨을 내쉬며 이르시되 성령을 받으라"(요 20:22).

오순절 날 사도 베드로는 이 성령이 바로 구원받은 성도들을 향한 주의 선물임을 역설합니다.

"베드로가 이르되 너희가 회개하여 각각 예수 그리스도의 이름으로 세례를 받고 죄 사함을 받으라 그리하면 성령의 선물을 받으리니"(행 2:38).

본문에서 예수님이 숨을 내쉬며 성령을 받으라고 하신 것은 숨결처럼 내재하시는 성령의 실재를 가르치고자 함일 수 있습니다. 흥미로운 것은, 히브리어나 헬라어의 성령은 모두 호흡이라는 뜻을 갖고 있다는 것입니다. 이 땅에 처음 침례교회를 소개한 펜윅(Malcom C.

Penwick) 선교사는 성경 번역을 하며 성령을 '숨님'이라고 했습니다. 숨결처럼 우리 안에 내재하시는 성령, 그가 우리의 사명을 실현하도록 도우시는 우리 능력의 근원이십니다. 주님은 우리에게 사명만 주시는 것이 아니라, 사명을 실현하도록 능력의 성령을 선물로 주십니다.

"오직 성령이 너희에게 임하시면 너희가 권능을 받고 예루살렘과 온 유대와 사마리아와 땅끝까지 이르러 내 증인이 되리라"(행 1:8).

성령의 능력으로 전해지는 복음, 이 복음으로 사람들은 죄에서 풀려나 자유와 구원을 얻게 될 것입니다. 본문 마지막 23절이 바로 그 약속의 말씀입니다.

"너희가 누구의 죄든지 사하면 사하여질 것이요 누구의 죄든지 그대로 두면 그대로 있으리라."

복음을 받아들이는 사람마다 죄 사함을 받고 새사람으로 살아날 것입니다. 복음은 인류의 사망의 골짜기를 생명의 골짜기로 변화시킬 것입니다. 에스겔 37장에 보면 하나님이 당신의 선지자를 해골이 가득한 골짜기로 인도하십니다. 그리고 그 마른 뼈들을 향해 대언하라고 명하십니다. 선지자가 말씀을 대언하는 때에 여호와 하나님은 이렇게 말씀하십니다.

"생기야 사방에서부터 와서 이 죽음을 당한 자에게 불어서 살아나게 하라"(겔 37:9).

이때 뼈들이 연결되고, 죽은 사람이 살아나고, 살아난 사람들이 거대한 군대를 이루어 일어납니다. 이것이 바로 영적 부활의 드라마입니다. 문자적으로는 이스라엘 민족의 부활 드라마이고, 영적으로는 복음의 능력을 경험하는 모든 민족에게 일어날 부활의 드라마입니다.

17세기 그리스도인 시인인 조지 허버트(George Herbert)는 이런 기도 시를 남겼습니다.

"당신은 제게 너무나 많은 것을 주셨습니다. 제게 한 가지만 더 주십시오. 감사하는 마음을."

그러나 저는 이 기도 전에 우리가 드려야 할 기도 시가 있다고 믿습니다.

"주님, 당신은 우리에게 너무나 좋은 선물들을 주셨습니다. 구원을, 평화를 그리고 사명을. 이제 한 가지만 더 구하겠습니다. 이 선물들을 잘 활용할 수 있는 성령의 능력을 주십시오."

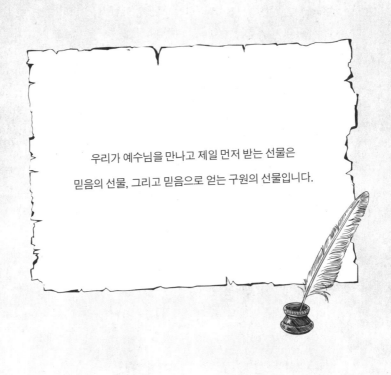

우리가 예수님을 만나고 제일 먼저 받는 선물은

믿음의 선물, 그리고 믿음으로 얻는 구원의 선물입니다.

"열두 제자 중의 하나로서 디두모라 불리는 도마는 예수께서 오셨을 때에 함께 있지 아니한지라 다른 제자들이 그에게 이르되 우리가 주를 보았노라 하니 도마가 이르되 내가 그의 손의 못 자국을 보며 내 손가락을 그 못 자국에 넣으며 내 손을 그 옆구리에 넣어 보지 않고는 믿지 아니하겠노라 하니라 여드레를 지나서 제자들이 다시 집 안에 있을 때에 도마도 함께 있고 문들이 닫혔는데 예수께서 오사 가운데 서서 이르시되 너희에게 평강이 있을지어다 하시고 도마에게 이르시되 네 손가락을 이리 내밀어 내 손을 보고 네 손을 내밀어 내 옆구리에 넣어 보라 그리하여 믿음 없는 자가 되지 말고 믿는 자가 되라 도마가 대답하여 이르되 나의 주님이시요 나의 하나님이시니이다 예수께서 이르시되 너는 나를 본 고로 믿느냐 보지 못하고 믿는 자들은 복되도다 하시니라 예수께서 제자들 앞에서 이 책에 기록되지 아니한 다른 표적도 많이 행하셨으나 오직 이것을 기록함은 너희로 예수께서 하나님의 아들 그리스도이심을 믿게 하려 함이요 또 너희로 믿고 그 이름을 힘입어 생명을 얻게 하려 함이니라"(요 20:24-31).

27. 의심의 치유

정직한 회의는 진리의 문을 여는 열쇠입니다.
그러므로 회의를 진지하게 표현하십시오.
그리고 기도하십시오. 토론하십시오. 연구하십시오.
주님은 정직한 의심을 환영하십니다.

지난 2007년 8월 23일자 〈타임〉(*Time*)지의 커버스토리는 '마더 테레사의 믿음의 위기'(Mother Teresa's Crisis of Faith)였습니다. 잘 아는 대로 마더 테레사는 1979년 12월 11일 노벨 평화상을 수상한 바 있습니다. 인도 옷인 사리를 입고 샌들을 신고 상을 수상한 그녀는 수상 연설을 통해 이렇게 말한 바가 있습니다.

"우리는 결코 하나님을 사랑한다고 하면서 이웃을 사랑할 수는 없다고 말해서는 안 됩니다. 십자가상에서 죽으신 그는 먼저 배고픈 자, 벌거벗은 자, 집 없는 자 중에 오신 분이었으며, 따라서 우리는 바로 그런 이들 가운데서 그리스도를 찾아야 합니다. 그리스도는 어디에나 계십니다. 그는 우리 마음에 계시며, 우리가 만나는 가난한 이들 가운데 계시며, 우리가 주고받는 미소 가운데도 계십니다."

그런데 그 무렵 마이클 반 델 피트(Michael van der Peet)라는 사제에게 노벨상 수상 3개월 전까지 보낸 편지를 통해 그녀가 고백한 믿음의 고뇌가 《나의 빛이 되어라》(오래된미래 역간)라는 책으로 출간되었습니다. 여기서 마더 테레사는 자신의 내면에 존재한 정직한 믿음의 의심을 털어놓고 있습니다.

"예수님은 당신을 특별히 사랑하고 계신 듯합니다. 그러나 내게는 침묵과 공허가 너무 커서 그분을 보려 해도 보지 못하고 있으며, 들으려 해도 듣지 못하고 있으며, 기도의 혀를 움직이고자 해도 그렇게 하지 못하고 있습니다. 제발 저를 위해 기도해 주십시오."

영성학자들은 이런 '하나님의 부재'(Absence of God)의 경험을 가리켜 '영혼의 어둔 밤'이라고 부릅니다. 그리고 경험하는 시간의 차이는 있지만 그리스도인들은 누구나 이런 영혼의 밤을 지나게 됩니다.

우리가 신앙생활을 하다 보면 반드시 어떤 시점에서 믿음을 의심하는 시기를 지나게 됩니다. 어떤 회의는 매우 파괴적일 수 있으나 모든 회의가 다 부정적이고 파괴적인 것은 아닙니다. 어린아이가 좀 자라게 되면 그의 입에서 끊임없이 나오는 말이 '왜'라는 단어입니다. 아이들은 이런 '왜'라는 질문과 함께 자라 가는 것입니다. 우리의 신앙도 마찬가지입니다. 우리는 정직한 믿음의 회의를 두려워할 필요가 없습니다.

본문에 보면 예수님의 열두 제자 중 하나인 도마가 이런 믿음의 회의를 경험하고 있습니다. 죽은 줄 알았던 예수님이 눈앞에 등장하시자 도마는 그의 상식적인 이성으로는 예수님의 부활 사건을 믿을 수도 수용할 수도 없었던 것입니다. 그래서 도마는 어떻게 합니까? 우리는 도마의 사례를 통해 믿음의 길을 찾아 나선 사람들이 조만간 반드시 부딪혀야 할 의심을 어떻게 치유해야 하는가를 생각하고자 합니다. 믿음의 의심, 어떻게 치유해야 할까요?

의심을 표현할 수 있어야 함

우리는 때때로 믿음에 대한 의심을 말하면 믿음 없는 사람으로 오해받을 것을 두려워하는 나머지 우리의 신앙 풍토에는 아예 의심에 대한 생각을 말하지 않는 그리고 말하지 못하게 하는 경향이 존재합니다. 이것은 매우 불행한 일입니다. 저는 정직한 모든 의심은 진지한 구도적 태도를 반영하는 것으로 이해합니다. 예수님이 '구하라, 찾으라, 문을 두드리라'고 말씀하실 때 저는 주님이 의심의 구도적 자세를 격려하신 것으로 믿습니다. 그리고 이렇게 진지하게 구도하는 사람들은 결국 믿음의 해답을 얻고 믿음의 진보를 경험합니다. 결코 질문하지 않는 학생들이 공부 잘하는 학생들이 된 케이스를 본 적이 있나요? 저는 20대 초반 신앙의 초기 단계에서 정말 많은 질문을 했던 사람입니다. 그리고 그것이 오늘의 저를 만들었습니다. 본문에서 정직한 의심을 표현했던 도마는 어떻게 되었을까요? 그는 열두 사도 중의 한 사람, 아주 소중한 예수님의 제자가 된 것은 물론, 인도 선교의 문을 열고 그곳에서 순교하게 됩니다. 만일 당신이 정직한 의심에 싸여 있다면 그것은 믿음 없음의 증거가 아니라, 유능한 전도자나 선교사가 될 징조인 것을 믿으십시오.

다시 본문으로 돌아와 25절에 나타난 도마의 솔직한 의심의 표현을 주목하십시오.

"다른 제자들이 그에게 이르되 우리가 주를 보았노라 하니 도마가 이르되 내가 그의 손의 못 자국을 보며 내 손가락을 그 못 자국에 넣으며 내 손을 그 옆구리에 넣어 보지 않고는 믿지 아니하겠노라."

이런 도마의 회의적 반응에 예수님은 어떻게 반응하십니까? 그런 반응은 마귀적이라고 책망하셨나요? 주님의 대답을 보십시오.

"도마에게 이르시되 네 손가락을 이리 내밀어 내 손을 보고 네 손을 내밀어 내 옆구리에 넣어 보라 그리하여 믿음 없는 자가 되지 말고 믿는 자가 되라"(요 20:27).

할 수 있는 방법으로 믿음을 검증하고, 믿음의 진정성을 확인하고, 네 안에 있는 회의를 극복하라는 격려가 아닙니까! 이것은 따뜻한 격려인 것입니다. 우리는 회의를 두려워할 필요가 없습니다. 우리가 진리를 믿고 있다면 진리를 두려워할 필요가 없습니다. 다시 한 번 기억하십시오. 정직한 회의는 진리의 문을 여는 열쇠입니다. 그러므로 회의를 진지하게 표현하십시오. 그리고 기도하십시오. 토론하십시오. 연구하십시오. 주님은 정직한 의심을 환영하십니다.

말씀을 신뢰할 수 있어야 함

대개 의심을 창조적으로 극복하고 믿음에 이르는 사람들을 보면 어떤 기적적인 신앙 체험을 하거나 말씀 연구를 통해 말씀을 신뢰하게 되는 이들임을 알 수 있습니다. 우리는 일반적으로 특별한 체험이 가장 강력한 의심 치유의 방편이라고 생각하는 경향이 있습니다. 그러나 사실은 그렇지 않습니다. 의심을 극복하고 안정적인 신앙에 들어가려면 말씀에 대한 신뢰가 무엇보다 중요합니다. 그것은 성경 자체의 증언과도 일치합니다. 베드로후서 1장 16절 이하에 보면 사도 베드로는 그가 예수님과 함께 소위 변화 산으로 알려진 산상에 올라가 예수님이 모세, 엘리야와 함께 등장해서 거룩한 모습으로 변화하시고, 하늘의 문이 열리며 하늘에서 "이는 내 사랑하는 아들이라"는 음성이 들리는 놀라운 체험의 목격자가 된 것을 회고합니다. 그러나 그는 이어서 이런 신비한 체험보다도 우리가 믿음의 근거로 붙들어야 할 더 확실한 것이 있다고 증언합니다.

"또 우리에게는 더 확실한 예언이 있어 어두운 데를 비추는 등불과 같으니 날이 새어 샛별이 너희 마음에 떠오르기까지 너희가 이것 (성경 말씀)을 주의하는 것이 옳으니라"(벧후 1:19).

다시 도마의 사건을 보십시오. 요한복음 본문에는 도마가 예수님의 옆구리에 손가락을 실제로 넣어 보았다는 증언이 없습니다. 유명한 화가 카라바조(Caravaggio)는 도마가 예수님의 옆구리에 손가락을 넣는 것으로 그렸습니다만 이것은 성경의 기록과 다릅니다. 보다 더 성경적인 화가였던 거장 렘브란트(Rembrandt)는 오히려 도마와 제자들이 놀라워하는 모습만 그려 내고 있습니다. 이것이 성경에 더 가깝습니다. 예수님이 '내 옆구리에 손을 넣고 믿음 없는 자가 되지 말고 믿는 자가 되라'고 말씀하실 때 도마가 보인 반응은 무엇이었습니까?

"도마가 대답하여 이르되 나의 주님이시요 나의 하나님이시니이다"(요 20:28).

결국 도마는 예수님의 말씀을 듣고 주님 앞에 엎드린 것입니다.

예수님은 또 어떻게 반응하십니까?

"예수께서 이르시되 너는 나를 본 고로 믿느냐 보지 못하고 믿는 자들은 복되도다"(요 20:29).

도마는 처음 신앙의 증거와 체험을 요구하는 제자였지만, 그는 마지막 단계에서 주님의 말씀을 받아들이고 '말씀만으로' 믿는 제자가 되어 다시 일어설 수 있었습니다. 그렇습니다. "천지는 없어지겠으나 내 말은 없어지지 아니하리라"(막 13:31)는 말씀에 믿음의 닻을 내리는 사람만이 견고한 믿음의 항해를 계속할 것입니다. 의심을 극복하고자 합니까? 그러면 무엇보다 성경을 하나님의 말씀으로 믿을 수 있어야 합니다. 저는 예수님을 믿고 나서 40년 이상 진지하게 성경을 연구해 왔습니다. 성경을 연구하면 할수록 성경은 '사실의 책'이라는 확신이 더해 갑니다. 제가 우리 교회에서 성지순례 프로그램을 연례적으로 운영하는 이유도 성경의 기록이 사실이란 것을 눈으로 확인하는 기회를 드리고자 함인 것입니다. 사실을 사실대로 믿는 것이 신앙입니다. 사실 아닌 것을 사실처럼 오해하고 믿는 것은 미신이고, 분명한 사실을 거부하고 안 믿는 것은 불신입니다. 우리는 성경의 사실에 믿음의 뿌리를 내리고 사는 믿음의 사람이 되어야 합니다.

본문 30-31절은 요한복음이 기록된 목적을 설명합니다. 30절에서 요한은 예수님이 이 복음서에 기록된 기적들 말고도 더 많은 기적을 행하셨다고 말합니다. 그리고 이어진 31절에서는 요한복음에 일곱 가지 표적들을 선택해서 기록한 이유를 말합니다.

"오직 이것을 기록함은 너희로 예수께서 하나님의 아들 그리스도이심을 믿게 하려 함이요 또 너희로 믿고 그 이름을 힘입어 생명을 얻게 하려 함이니라."

결국은 말씀을 통해 예수의 그리스도 되심을 믿어야 합니다.

공동체를 떠나지 말아야 함

의심은 치유될 수 있지만, 모든 의심, 모든 회의가 반드시 유용하고 필요한 것은 아닙니다. 어떤 회의는 불필요하게 우리가 만들어 직면하는 것들도 있습니다. 여기서 우리는 도마가 회의에 빠지게 된 계기를 관찰할 필요가 있습니다. 그것은 도마가 공동체를 소홀히 한 까닭이었습니다. 본문이 시작되는 24절 말씀을 보십시오.

"열두 제자 중의 하나로서 디두모라 불리는 도마는 예수께서 오셨을 때에 함께 있지 아니한지라."

만일 도마가 부활하신 예수님이 제자들에게 처음 자신을 나타내셨을 때 거기 있었다면 다른 제자들과 달리 혼자 회의에 빠질 이유가 있었을까요? 그러나 불행하게도 그때 도마는 어떤 이유인지 제자들의 모임에서 이탈해 있었습니다. 하나님은 성도의 신앙을 공동체를 통해서만 성숙하도록 디자인하셨습니다. 그래서 성경은 "모이기를 폐하는 어떤 사람들의 습관과 같이 하지 말고 오직 권하여 그날이 가까움을 볼수록 더욱 그리하자"(히 10:25)고 말씀합니다. 예배를 소홀히 하지 마십시오. 성도의 교제를 소홀히 하지 마십시오. 이것이 우리가 진정한 믿음의 가족들을 경험하며 서로가 영적으로 자라 가는 성숙의 마당인 것입니다.

과거 그리스도인들의 믿음이 가장 찬란한 빛을 발하던 계절인 청교도 시대에 청교도들은 이런 신앙의 원칙을 가지고 있었습니다. '주일 예배를 성수한다. 가능한 주간 성도의 교제 모임도 소홀히 하지 않는다.' 그들이 그렇게 한 이유는 성경적인 명령 때문이기도 했지만, 거기에는 그들 나름의 아주 실용적인 이유가 있었다는 것이 흥미롭습니다. 그들은 서로서로 이렇게 모임 참석을 격려했다고 전해집니다.

"당신이 빠진 그날 모임에 주님이 특별하게 자신을 나타내시어 부흥이 일어난다면, 형제자매여, 당신의 영적 손해를 상상해 보라."

만일 우리에게 주님의 이름을 높여 드리고 주님의 기대를 성취하기 위한 거룩한 모임들을 세상에서 친구들과 약속한 모임보다도 중요하지 않게 생각하는 마음이 있다면 어떻게 의심을 넘어선 확신의 삶을 기대할 수 있단 말입니까?

미국의 루스벨트(Franklin Roosevelt) 대통령이 출석하던 한 교회에 토요일이면 이런 전화가 걸려 왔다고 합니다.

"내일 주일에 루스벨트 대통령께서 교회 예배에 참석하시겠습니까?"

이때 그 교회의 행정을 담당하던 분이 아주 기막힌 전설적인 명답을 한 것으로 전해 옵니다.

"루스벨트 대통령의 참석은 불확실합니다. 그러나 확실한 것은, 우리 주님 예수 그리스도와 하나님은 예배에 반드시 참석하실 것입니다. 그분을 만나러 오시면 좋겠습니다."

만일 우리가 이분의 충고처럼 주일 예배에 올 때마다 하나님의 임재를 기대하고 예배를 드린다면 우리는 다시 위대한 영적 은혜를 체험할 것입니다. 우리의 모든 믿음의 의심은 눈 녹듯 사라질 것입니다.

그리고 우리의 믿음은 견고하게 자라 갈 것이며, 우리의 믿음은 찬란한 빛을 발할 것입니다. 우리는 믿음으로 세상을 바꾸는 자들이 될 것입니다.

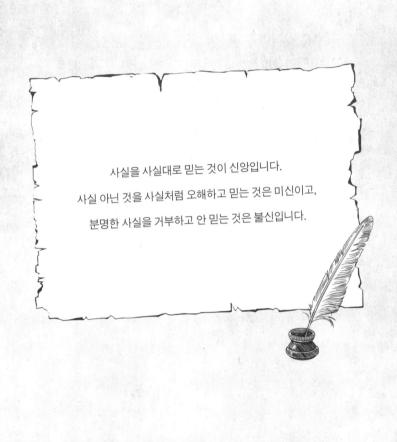

사실을 사실대로 믿는 것이 신앙입니다.

사실 아닌 것을 사실처럼 오해하고 믿는 것은 미신이고,

분명한 사실을 거부하고 안 믿는 것은 불신입니다.

"그 후에 예수께서 디베랴 호수에서 또 제자들에게 자기를 나타내셨으니 나타내신 일은 이러하니라 시몬 베드로와 디두모라 하는 도마와 갈릴리 가나 사람 나다나엘과 세베대의 아들들과 또 다른 제자 둘이 함께 있더니 시몬 베드로가 나는 물고기 잡으러 가노라 하니 그들이 우리도 함께 가겠다 하고 나가서 배에 올랐으나 그날 밤에 아무것도 잡지 못하였더니 … 예수께서 이르시되 지금 잡은 생선을 좀 가져오라 하시니 시몬 베드로가 올라가서 그물을 육지에 끌어 올리니 가득히 찬 큰 물고기가 백쉰세 마리라 이같이 많으나 그물이 찢어지지 아니하였더라 예수께서 이르시되 와서 조반을 먹으라 하시니 제자들이 주님이신 줄 아는 고로 당신이 누구냐 감히 묻는 자가 없더라 예수께서 가셔서 떡을 가져다가 그들에게 주시고 생선도 그와 같이 하시니라 이것은 예수께서 죽은 자 가운데서 살아나신 후에 세 번째로 제자들에게 나타나신 것이라"(요 21:1-3, 10-14).

28. 해변의 아침 식사

부활하신 예수님이 바닷가에 직접 숯불을 피우시고
그 위에 생선구이를 요리하며 그를 기다리고 계셨습니다.
그것은 차가운 회개가 아닌 따뜻한 회개를 촉구하신 것입니다.

〈윤식당〉이란 tvN 프로그램이 시청률 20퍼센트에 근접하는 최고의
흥행을 기록하며 성황리에 종영했습니다. '먹거리'라는 인간 보편의
생존 욕구에다가 이름 있는 배우들이 식당 섬김이로 출연하고 있다
는 점 그리고 식당이 위치한 해변가의 아름다운 풍광이 우리의 시청
욕구를 자극한 것이 아닌가 싶습니다. 그러나 또 하나 이런 프로그램
의 성공 요인에는 느긋하게 식탁에 앉아 음식을 즐기는 사람들의 모
습에서 삶의 원초적 행복을 찾아가고픈 회복의 욕구가 존재하지 않
나 싶습니다. 인간이 삶의 여정에서 어떤 상처를 입게 되면 우리네 상
처의 트라우마는 뇌신경의 손상으로 나타난다고 합니다. 손상된 뇌
는 쉽게 빨리 회복되는 것은 아니지만 회복이 결코 불가능한 것도 아
니라고 합니다. 상처의 원인을 찾아 다시 적절한 회복의 환경을 제공

하고 뇌를 훈련하면 우리 뇌의 기능은 놀랍게도 다시 회복된다고 합니다. 바닷가, 파도소리 그리고 맛있는 음식, 따뜻한 삶의 대화는 회복을 위한 최선의 치료적 환경이라고 할 수 있습니다.

지금 그런 회복의 드라마가 갈릴리(디베랴, 갈릴리와 동일한 바다) 해변가에서 벌어지고 있습니다. 2천 년 전, 예수님의 열두 제자에게 예수님의 십자가의 죽음은 최악의 상처(트라우마)였을 것입니다. 특히 예수님의 수제자 베드로는 처형 받는 예수님의 마지막 길을 따르다가 스승 예수님을 세 번이나 부인하는 자책감을 안고 있었습니다. 그런 제자들에게 부활하신 예수님이 세 번째 나타나십니다. 예수님의 부활은 단 한 번 그분과의 만남으로 수용하기에는 너무나 엄청난, 믿기지 않는 기적이었을 것입니다. 본문은 이렇게 시작됩니다.

"그 후(부활하신 후)에 예수께서 디베랴 호수에서 또 제자들에게 자기를 나타내셨으니 나타내신 일은 이러하니라"(요 21:1).

그리고 본문의 마지막 절인 14절을 보십시오.

"이것은 예수께서 죽은 자 가운데서 살아나신 후에 세 번째로 제자들에게 나타나신 것이라."

예수님을 세 번이나 부인하고 자책감의 상처로 방황하던 제자 베드로에게 부활하신 주의 세 번째 나타나심은 그와 그의 동료 제자들을 향한 회복의 위대한 은총이었습니다. 사실 본문의 사건, 바닷가의 아침 식사는 제자들이 기획한 사건이 아니라 전적으로 스승 되신 예수, 부활하신 예수님이 상처 입은 제자들을 위해 준비하신 은총의 식탁이었습니다. 이스라엘 성지를 방문한다면 갈릴리 해변가에 위치한 '베드로 수위권 교회'를 방문할 수 있습니다. 해변가의 작고 예쁜 이 교회당 안에 들어가면 중앙 제단 앞에 한 넓찍한 바위(Mensa Christi, 그 리스도의 식탁)가 우리를 기다리고 있습니다. 바로 이곳이 제자들, 특히 베드로의 회복이 일어난 갈릴리의 아침 식탁입니다. 이 아침 식탁이 필요했던 이유는 무엇보다 회복이었습니다. 본문이 가르치는 참된 회복의 의미는 무엇입니까?

실패한 과거를 떠나는 것

우리가 어두운 과거를 떠나야만 밝은 미래를 향한 발걸음이 시작될 수 있습니다. 우리가 과거의 실패나 상처에 매인바 되면 미래는 그 모 습을 보여 주지 않습니다. 현대 심리학에서 자주 사용하는 말 중에 '성인아이'(Adult Child)라는 단어가 있습니다. 어린 시절의 상처를 성 인이 되어서도 극복하지 못하고 상처받은 아이가 상처받은 성인의 행태로 연장된 삶을 사는 사람에 대한 묘사입니다. 본문에서 베드로 와 제자들의 시간은 미래가 아닌 과거로 역류하고 있습니다.

"시몬 베드로가 나는 물고기 잡으러 가노라 하니 그들이(다른 제자 들) 우리도 함께 가겠다 하고 나가서 배에 올랐으나 그날 밤에 아무것 도 잡지 못하였더니"(요 21:3).

베드로와 제자들이 메시아 되신 예수님을 처음 만났을 때 그들은 고기 잡는 어부였다가, 그물을 버려두고 사람 낚는 어부, 인간의 영혼을 구원하는 전도자가 되고자 삶의 방향을 바꾸었던 이들이었습니다. 그런데 그들이 지금 예수님 만나기 전의 과거처럼 물고기나 잡겠다는 것입니다. 과거로 회귀하고 있는 것입니다.

그들이 돌아가는 과거는 그들에게 성공을 줄 리가 없습니다. 어찌 되었습니까? 예수님을 만나기 전 그 과거의 한때처럼 실패가 반복되고 있습니다. 예수님은 5절에서 고기 잡고 있는 그들에게 물으셨습니다.

"너희에게 고기가 있느냐."

제자들의 대답은 무엇입니까?

"없나이다."

예수님 없는 과거는 결코 재기의 장소가 아닙니다. 그럼에도 불구하고 차라리 예수 안 믿던 때가 더 좋은 때였던 것처럼 착각하고 싶은 유치한 발상, 이것이 바로 제자들의 미성숙한 영적 상태였던 것입니다. 이들의 지금의 영적 상태를 단적으로 진단하는 표현을 우리는 5절에서 볼 수 있습니다. 예수님이 제자들을 어떻게 부르고 계십니까?

"예수께서 이르시되 얘들아 너희에게 고기가 있느냐."

여기 '얘들아'는 헬라어로 '파이디아'(paidia)입니다. '파이디아' 혹은 '파이디온'은 다른 번역에서 영어로 'little chidren'이라는 뜻을 갖습니다. 아직도 미성숙한 아이들이란 말입니다. 이런 미성숙한 아이들의 특성이 미래로 나아가지 못하고 미적거리며 과거의 시간에 붙들려 있는 것입니다.

그래서 부활하신 주님이 하신 일이 무엇입니까? 우선 수제자 베드로를 가장 가슴 아픈 그의 과거, 실패의 장에 다시 세우십니다. 숯불 앞에 세우신 것입니다.

"육지에 올라 보니 숯불이 있는데"(요 21:9).

그 숯불을 보면서 베드로는 즉각적으로 무슨 생각을 했을까요? 대제사장의 집 아래 뜰(막 14:66 참조)에서 숯불을 쬐며 그가 예수님의 제자임을 세 번씩이나 부인했던 사건이었을 것입니다. 그런데 부활하신 예수님이 바닷가에 직접 숯불을 피우시고 그 위에 생선구이를 요리하며 그를 기다리고 계셨습니다. 그것은 차가운 회개가 아닌 따뜻한 회개를 촉구하신 것입니다. 이제 과거를 회개하고 일어나 미래로 가야 한다고 말입니다. 회복은 실패한 과거를 떨치고 미래로 가는 것입니다.

부활하신 주님의 현존을 믿는 것

우리가 과거를 떠나 미래로 가기 위해서는 그 길의 인도자가 필요합니다. 베드로와 제자들은 그 인도자가 바로 부활하신 주님이심을 확인해야 했습니다. 본문의 디베랴 혹은 갈릴리에 대한 보도를 보십시오.

"날이 새어 갈 때에 예수께서 바닷가에 서셨으나 제자들이 예수이신 줄 알지 못하는지라"(요 21:4).

부활하신 예수님이 거기 계셨으나 알지 못했다는 것입니다. 인지하지 못했다는 것입니다. 그런데 상황이 변하기 시작합니다. 5절에서 물고기를 잡고 있는 제자들에게 '뭐 좀 잡은 것이 있느냐'고 물으십니다. 그러자 제자들은 '없습니다'라고 대답합니다. 이제 6절을 보십시오.

"이르시되 그물을 배 오른편에 던지라 그리하면 잡으리라 하시니 이에 던졌더니 물고기가 많아 그물을 들 수 없더라."

그리고 7절에서의 요한의 고백을 주목하십시오.

"예수께서 사랑하시는 그 제자가 베드로에게 이르되 주님이시라."

여기 '주님이시라'라는 말은 원어에 '호 퀴리오스 에스틴'(ho kurios estin)으로 되어 있습니다. 이것은 놀라운 발견의 감탄사입니다. '정녕 주님이십니다!' '부활하신 주님, 살아 계신 주님이십니다!' 예수님의 제자들 중 주님의 사랑을 가장 민감하게 경험하고 있었던 예수님의 사랑받는 제자 요한의 고백입니다. 주님은 정말 부활하셨습니다. 그는 지금도 살아 계신 주님이십니다. '호 퀴리오스 에스틴!'

7절에 보면 발견은 요한에 의해 이루어지지만 행동은 베드로가 먼저 합니다.

"시몬 베드로가 벗고 있다가 주님이라 하는 말을 듣고 겉옷을 두른 후에 바다로 뛰어 내리더라."

여기 베드로에게 들려와 베드로를 행동하게 만든 메시지는 "주님이시라", 곧 '호 퀴리오스 에스틴'이었습니다. 주님은 부활하셨습니다. 그분은 살아 계십니다. 그가 이 바닷가에 다시 찾아오셨습니다. 바닷가의 드라마는 여기서 끝나지 않습니다.

"예수께서 이르시되 와서 조반을 먹으라 하시니 제자들이 주님이신 줄 아는 고로 당신이 누구냐 감히 묻는 자가 없더라"(요 21:12).

처음 요한이 발견한 후 고백하고, 이어서 베드로가 이 고백에 동참하고, 마지막은 모든 제자들의 고백입니다. 성경은 이를 "'주님이신 줄' 아는 고로"라고 기록합니다. 다시 여기 등장하는 유명한 고백은 무엇일까요? '호 퀴리오스 에스틴!' 부활하신 주님, 살아 계신 주님, 그는 지금도 여기에 우리와 함께 살아 계십니다. 신학적인 표현으로 이것을 '주님의 현존'이라고 합니다. 부활하신 주님의 현존, 바로 이 발견, 이 고백이 우리로 과거를 떨치고 일어나 미래로 가게 하는 힘인 것입니다. 문제는 우리가 이 부활하신 주님의 현존을 믿느냐는 것입니다.

유명한 선교사 리빙스턴(David Livingstone)이 최초 16년간의 아프리카 선교를 마치고 고국에 돌아와 글라스고(Glasgow)대학에서 명예 박사를 받고 선교 간증을 한 자리에서 그는 이런 말을 남겼습니다.

"지난 여러 해 동안 30번 이상의 죽음의 위기를 넘기며 저를 지치게 한 그 땅, 언어도 생소하고, 저를 향한 사람들의 태도도 불확실하고 때로는 적대적인 그 땅으로 다시 귀환할 생각을 하게 한 이유는 꼭 하나, '내가 세상 끝 날까지 너와 함께 있으리라'고 하신 부활하신 주님의 현존을 믿기 때문입니다."

회복은 곧 부활하신 주님의 현존을 믿는 것입니다.

미래의 소명을 확인하는 것

"시몬 베드로가 올라가서 그물을 육지에 끌어 올리니 가득히 찬 큰 물고기가 백쉰세 마리라 이같이 많으나 그물이 찢어지지 아니하였더라"(요 21:11).

이 바닷가에서 베드로가 경험한 이날의 기적은 처음 주님의 소명을 받고 이 바닷가에서 사람 낚는 어부의 삶을 살고자 할 때와 분명한 차이가 있었습니다. 처음 주님의 말씀을 따라 깊은 곳으로 나아가 그물을 내려 고기를 잡을 때는 그물이 찢어지도록 많이 잡혔습니다. 따라서 그가 잡은 고기의 숫자를 헤아릴 수 없었습니다. 그러나 지금 부활의 아침에 주님의 말씀에 순종할 때에도 옛날처럼 고기를 많이 잡았지만, 다른 것은 그물이 찢어지지 않았다는 것입니다. 성경학자 아서 핑크(Arthur Pink)는 이것을 '보존의 기적'이라고 말합니다. 이제 베드로는 영혼을 구원하는 전도자의 소명이 아닌, 영혼을 양육하는 목자의 사명을 감당해야 했기 때문입니다. 그리고 목자는 성실한 목양을 위해 그가 돌볼 양의 숫자(물고기의 숫자)를 헤아려야 하기 때문입니다. 우리는 본문이 조금 지나 이제 부활하신 예수님이 베드로에게 "내 양을 먹이라"고 부탁하시는 말씀을 듣게 됩니다.

진정한 삶의 회복은 자신의 삶의 소명을 확인할 때 이루어집니다. 내게 할 일이 아직 있음을 확인할 수만 있다면 다시 일어설 수 있지 않겠습니까? 지금은 베드로의 실패를 책망하는 것이 목적이 아니라, 그의 소명을 회복시키는 시간이었습니다. 그래서 자신을 부인하고 배신한 제자들을 위해 주님은 자신이 잡은 물고기에다가 자신의 도움으로 제자들이 잡은 물고기를 더해서 생선 요리로 바닷가의 아침 식탁을 준비하셨습니다. 그날 아침 거기 있었던 예수님의 제자들은 최소 여덟 명은 되었을 것입니다. 여덟 명이 153마리의 물고기를 먹는 것을 상상해 보십시오. 한 사람이 열아홉 마리를 먹을 수 있는 분량입니다. 그 식탁은 겨우 배고픔을 극복할 식탁이 아니라 풍성한 식탁이었습니다. 명 셰프(Chef) 예수님이 직접 요리하신 이 풍성한 식탁의 환희를 어떻게 제자들이 잊을 수 있었을까요? 그것은 완벽한 사랑, 풍성한 은혜로 실패한 제자들을 회복시켜 주시는 바닷가의 향연이었습니다. 선한 목자 되신 주님의 약속을 기억하십니까?

"내가 온 것은 양으로 생명을 얻게 하고 더 풍성히 얻게 하려는 것이라"(요 10:10).

그래서 바닷가의 아침 식사는 이 풍성한 생명의 식탁으로 준비된 것입니다.

　우리를 죄에서 해방하고자 십자가에서 죽으신 주님, 그러나 십자가에서 다시 부활하사 오늘도 당신의 제자들을 만나 주시고 찾아 주시는 이유는 이 풍성한 생명으로 우리의 삶을 가득 채우고자 하심입니다. 진정한 영적 회복은 이 주님의 풍성한 생명을 날마다 누리는 삶입니다. 이 풍성한 그리스도의 식탁으로 나아오시겠습니까?

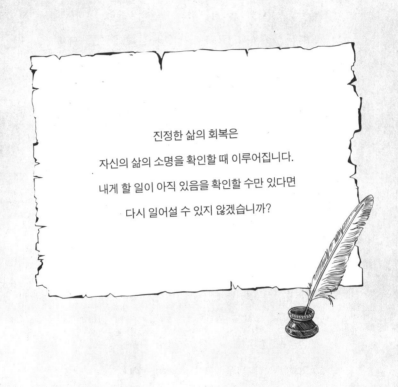

진정한 삶의 회복은

자신의 삶의 소명을 확인할 때 이루어집니다.

내게 할 일이 아직 있음을 확인할 수만 있다면

다시 일어설 수 있지 않겠습니까?

"그들이 조반 먹은 후에 예수께서 시몬 베드로에게 이르시되 요한의 아들 시몬아 네가 이 사람들보다 나를 더 사랑하느냐 하시니 이르되 주님 그러하나이다 내가 주님을 사랑하는 줄 주님께서 아시나이다 이르시되 내 어린 양을 먹이라 하시고 또 두 번째 이르시되 요한의 아들 시몬아 네가 나를 사랑하느냐 하시니 이르되 주님 그러하나이다 내가 주님을 사랑하는 줄 주님께서 아시나이다 이르시되 내 양을 치라 하시고 세 번째 이르시되 요한의 아들 시몬아 네가 나를 사랑하느냐 하시니 주께서 세 번째 네가 나를 사랑하느냐 하시므로 베드로가 근심하여 이르되 주님 모든 것을 아시오매 내가 주님을 사랑하는 줄을 주님께서 아시나이다 예수께서 이르시되 내 양을 먹이라 내가 진실로 진실로 네게 이르노니 네가 젊어서는 스스로 띠 띠고 원하는 곳으로 다녔거니와 늙어서는 네 팔을 벌리리니 남이 네게 띠 띠우고 원하지 아니하는 곳으로 데려가리라 이 말씀을 하심은 베드로가 어떠한 죽음으로 하나님께 영광을 돌릴 것을 가리키심이러라 이 말씀을 하시고 베드로에게 이르시되 나를 따르라 하시니"(요 21:15-19).

29. 해변의 Q&A

주를 향한 우리의 사랑이 아닌, 우리를 향한 그분의
그 절대적인 아가페의 사랑 때문에
우리는 실패의 자리에서 일어나 다시 주를 따를 수 있습니다.

철학자 소크라테스(Socrates)가 위대한 철학자가 될 수 있었던 비밀은
그가 사람들의 생각을 이끌어 내는 적절한 질문을 했기 때문이라고
합니다. 그래서 사람들은 소크라테스의 대화법을 산파술이라고 말합
니다. 산파는 아이를 만드는 사람이 아니라 아이가 나올 수 있도록 돕
는 사람입니다. 아이는 사실 스스로 나오지만 안전하게 나올 수 있도
록 환경을 만드는 것이 중요한 일입니다. 소크라테스가 트라시마코
스(Thrasymachus)라는 청년과 나눈 대화는 제일 많이 알려진 대표적인
대화술의 사례로 꼽힙니다. 소크라테스가 묻습니다.

"자네는 정의가 무엇이라 생각하나?"

청년이 대답합니다. 이 청년의 대답은 당시 사회의 인식을 잘 반
영하는 대답이었습니다.

"강자의 이익이 정의라고 생각합니다."

소크라테스는 다시 묻습니다.

"강자도 사람이라 생각하는가?"

청년이 대답합니다.

"물론이지요."

소크라테스가 또 묻습니다.

"강자도 사람이라면 실수할 수 있다고 생각하는가?"

청년은 다시 "네" 하고 대답합니다. 소크라테스는 다시 묻습니다.

"그럼 강자의 행동이 반드시 정의로울 수 있을까?"

청년은 비로소 자신의 처음 대답, 곧 강자의 이익이 정의만이 아닐 수 있다는 것을 질문을 통해 깨우치게 됩니다.

복음서를 읽어 보면 예수님도 제자들 혹은 주변 사람들과의 대화에서 일방적 강의가 아닌 이런 대화식 질문을 통해 사람들이 스스로 해답을 찾도록 시도하십니다. 한 성경학자는 '예수님이 물으신 135개의 질문'이란 주제로 책을 펴내기도 했습니다. 그는 복음서에서 예수님의 질문을 135개나 찾을 수 있었던 것입니다. 본문에서 예수님은 갈릴리 바닷가에서 잡은 물고기로 제자들과 아침 식사를 하신 후 시몬 베드로와 Q&A문답을 시작하십니다. 본문 15절은 "그들이 조반 먹은 후에 예수께서 시몬 베드로에게 이르시되"라는 말씀으로 시작됩니다. 아침 식사 중에 심각한 대화를 하면 식사에 장애가 되었을 것입니다. 소화불량을 초래했을지도 모릅니다. 식사가 끝나기를 기다려 대화를 시작하심도 주님의 배려였습니다.

베드로와의 Q&A의 구조는 세 개의 질문, 세 개의 대답 그리고 세 개의 권면으로 되어 있습니다. 그런데 뒤에서 좀 더 상세하게 살펴보겠지만, 세 개의 질문과 세 개의 대답, 세 개의 권면은 비슷하지만 약간의 흥미로운 차이가 있습니다. 그렇다면 본문 속으로 들어가기 전에, 예수님이 제자 베드로에게 이런 비슷한 세 개의 유사한 질문을 반복하심으로 대화를 시도하신 이유는 무엇이겠습니까?

변치 않는 사랑의 확인

예수님이 베드로에게 세 번에 걸쳐 물으신 질문은 무엇입니까? "요한의 아들 시몬아, 네가 나를 사랑하느냐?"입니다. 시몬은 베드로의 본래 어릴 적 이름이었습니다. 베드로, 곧 반석이란 의미의 이름은 그가 예수를 주님으로 믿고 따르게 되면서 얻은 새 이름이었습니다. 그런데 여기 예수님은 그 새 이름 베드로를 부르지 않으시고 옛 이름 시몬을 부르십니다. 지금 이 제자의 시간이 과거로 역류하고 있었기 때문입니다. 옛날처럼 물고기나 잡겠다고 하고 있었기 때문입니다. 그는 그를 사랑으로 만나 주신 주님의 사랑 앞에서 주님에 대한 사랑을 다시 확인해야 할 필요가 있었던 것입니다. 같은 말을 세 번씩 반복하신 이유는 아마도 세 번이나 주님을 부인한 제자를 온전히 회복시키고자 하신 배려의 질문이었을 것입니다. 우리가 자주 사용하는 말에 '삼세번'이란 말이 있지 않습니까? 만세도 삼창을 하지 않습니까?(그래서 한국 교회는 '주여 삼창'도 만들었습니다만) 우리는 모두 어릴 적 친구들과 술래잡기를 하면서 친구들에게 완벽한 기회를 제공하고자 할 때 하나, 둘 다음에 바로 셋 하지 않고 둘 반, 둘 반의반 하면서 마지막 세 번째 기회를 미루지 않았습니까? 본문에서 우리 주님도 세 번 주님을 부인한, 다른 말로 하면, 세 번 사랑에 실패한 제자에게 세 번씩이나 사랑 고백의 기회를 주시는 것입니다.

여기, 한 번의 실패로 우리를 포기할 수 없으셨던 사랑의 주님을 우리 모두는 만날 수 있어야 합니다. 우리가 그분을 포기해도 그분은 우리를 포기할 수 없으셨습니다.

"여인이 어찌 그 젖 먹는 자식을 잊겠으며 자기 태에서 난 아들을 긍휼히 여기지 않겠느냐 그들은 혹시 잊을지라도 나는 너를 잊지 아니할 것이라"(사 49:15).

이 사랑이 바로 하나님의 아들이신 예수님을 통해 우리에게 보여 주시는 사랑입니다.

주석가들에 의해 지적되는 이 대화의 흥미로움은 예수님이 제자 베드로에게 처음 두 번 나를 사랑하느냐고 하실 때 그 사랑은 헬라어 원어에서 '아가파오'(아가페)의 사랑으로 질문하고 계시다는 것입니다. 아가페의 사랑은 자신의 모든 것을 희생하는 절대적 사랑(Sacrificial Love)이라고 할 수 있습니다. 그런데 베드로가 "내가 주님을 사랑하는 줄 주님께서 아시나이다"라고 할 때 그 사랑을 그는 '아가 페'가 아닌 '필레오'(필로스)라고 대답합니다. 필레오의 사랑은 '우정 적인 차원의 사랑'(Freindship Love)이라고 할 수 있습니다. 큰소리쳤다 가 실패한 베드로는 차마 아가페의 사랑으로 주님을 사랑한다고 말 할 수 없었던 것입니다. 그런데 세 번째로 주님이 다시 베드로에게 사 랑을 확인하고자 질문하실 때 이제는 '아가파오'라는 단어를 쓰지 않 고 베드로가 사용하던 '필레오'를 사용하며 물으십니다. "요한의 아 들 시몬아 네가 나를 사랑(필레오)하느냐?" '그래, 그럼 필레오의 사랑 으로는 나를 사랑할 수 있느냐?'고 물으신 것입니다. 예수님은 왜 나 를 아가파오의 사랑으로 사랑한다고 말할 수 없느냐고 따지지 않으 십니다. 친히 사랑의 높이를 스스로 낮추며 물으십니다. 처음 질문처 럼 "네가 이 사람들보다 나를 더 사랑하느냐"고도 묻지 않으십니다. 베드로는 한때 "모두 주를 버릴지라도 나는 결코 버리지 않겠나이 다"(마 26:33)라고 고백한 적이 있었습니다. 주님은 그 고백을 기억하 시고 처음 질문에서는 이 사람들, 곧 다른 제자들보다 더 사랑하느냐 고 물으신 것입니다. 그러나 주님은 '이 사람들보다'라는 말을 한 번 밖에 하지 않으셨습니다. 이제 네가 할 수 있는 너의 최선의 사랑, 필 레오의 사랑으로라도 나를 사랑하면 되었다는 것입니다. 그러나 너 를 향한 나의 아가페 사랑은 변하지 않았다는 것입니다.

우리의 주를 향한 사랑이 아닌, 그분의 우리를 향한 그 절대적인 아가페의 사랑 때문에 우리는 실패의 자리에서 일어나 다시 주를 따를 수 있습니다.

새로 주시는 소명의 위탁

앞서 예수님의 베드로와의 Q&A는 세 쌍으로 되어 있다고 했습니다. 세 개의 질문, 세 개의 대답 그리고 세 개의 권면입니다. '네가 나를 사랑하느냐?'는 세 번의 물음에 '주께서 아시나이다'라고 대답하는 제자에게 주님은 다시 세 번씩 '내 어린 양을 먹이라'고 말씀하십니다. 이 말씀은 새로운 소명의 위탁이라고 할 수 있습니다. 주님이 갈릴리 바닷가에서 처음 베드로를 만났을 때 주신 소명은 '사람 낚는 어부가 되라'는 Fishing의 소명, 곧 전도자의 소명이었습니다. 그러나 이제는 그분의 양들을 사랑으로 기르고 양육하는 Shepherding의 소명, 곧 목자의 소명을 주시는 것입니다. 전도자와 목자의 소명 중 어느 것이 더 어려운 것이겠습니까? 대답이 어려우면 질문을 바꾸어 보겠습니다. 아기를 낳는 것이 어렵습니까, 기르는 것이 어렵습니까? 어머니들이 자식들로 인해 마음고생을 할 때 "배 속에 넣고 다닐 때가 더 좋았지" 하는 말을 들어 본 적이 있을 것입니다. 자식 낳기보다 기르기가 더 힘들다는 말이 아니겠습니까? 그런데 이렇게 영혼을 기르고 양육하는 더 힘들고 어려운 소명을 지금 부활하신 주님은 실패의 경험을 지닌 베드로에게 위탁하고 계시는 것입니다.

그렇습니다. 주님은 우리의 실패 때문에 우리에게서 일감을 빼앗아가는 분이 아니십니다. 실패의 자리에서 잘 재기하는 이들에게 더 중요하고 더 높은 과업을 맡기는 분이십니다. 마이크로소프트의 창업자 빌 게이츠(Bill Gates)는 그의 저서 《미래로 가는 길》(삼성 역간)에서 이런 글을 남긴 적이 있습니다.

"나는 내 기업을 경영하던 초기에는 성공의 가능성, 성공의 경험만을 가지고 사람을 쓰고 고용하고자 했지만 이제는 생각이 달라졌다. 난 이제 되도록 실패의 경험을 가진 사람을 고용하고자 한다. 왜냐하면 실패도 자산이기 때문이다. 그러나 난 무조건 실패한 사람을 쓰겠다는 것은 아니다. 난 그들에게 실패를 통해 무엇을 배웠는가를 먼저 묻고자 한다."

저는 이런 일꾼 고용의 정신이 바로 하나님이 사람을 쓰시는 방법이라고 생각합니다.

한 성경학자는 성경의 하나님을 'God of the second chance', 곧 '두 번째 기회를 주시는 하나님'이라고 했습니다. 자기 아내를 누이라고 거짓말을 한 아브라함에게도 두 번째 기회를 주십니다. 아버지를 속이고 장자권을 부당하게 찬탈한 야곱에게도 다시 믿음의 조상이 되는 기회를 주십니다. 애굽인을 살해한 모세에게도 여전히 출애굽의 숙제를 맡기십니다. 타락한 장사 삼손에게도 마지막 명예 회복의 기회를 주십니다. 자신의 부하를 사지에 몰아넣고 부하의 아내와 간음한 다윗에게도 하나님의 마음에 맞는 사람으로 삶을 마무리할 기회를 주십니다. 하나님의 선교의 명을 거절하고 도피하는 배에 오른 요나에게도 다시 기회를 주십니다.

"여호와의 말씀이 두 번째로 요나에게 임하니라 이르시되 일어나 저 큰 성읍 니느웨로 가서 내가 네게 명한 바를 그들에게 선포하라"(욘 3:1-2).

변함없는 따라옴의 명령

우리에게 새로운 소명이 주어졌다고 해서 저절로 우리의 빛나는 미래가 보장되는 것은 아닙니다. 지금부터 새로운 미래를 향해, 새로운 소명의 실현을 위해 어떤 태도로 살아갈 것인가가 중요합니다. 과거 베드로의 실패의 명백한 한 원인은 자만심이었습니다. 베드로가 주님을 부인하기 전 고백한 말이 무엇입니까?

"베드로가 대답하여 이르되 모두 주를 버릴지라도 나는 결코 버리지 않겠나이다"(마 26:33).

"주여 내가 주와 함께 옥에도, 죽는 데에도 가기를 각오하였나이다"(눅 22:33).

차라리 주님이 "닭 울기 전에 네가 세 번 나를 부인하리라"(요 13:38) 하셨을 때 주 앞에 엎드려 '맞습니다, 주님. 저는 연약한 자입니다. 저를 도와주십시오'라고 했어야 마땅할 것입니다. 그런데 베드로는 자만했고, 오만했고, 교만했습니다. 주님이 제일 싫어하시는 태도가 이런 교만함입니다. 그래서 바울 사도도 "그런즉 선 줄로 생각하는 자는 넘어질까 조심하라"(고전 10:12)고 경고합니다.

그러나 이제 실패를 통해 레슨을 배운 베드로에게 주님은 본문 18절에서 말씀하십니다.

"네가 젊어서는 스스로 띠 띠고 원하는 곳으로 다녔거니와 늙어서는 네 팔을 벌리리니 남이 네게 띠 띠우고 원하지 아니하는 곳으로 데려가리라."

여기 대조적인 두 개의 단어 '젊어서는'과 '늙어서는'을 주목하십시오. 우리 모두는 젊어서 내 마음대로 내 인생을 살고픈 욕망의 지배를 받습니다. 그러나 늙어서 받는 은혜가 있습니다. 인생이 내 마음대로 되지 않는다는 것입니다. 비로소 우리는 하나님이 우리 인생의 주인이심을 깨닫고 그의 주권 앞에 항복합니다. 그리고 그의 주권으로 내가 원하지 않지만 이곳으로 인도된 것을 깨닫습니다.

본문 19절이 베드로를 향한 주님의 마지막 분부의 말씀입니다.

"이 말씀을 하심은 베드로가 어떠한 죽음으로 하나님께 영광을 돌릴 것을 가리키심이러라 이 말씀을 하시고 베드로에게 이르시되 나를 따르라 하시니."

그의 마지막이 하나님에게 영광이 되기 위해 하나님이 개입하고 인도하시겠다는 것입니다. 그러므로 이제는 처음보다 더 겸손하게 나를 의지하며 따르라는 것입니다. 큰소리 말고, 자만하지 말고, 오직 말씀을 붙들고 나를 따르라는 것입니다. 변함없이 나를 따르며 소명을 다하라는 것입니다.

톨스토이(Leo Tolstoy)의 유명한 '세 가지 질문'이 있습니다. 첫째, 세상에서 가장 중요한 때는 언제인가?(지금 이 순간) 둘째, 세상에서 가장 중요한 사람은 누구인가?(지금 만나고 있는 사람) 셋째, 세상에서 가장 중요한 일은 무엇인가?(지금 만나는 그를 사랑하는 일) 오늘도 예수님은 물으십니다. "네가 나를 사랑하느냐?" 또 물으십니다. "내 어린 양을 먹일 수 있느냐?" 당신의 대답은 무엇입니까?

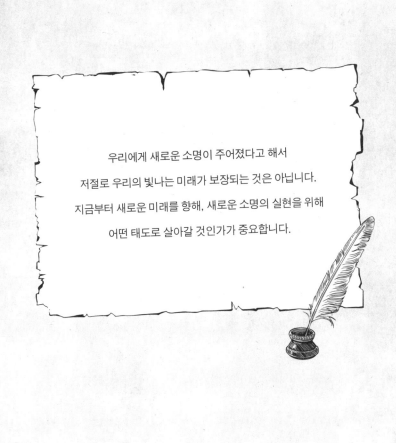

우리에게 새로운 소명이 주어졌다고 해서

저절로 우리의 빛나는 미래가 보장되는 것은 아닙니다.

지금부터 새로운 미래를 향해, 새로운 소명의 실현을 위해

어떤 태도로 살아갈 것인가가 중요합니다.

"베드로가 돌이켜 예수께서 사랑하시는 그 제자가 따르는 것을 보니 그는 만찬석에서 예수의 품에 의지하여 주님 주님을 파는 자가 누구오니이까 묻던 자더라 이에 베드로가 그를 보고 예수께 여쭈오되 주님 이 사람은 어떻게 되겠사옵나이까 예수께서 이르시되 내가 올 때까지 그를 머물게 하고자 할지라도 네게 무슨 상관이냐 너는 나를 따르라 하시더라 이 말씀이 형제들에게 나가서 그 제자는 죽지 아니하겠다 하였으나 예수의 말씀은 그가 죽지 않겠다 하신 것이 아니라 내가 올 때까지 그를 머물게 하고자 할지라도 네게 무슨 상관이냐 하신 것이러라 이 일들을 증언하고 이 일들을 기록한 제자가 이 사람이라 우리는 그의 증언이 참된 줄 아노라 예수께서 행하신 일이 이 외에도 많으니 만일 낱낱이 기록된다면 이 세상이라도 이 기록된 책을 두기에 부족할 줄 아노라"

(요 21:20-25).

30. 나를 따르라

삶의 과정에서 누구나 소위 오르막과 내리막(Ups and downs)을 경험합니다.
그러나 결론이 영광스러우면
어떤 실패와 수치도 용서되는 것입니다.

이 장은 요한복음 강해의 대미를 장식하는 장입니다. 요한복음 1장은 주님이 제자 베드로를 위시한 여러 제자들을 부르시는 것으로 시작되었습니다. 제자들 편에서 보자면 예수를 만나 예수를 따름으로 그들의 새로운 삶, 곧 제자의 삶이 시작되었습니다.

"예수께서 거니심을 보고 말하되 보라 하나님의 어린 양이로다 두 제자가 그의 말을 듣고 예수를 따르거늘"(요 1:36-37).

예수님이 우리를 죄에서 건지시는 하나님의 속죄의 어린 양이 되신다는 말씀을 듣고 예수를 따르기 시작한 두 제자가 있었다고 말씀합니다. 이 두 제자가 누구일까요?

"요한의 말을 듣고 예수를 따르는 두 사람 중의 하나는 시몬 베드로의 형제 안드레라"(요 1:40).

다음 절에 보면 그 안드레가 자기의 형제인 시몬을 찾아 전도합니다.

"그가 먼저 자기의 형제 시몬을 찾아 말하되 우리가 메시아를 만났다 하고 (메시아는 번역하면 그리스도라) 데리고 예수께로 오니 예수께서 보시고 이르시되 네가 요한의 아들 시몬이니 장차 게바라 하리라 하시니라 (게바는 번역하면 베드로라)"(요 1:41-42).

안드레가 자기 형제 베드로를 일단 예수님에게 데리고 가서 예수님에게 소개한 것으로 보입니다. 그러나 예수님은 이 두 형제 안드레와 베드로를 다시 해변에서 만나십니다. 그리고 이 두 형제를 당신의 제자로 부르십니다.

"갈릴리 해변에 다니시다가 두 형제 곧 베드로라 하는 시몬과 그의 형제 안드레가 바다에 그물 던지는 것을 보시니 그들은 어부라 말씀하시되 나를 따라오라 내가 너희를 사람을 낚는 어부가 되게 하리라"(마 4:18-19).

그리고 다음 절은 이렇게 증언합니다.

"그들이 곧 그물을 버려두고 예수를 따르니라"(마 4:20).

어부들에게 그물은 그들의 밥줄이었습니다. 그물을 버림은 굉장한 희생의 사건이었습니다. 그러나 그들은 그물을 버려두고라도 예수님을 따라갈 가치가 있는 분이라고 느낀 것입니다. 이 순간부터 베드로에게 예수를 따르는 제자의 삶이 시작된 것입니다.

그 후 적지 않은 3년여의 시간이 흘렀고, 예수는 십자가에서 죽으신바 되었습니다. 그분이 죽기 전, 베드로는 제자 중 으뜸가는 수제자가 되었음에도 불구하고 불행히도 스승이신 예수님을 세 번이나 부인하는 실패한 제자가 되었습니다. 그런데 부활하신 예수님이 갈릴리 바닷가로 다시 제자들을 찾아오시고, 베드로를 찾아오십니다. 그리고 바닷가에서 생선으로 아침 식사를 요리하시며 그들을 향한 변함없는 사랑을 확인하십니다. 그리고 다시 명하십니다. 나를 따라오라고! 그렇다면 제자 베드로와 함께 주님의 제자이기를 원하는 우리는 어떤 마음으로 다시 부활하신 주님을 따라야 하겠습니까?

마지막 승리를 믿고 주를 따르라

시몬 베드로가 주를 따르는 과정에서, 특히 주님의 수난의 시간에 그는 주를 부인하고 외면하는 부끄러운 죄를 범했습니다. 그러나 주님은 시몬의 마지막이 '하나님에게 영광'이라는 결론이 날 것을 말씀하십니다.

"내가 진실로 진실로 네게 이르노니 네가 젊어서는 스스로 띠 띠고 원하는 곳으로 다녔거니와 늙어서는 네 팔을 벌리리니 남이 네게 띠 띠우고 원하지 아니하는 곳으로 데려가리라"(요 21:18).

여기서 베드로가 '팔을 벌리리라'는 것은 명백하게 그가 '십자가에 눕혀질 것'을 예언하신 것이고, '띠 띠우고'라는 표현은 '(못이나 밧 줄로)단단히 고정시킨다'는 의미를 나타낸 것으로 보입니다. 이것은 거의 명백하게 베드로의 마지막 십자가형의 순교를 예언한 것으로 보아야 합니다. 이제 19절을 보십시오.

"이 말씀을 하심은 베드로가 어떠한 죽음으로 하나님께 영광을 돌릴 것을 가리키심이러라."

교회 전승은 주후 61년 7월에 시몬 베드로가 네로 황제에 의해 십자가에 거꾸로 못 박혀 죽었다고 전하고 있습니다. 자기는 주님처럼 똑바로 십자가에 매달릴 자격조차 없다고 자청해서 거꾸로 매달려 죽은 것으로 전해 옵니다. 기독교 미술가들은 이 전승에 근거해서 거꾸로 십자가에 매달린 베드로를 그리고 있습니다.

19절의 말씀은 명백하게 베드로가 이런 죽음으로 하나님에게 영광을 돌릴 것이라고 주님이 말씀하신 것을 증언합니다. 그리고 이 말씀 후에 다시 "나를 따르라"고 하십니다. 무슨 의미겠습니까? 네 인생의 마지막 승리를 믿고 나를 따르라는 것이 아니겠습니까? 중요한 것은 인생의 결론입니다. 서양 사람들은 한 사람의 인생의 평가에서 가장 중요한 결산을 가리켜 'finishing well'(잘 마침)이라고 합니다. 삶의 과정에서 누구나 소위 오르막과 내리막(Ups and downs)을 경험합니다. 실패와 수치의 순간이 없었던 인생이 어디에 있겠습니까? 그러나 결론이 영광스러우면 어떤 실패와 수치도 용서되는 것입니다. 예수님은 '그 마지막 승리를 도울 테니 너는 나를 따르라'고 하신 것이고, 생각건대 이 말씀이 마지막 십자가에서 '나를 거꾸로 매달라'는 그 용기 있는 죽음, 아름다운 죽음을 가능하게 한 것입니다.

죽음의 모습은 사람마다 다 다를 수 있습니다. 그러나 베드로와 함께 로마에서 목 베임을 당함으로 순교한 바울 사도의 마지막 증언을 기억하십시오.

"나는 선한 싸움을 싸우고 나의 달려갈 길을 마치고 믿음을 지켰으니 이제 후로는 나를 위하여 의의 면류관이 예비되었으므로 주 곧 의로우신 재판장이 그날에 내게 주실 것이며 내게만 아니라 주의 나타나심을 사모하는 모든 자에게도니라"(딤후 4:7-8).

그렇습니다. 주의 나타나심을 사모하는 모든 충성된 성도들에게 하나님은 동일한 승리의 면류관을 언약하십니다. 당신도 그 마지막 승리를 믿고 다시 신실한 마음으로 부활의 주를 따르기로 결심하시겠습니까?

타인과 비교하지 말고 주를 따르라

인생을 살아감에 있어 우리 삶의 생산적 에너지를 빼앗아가는 가장 결정적인 바이러스가 있다면 비교의식이라고 할 수 있습니다. 사람은 저마다 다른 은사, 다른 소명을 받고 살아갑니다. 같은 복음의 사역자라 할지라도 각자가 소명을 실현하는 삶의 빛깔과 태도는 다를 수밖에 없습니다. 그런데 우리의 시선이 자신의 최선이 아닌 이웃의 성공에 꽂히는 순간 우리 소명의 발걸음은 적지 않게 흔들리게 됩니다. 지금 사도 베드로가 그런 경험의 교차로에 서게 된 것입니다. 본문 20절에서 사도 베드로가 부활의 주님을 만나 자기의 영광스런 마지막 최후를 예언 받고 있는 그 장면에 그의 시선을 사로잡은 것은 자기 곁에 있었던 평생의 라이벌, 제자 사도 요한이었습니다. 그래서 21절에서 묻습니다.

"이에 베드로가 그를 보고 예수께 여짜오되 주님 이 사람은 어떻게 되겠사옵나이까."

주님에게 자신의 최후가 정말 주님의 예언처럼 하나님에게 영광이 되기 위해 나는 무엇을 해야 하느냐고 물은 것이 아니라, 이 사람 요한은 마지막이 어떻게 되겠느냐고 물은 것입니다. 이에 대한 주님의 대답은 무엇입니까?

"예수께서 이르시되 내가 올 때까지 그를 머물게 하고자 할지라도 네게 무슨 상관이냐 너는 나를 따르라"(요 21:22).

그리고 다음 23절에서 이 말은 요한이 죽지 아니할 것이라는 예언이 아니라고 말씀하십니다. 그는 조금 더 오래 이 땅에 머물며 할 일이 있다는 것입니다. 그러므로 그의 미래에 대해서는 신경 끄고 넌 나를 더욱 신실하게 따르라는 것입니다.

비교의식의 위험성을 역사에 각인시킨 대표적인 인물이 있다면 영화 〈아마데우스〉(Amadeus, 1984)의 주인공 살리에리일 것입니다. 성실한 음악장인으로 요제프 2세의 궁중악장의 자리까지 오른 살리에리는 한 시대의 탁월한 음악인으로 교회와 나라를 위해 자신의 재능을 잘 사용해서 섬기는 음악가였습니다. 그러나 그의 인생의 파국은 천재 음악가 모차르트가 등장한 순간부터 시작되었습니다. 질투의 영에 사로잡힌 그는 사제에게 고해성사를 하면서 이렇게 말합니다.

"내가 오직 원했던 것은 하나님을 찬미하는 일이었소. 하나님은 내게 찬미의 열망을 주셨건만 모차르트에게 주신 그런 재능을 왜 내게는 주지 않으셨냐는 말이오! 모차르트에게 천재의 재능을 주신 당신은 내게는 범인의 재능밖에 주시지 않았소. 모차르트, 그의 이름을 안 순간부터 그의 존재는 내 뇌리에서 벗어난 적이 없었소."

결국 이런 비교의식은 살리에리와 모차르트를 비극의 파국으로 걷게 만들었습니다. 사도 베드로도 요한이 주님의 사랑을 독점하는 모습을 보고 이런 비교의식에 사로잡힌 나머지 심지어 자신의 마지막과 그의 마지막을 비교하고 있었던 것입니다. 이런 베드로를 향한 주님의 대답은 무엇입니까? 너에 대한 나의 계획과 그에 대한 계획은 다르다는 것입니다. 상관 말고 너는 너의 은사에 집중해서 나를 따르라는 것입니다.

기록된 말씀만 의지하고 주를 따르라

부활하신 주님이 사도 베드로에게 설교의 은사와 기적을 행하는 은사를 통해 초대 교회의 기초를 놓는 사명을 감당하게 하셨다면, 요한에게는 어머니 마리아를 돌보는 사명 그리고 요한의 관점에서 본 예수님의 생애를 증언해서 기록하게 하는 사명을 주십니다.

"이 일들을 증언하고 이 일들을 기록한 제자가 이 사람이라 우리는 그의 증언이 참된 줄 아노라 예수께서 행하신 일이 이 외에도 많으니 만일 낱낱이 기록된다면 이 세상이라도 이 기록된 책을 두기에 부족할 줄 아노라"(요 21:24-25).

이제 우리는 사도 요한을 통해서 이 책을 기록하게 하신 이유를 다시 묵상할 때입니다.

"오직 이것을 기록함은 너희로 예수께서 하나님의 아들 그리스도이심을 믿게 하려 함이요 또 너희로 믿고 그 이름을 힘입어 생명을 얻게 하려 함이니라"(요 20:31).

요한복음을 포함한 성경이 예수의 생애에 대한 모든 것을 다 기록한 것은 아니지만, 우리가 예수를 믿고 영생을 얻기에 충족한 모든 계시는 다 기록하게 하셨다는 것입니다. 이것을 신학에서는 성경 계시의 충족성, 혹은 완전성이라고 말합니다. 이제 우리는 이 기록된 말씀만 붙들고 주를 따라가면 됩니다. 시편 기자와 함께 시편 119편의 그 놀라운 고백을 우리의 고백으로 고백할 수 있으면 됩니다.

"주의 말씀의 맛이 내게 어찌 그리 단지요 내 입에 꿀보다 더 다니이다"(시 119:103).

"주의 말씀은 내 발에 등이요 내 길에 빛이니이다"(시 119:105).

"주의 말씀대로 나를 붙들어 살게 하시고 내 소망이 부끄럽지 않게 하소서"(시 119:116).

부활하신 주님의 놀라운 선물은 성경입니다. 존 버니언의 《천로역정》에 보면 주인공 크리스천이 십자가 언덕에 도달했을 때 세 천사가 등장합니다. 첫째 천사가 "네 죄를 사함 받았느니라"고 선포합니다. 십자가의 죽으심으로 우리가 죄 사함을 받은 것을 선포합니다. 이어 둘째 천사가 그의 누더기 옷을 벗기고 새 옷을 입힙니다. 부활하신 주님의 은혜로 의롭다 함을 받고 의의 길을 걷게 된 것을 의미합니다. 이어서 셋째 천사가 그의 이마에 인을 칩니다. 그가 이제 영원히 하나님의 소유, 하나님의 자녀가 된 증거로 말입니다. 그리고 이 십자가 언덕에서 새롭게 출발하는 그에게 봉인된 두루마리, 성경을 선물로 주면서 그 길을 달려가는 동안 이 말씀을 늘 가까이하고 읽으라고, 말씀의 인도를 받아 걸으라고 말합니다. 그리고 천국 문에 도달할 때 이 말씀을 제시하라고 말합니다.

우리에게도 성경이라는 선물이 주어졌습니다. 이제 이 기록된 말씀을 붙들고 말씀의 주인 되신 살아 계신 주님만을 따르십시오.